普通高等院校精品教材

审计学原理

祁红涛　杨静波　李海龙◎主　编
张利霞　高　燕　刘　莹　李　潇◎副主编

U0331260

清华大学出版社
北　京

内 容 简 介

本书主要阐述审计学的基本原理，分为上下两编。上编讲述基本理论，包括审计含义、审计目标、风险导向审计的基本框架、总体审计程序和方法以及审计工作底稿的基本要求。下编讲述业务流程，包括从初步业务活动到最终撰写审计报告的各个审计环节的工作要求。本书在组织结构上由浅入深，逐层递进，理论与实践相结合，确保读者能够更容易理解相关理论；在内容上，突出强调风险导向审计的重要地位，不仅在相关章节对审计风险进行了深入讨论，而且在各实务环节中突出了风险控制的理念，强调理论和实务的一致性。

本书实务部分是根据中国注册会计师协会新发布的准则编写的，具有较强的适用性，可供读者注册会计师考试复习参考，同时本书也适合会计学、财务管理和审计学专业的本科生阅读。

图书在版编目(CIP)数据

审计学原理/祁红涛，杨静波，李海龙主编. —北京：清华大学出版社，2020.7(2023.8 重印)

普通高等院校精品教材

ISBN 978-7-302-55697-8

Ⅰ.①审⋯　Ⅱ.①祁⋯　②杨⋯　③李⋯　Ⅲ.①审计学-高等学校-教材　Ⅳ.①F239.0

中国版本图书馆 CIP 数据核字(2020)第 104204 号

责任编辑：刘志彬
封面设计：李伯骥
责任校对：宋玉莲
责任印制：宋　林

出版发行：清华大学出版社
　　　　网　　　址：http://www.tup.com.cn，http://www.wqbook.com
　　　　地　　　址：北京清华大学学研大厦 A 座　　　　邮　　编：100084
　　　　社 总 机：010-83470000　　　　　　　　　　邮　　购：010-62786544
　　　　投稿与读者服务：010-62776969，c-service@tup.tsinghua.edu.cn
　　　　质量反馈：010-62772015，zhiliang@tup.tsinghua.edu.cn
印 装 者：三河市龙大印装有限公司
经　　销：全国新华书店
开　　本：185mm×260mm　　　印　　张：18.5　　　字　　数：416 千字
版　　次：2020 年 7 月第 1 版　　　　　　　印　　次：2023 年 8 月第 4 次印刷
定　　价：52.00 元

产品编号：086313-02

本书是一本介绍审计学的教材，主要关注点是财务报表审计中的决策过程，适用于半学年一学期的本科生审计课程，同时也可用作会计师事务所和内部审计师的职业发展课程的教材。

本书将审计中最重要的概念按一定逻辑进行整合，以帮助学生理解当今复杂审计环境下的审计决策和证据收集过程。例如，它将中国注册会计师协会颁布的相关审计准则整合到各个章节中，同时也借鉴了美国审计准则委员会颁布的一系列准则。又如，本书将风险导向审计的理念贯穿于各个章节，从第三章引入重要性和风险的概念之后，所有章节都突出风险评估和应对的相关问题。

本书包含最新的风险评估准则和审计报告准则，并将在课程网站上登出关于新准则主要变化的政策文献，以使学生与时俱进地把握新准则的变化。

本书分为上下两编，共 13 章，整体结构上逐层递进，尽量避免在较早的章节中涉及后续章节要具体介绍的概念和方法，便于学生阅读和理解。

上编为理论编，介绍了审计的概念、目标和基本方法。第一章介绍了审计的含义、业务背景和业务关系。第二章从总体和具体两个层次介绍了审计目标。第三章引入风险导向审计的理念，并重点阐述重要性和审计风险这两个支柱性的概念。第四章和第五章从审计方法（程序）和审计范围（抽样）的角度阐释了审计工作中需要考虑的两个重要决策。第六章介绍了工作底稿的作用和撰写要求。

下编为流程编，以从接受业务委托到最终完成审计报告的整个业务流程为基础介绍各环节的审计工作。第七章介绍初步业务活动的内容、接受业务委托的条件以及对审计工作指定计划的过程。第八章介绍在审计业务要求中应当从哪些方面了解被审计单位信息，这为后续审计工作打下基础。第九章和第十章则分别阐述风险评估和风险应对的审计程序。第十一章介绍在审计完成阶段综合审计发现、评价错报并形成审计意见的过程，第十二章介绍审计报告的撰写要求、审计流程的结束。第十三章是基于审计质量的重要性而增加的，阐述会计师事务所应当如何通过政策和道德约束来提高审计质量。

本书由武汉轻工大学经济与管理学院祁红涛、黄河科技学院杨静波、哈尔滨石油学院李海龙担任主编，具体分工如下：祁红涛负责编写第一～三章；杨静波负责编写第八章和第九章；李海龙负责编写第十～十二章；张利霞负责编写第四章；高燕负责编写第五章和第六章；刘莹负责编写第七章；李潇负责编写第十三章。

由于经验有限，书中难免存在不足。如对书中内容存在疑问，敬请读者通过作者的电子邮箱(chevaler@qq.com)批评指正。

作　者

2020 年 4 月

目　录

上编　审计基本理论

下编　审计业务流程

上　编　审计基本理论

第一章
概　述

本章重点

1. 注册会计师审计的含义。
2. 审计业务的三方关系及各方责任。

第 一 节　审计的含义

一、审计的一般定义

（一）基本概念

审计是由国家授权或接受委托的专职机构和人员，依照国家法律法规、审计准则和会计理论，运用专门的方法，对被审计单位的财政、财务收支、经营管理活动及其相关资料的真实性、正确性、合规性、效益性进行审查和监督，评价经济责任，鉴证经济业务，用以维护财经法纪、改善经营管理、提高经济效益的一项独立性的经济监督活动。审计的本质是具有独立性的经济监督、评价、鉴证活动。

（二）审计的基本要素

审计主要包含以下四个基本要素。

▶ 1. 审计的主体

审计主体，就是审计的执行者，即审计专职机构和专职人员。

▶ 2. 审计的授权者（或委托者）

审计的授权者泛指授权审计者对被审计单位进行审计的组织、机构或人员，它可能是国家审计机关、政府有关部门领导或者单位主管机构和相关领导等。

▶ 3. 审计的客体

审计的客体(对象)是被审计单位在一定时期内能够用财务报表有关资料表现的全部或一部分经济活动。审计客体与被审计单位密不可分,但并不是被审计单位本身。

审计的客体是否适当,是能否将其作为审计对象的前提条件。适当的审计客体应当同时具备下列条件。

(1) 对象可以识别。

(2) 不同的组织或人员对该对象按照既定标准进行评价或计量的结果合理一致。

(3) 能够收集与该对象有关的信息,获取充分、适当的证据,以支持对其提出适当的审计结论。

4. 审计依据(标准)

审计依据是审计人员在审计过程中用来评价和判断被审计单位经济活动真实性、合法性、合规性和效益性,据以提出审计意见、做出审计结论的客观标准。标准是对所要审计的对象进行"度量"的"尺子"。审计依据主要包括国家相关的法律、法规;企业会计准则、会计制度,注册会计师执业准则;企业内部的预算、计划、经济合同等。

(三) 审计的基础

审计的基础是独立性和专业性,独立性和专业胜任能力是审计质量的基本保证。如果不具有专业性,则审计者难以发现审计对象中存在的错误或缺陷;如果不具有独立性,则审计者即使发现了错误或缺陷,也可能为被审计者掩盖这些错报。因此,审计通常由具备专业胜任能力和独立性的审计者来执行,审计者应当独立于被审计单位和审计结果的预期使用者。

二、审计的分类

(一) 按审计的主体分类

按审计主体的不同(相应地,客体和目标也不同),审计分为政府审计、内部审计和民间审计(注册会计师审计)三类。

▶ 1. 政府审计

政府审计又称为国家审计,是指国家审计机关依法所进行的审计,是国家审计机关代表政府依法对国务院各部门、地方各级政府、财政、金融机构和企事业组织等的财政和财务收支进行审计监督,在独立行使审计监督权的过程中,不受其他行政机关、社会团体和个人的干涉。

▶ 2. 内部审计

内部审计是指组织内部专职审计机构或人员实施的审计,是组织内部的一种独立客观的监督和评价活动,它通过审查和评价经营活动及其内部控制的适当性、合法性和有效性来促进组织目标的实现。

▶ 3. 注册会计师审计

注册会计师审计又称民间审计、社会审计,是指由社会上独立的专门机构或人员(中国注册会计师协会审核批准成立的会计师事务所，CPA)对企业实施审计。

三类审计的比较见表 1-1。

表 1-1　政府审计、内部审计与注册会计师审计的比较

类别 项目	政 府 审 计	内 部 审 计	注册会计师审计
审计方式	强制审计	根据本部门、本单位经营的需要自行安排施行	受托审计
审计目标	对各级政府及其部门的财政收支情况及公共资金的收支、运用情况进行审计	主要是检查各项内部控制的执行情况等，提出各项改进措施	对财务报表的合法性和公允性发表审计意见
审计监督的性质	根据审计结果发表审计处理意见，如被审计单位拒不采纳，政府审计部门可以依法强制执行	只对本部门、本单位负责，只能作为本部门、本单位改进管理的参考，对外不起鉴证作用，并对外界保密	根据审计结论发表独立、客观、公正的审计意见，以合理保证审计报告使用人确定已审计的被审计单位财务报表的可靠程度
审计实施的手段	行政监督，政府行为，无偿审计	由企业内部的审计部门进行，构成企业内部管理的一部分	由中介组织——会计师事务所进行的，是有偿审计
审计的独立性	政府审计机构隶属国务院和各级人民政府领导，因此在独立性上体现为单向独立，即仅独立于审计第二关系人（被审计单位）	受本部门、本单位直接领导，仅强调与所审的其他职能部门相对独立	双向独立，既独立于第三关系人（审计委托人），又独立于第二关系人（被审计单位）
审计标准	《中华人民共和国审计法》和审计署制定的国家审计准则	内部审计准则	《注册会计师法》和中国注册会计师协会制定的中国注册会计师执业准则

需要注意的是，尽管注册会计师审计与内部审计存在很大的区别，但是注册会计师在对一个单位进行审计时，要对其内部审计的情况进行了解并考虑是否利用其工作成果。其原因是：

(1)内部审计是单位内部控制的一个重要组织部分，其效果会影响企业编制的财务报表的可信度。

(2)内部审计在审计内容、审计依据、审计方法等方面都和外部审计有一致之处。

(3)利用内部审计工作成果可以提高工作效率，节约审计费用。

（二）按审计的内容分类

▶ 1. 财务报表审计

财务报表审计的目标是注册会计师通过执行审计工作，对财务报表是否按照规定的标

准编制发表审计意见。财务报表通常包括资产负债表、利润表、现金流量表、所有者权益（或股东权益）变动表以及财务报表附注。一般来说，经审计的财务报表通常由被审计单位管理层提供给外部利益相关者使用。在很多情况下，财务报表的信息也供管理层进行内部决策。

财务报表审计在大多数情况下由注册会计师完成，以独立第三者的身份对财务报表发表意见，但政府审计和内部审计有时也会对企业财务报表进行审计。

▶ **2. 经营审计**

经营审计是注册会计师为了评价被审计单位经营活动的效果和效率，而对其经营程序和方法进行的评估。注册会计师在完成经营审计工作后，一般要向被审计单位管理层提出经营管理建议。在经营审计中，审计对象不限于会计，还包括组织机构、计算机信息系统、生产方法、市场营销以及注册会计师能够胜任的其他领域。在某种意义上，经营审计更像是管理咨询，通常由注册会计师完成。

▶ **3. 合规性审计**

合规性审计是确定被审计单位是否遵循了特定的法律、法规、程序或规则，或者是否遵守将影响经营或报告的合同的要求。例如，确定会计人员是否遵守财务主管规定的手续，检查工薪率是否符合工薪法规定的最低限额，或者审查与银行签订的合同，以确信被审计单位遵守了法定要求。合规性审计的结果通常报送给被审计单位管理层或外部特定使用者。

对财务报表进行审计时，也应当充分关注被审计单位违反法律法规、程序、规则或合同可能对财务报表产生的重大影响。如果特定的法律法规、程序、规则或合同对财务报表有直接和重大的影响，通常构成财务报表审计的一部分。

三、注册会计师审计的含义

注册会计师审计是指注册会计师对财务报表是否不存在重大错报提供合理保证，以积极方式提出意见，增强除管理层之外的预期使用者对财务报表信赖的程度。

在这里，"审计"是一个狭义的概念，特指"注册会计师财务报表审计"。从主体来看，这里的"审计"是指注册会计师审计，而非政府审计或内部审计；从内容来看，这里的"审计"是注册会计师财务报表审计，非注册会计师其他审计。

除了上述基本界定外，对于注册会计师审计含义的理解还应当注意以下几点。

（1）审计的最终产品是审计报告。注册会计师针对财务报表是否在所有重大方面按照财务报告编制基础编制并实现公允反映发表审计意见，并以审计报告的形式予以传达。

（2）审计的目的是有效满足财务报表预期使用者的需求，即改善财务报表的质量或内涵，增强财务报表对预期使用者的可信赖程度，从而帮助预期使用者作出合理的决策。因此，如果在审计中发现了重大错报，注册会计师的应对措施通常不是直接向报表使用者报告这些错报，而是首先要求被审计单位对错报进行更正。只有当被审计单位拒绝更正错报时，注册会计师才会对外报告这些错报。

（3）审计只涉及对报表质量进行鉴证，而不涉及如何利用会计信息提供建议。

第 二 节　审计业务的三方关系

一、审计业务三方关系

审计业务的三方关系人分别是注册会计师、被审计单位管理层（责任方）、财务报表预期使用者。审计业务三方之间的关系是注册会计师对由责任方负责的财务报表提出结论，以增强除责任方之外的预期使用者对财务报表的信任程度，如图 1-1 所示。

图 1-1　审计业务的三方关系

二、注册会计师

注册会计师是指取得注册会计师证书并在会计师事务所执业的人员，通常是指项目合伙人或项目组其他成员，有时也指其所在的会计师事务所。

按照审计准则的规定对财务报表发表审计意见是注册会计师的责任。为履行这一职责，注册会计师应当遵守相关职业道德要求，按照审计准则的规定计划和实施审计工作，获取充分、适当的审计证据，并根据获取的审计证据得出合理的审计结论，发表恰当的审计意见。换句话说，注册会计师是否履行了其责任，取决于注册会计师在具体情况下实施的审计程序，由此获取的审计证据的充分性和适当性，以及根据对审计证据的评价结果而出具审计报告的恰当性。注册会计师通过签署审计报告确认其责任。

如果审计业务涉及的特殊知识和技能超出了注册会计师的能力，注册会计师可以利用专家协助执行审计业务。在这种情况下，注册会计师应当确信包括专家在内的项目组整体已具备执行该项审计业务所需的知识和技能，并充分参与该项审计业务和了解专家所承担的工作。

三、被审计单位管理层（责任方）

责任方是指对财务报表负责的组织或人员，即被审计单位管理层。管理层是指对被审计单位经营活动的执行负有经营管理责任的人员。在某些被审计单位，管理层包括部分或全部的治理层成员，如治理层中负有经营管理责任的人员，或参与日常经营管理的业主（以下简称业主兼经理）。治理层是指对被审计单位战略方向以及管理层履行经营管理责任负有监督责任的人员或组织。治理层的责任包括监督财务报告过程。在某些被审计单位，治理层可能包括管理层，如治理层中负有经营管理责任的人员，或业主兼经理。

与管理层和治理层责任相关的执行审计工作的前提（以下简称执行审计工作的前提），是指管理层和治理层（如适用）认可并理解其应当承担下列责任，这些责任构成注册会计师按照审计准则的规定执行审计工作的基础。

（1）按照适用的财务报告编制基础编制财务报表，并使其实现公允反映（如适用）。

（2）设计、执行和维护必要的内部控制，以使财务报表不存在由于舞弊或错误导致的重大错报。

（3）向注册会计师提供必要的工作条件，包括允许注册会计师接触与编制财务报表相关的所有信息（如记录、文件和其他事项），向注册会计师提供审计所需的其他信息，允许注册会计师在获取审计证据时不受限制地接触其认为必要的内部人员和其他相关人员。

财务报表审计并不减轻管理层或治理层的责任。财务报表编制和财务报表审计是财务信息生成链条上的不同环节，两者各司其职。一方面，要求管理层和治理层对编制财务报表承担责任有利于从源头上保证财务信息质量。另一方面，注册会计师与管理层和治理层之间可能存在信息不对称。管理层和治理层作为内部人员，对企业的情况更为了解，更能作出适合企业特点的会计处理决策和判断，因此，管理层和治理层理应对编制财务报表承担完全责任。尽管在审计过程中注册会计师可能向管理层和治理层提出调整建议，甚至在不违反独立性的前提下为管理层编制财务报表提供协助，但管理层仍然要对编制财务报表承担责任，并通过签署财务报表确认这一责任。如果财务报表存在重大错报，而注册会计师通过审计没有发现，也不能因为财务报表已经注册会计师审计这一事实而减轻管理层和治理层对财务报表的责任。

四、预期使用者

预期使用者是指预期使用审计报告和财务报表的组织或人员。如果审计业务服务于特定的使用者或具有特殊目的，注册会计师可以很容易地识别预期使用者。例如，企业向银行贷款，银行要求企业提供一份反映财务状况的财务报表，那么，银行就是该审计报告的预期使用者。

审计报告的收件人应当尽可能地明确为所有的预期使用者，但在实务中，注册会计师往往很难识别使用审计报告的所有组织和人员。其原因主要有两个方面。一方面，审计报告有时并不向某些特定组织或人员提供，但这些组织或人员也有可能使用审计报告。另一方面，各种可能的预期使用者对财务报表（鉴证对象信息）存在不同的利益需求。一般而言，预期使用者主要是指那些与财务报表（鉴证对象信息）有重要和共同利益的主要利益相关者。例如，在上市公司财务报表审计中，预期使用者主要是指上市公司的股东。因此，在为上市公司提供财务报表审计服务时，注册会计师出具审计报告的收件人通常确定为

"××股份有限公司全体股东"，尽管股东实际上并不是唯一的预期使用者，公司债权人、证券监管机构等显然也是预期使用者。注册会计师应当根据法律法规的规定或与委托人签订的协议识别预期使用者。

由于财务报表是由被审计单位管理层负责的，因此，注册会计师的审计意见主要是向除管理层之外的预期使用者提供的。然而，由于审计意见有利于提高财务报表的可信性，有可能对管理层有用，因此，管理层也可能成为审计报告的预期使用者之一。就审计业务而言，管理层不能是唯一的预期使用者。是否存在三方关系是判断某项业务是否属于审计业务或其他鉴证业务的重要标准之一。如果某项业务不存在除责任方之外的其他预期使用者，那么，该业务不构成一项审计业务或其他鉴证业务。

在某些情况下，管理层和预期使用者可能来自同一企业，但并不意味着两者就是同一方。例如，某些公司同时设有董事会和监事会，监事会需要对董事会和管理层负责编制的财务报表进行监督，因此监事会和管理层就不应当视为同一方。

第 三 节 职业怀疑与职业判断

一、职业怀疑

（一）职业怀疑的定义

职业怀疑是指注册会计师执行审计业务的一种态度，包括采取质疑的思维方式，对可能表明由于错误或舞弊导致错报的迹象保持警觉，以及对审计证据进行审慎评价。

职业怀疑应当从下列几个方面理解。

（1）职业怀疑在本质上要求秉持一种质疑的理念。这种理念促使注册会计师在考虑相关信息和得出结论时采取质疑的思维方式。在这种理念下，注册会计师应当具有批判和质疑的精神，摒弃"存在即合理"的逻辑思维，不应不假思索全盘接受被审计单位提供的证据和解释，也不应轻易相信过分理想的结果或太多巧合。

（2）职业怀疑要求对引起疑虑的情形保持警觉。这些情形包括但不限于：

① 相互矛盾的审计证据。

② 引起对文件记录或对询问答复的可靠性产生怀疑的信息。

③ 可能表明存在舞弊的情况。

④ 表明需要实施除审计准则规定外的其他审计程序的情形。

（3）职业怀疑要求审慎评价审计证据。审计证据包括支持和印证管理层认定的信息，也包括与管理层认定相互矛盾的信息。审慎评价审计证据包括质疑相互矛盾的审计证据、文件记录和对询问的答复以及从管理层和治理层获得的其他信息的可靠性，而非机械完成审计准则要求实施的审计程序。

在怀疑信息的可靠性或发现舞弊迹象时（例如，在审计过程中识别出的情况使注册会计师认为文件可能是伪造的或文件中的某些信息已被篡改），注册会计师需要作出进一步调查，并确定需要修改哪些审计程序或实施哪些追加的审计程序。

需要强调的是，虽然注册会计师需要在审计成本与信息的可靠性之间进行权衡，但是，审计中的困难、时间或成本等事项本身，不能作为省略不可替代的审计程序或满足于说服力不足的审计证据的理由。

（4）职业怀疑要求客观评价管理层和治理层。由于审计环境发生变化，或者管理层和治理层为实现预期利润或结果而承受内部或外部压力，即使以前正直、诚信的管理层和治理层也可能发生变化。因此，注册会计师不应依赖以往对管理层和治理层诚信形成的判断。即使注册会计师认为管理层和治理层是正直、诚实的，也不能降低保持职业怀疑的要求，不允许在获取合理保证的过程中满足于说服力不足的审计证据。

（二）职业怀疑的作用

职业怀疑是注册会计师综合技能不可或缺的一部分，是保证审计质量的关键要素。保持职业怀疑有助于注册会计师恰当运用职业判断，提高审计程序设计及执行的有效性，降低审计风险。在审计过程中，保持职业怀疑有以下作用。

▶ 1. 识别和评估重大错报风险

（1）设计恰当的风险评估程序，有针对性地了解被审计单位及其环境。

（2）对引起疑虑的情形保持警觉，充分考虑错报发生的可能性和重大程度，有效识别和评估财务报表层次和认定层次的重大错报风险。

▶ 2. 设计和实施进一步审计程序应对重大错报风险

（1）针对评估出的重大错报风险，恰当设计进一步审计程序的性质、时间安排和范围，降低选取不适当的审计程序的可能性。

（2）对已获取的审计证据表明可能存在未识别的重大错报风险的情形保持警觉，并作出进一步调查。

▶ 3. 评价审计证据

（1）评价是否已获取充分、适当的审计证据以及是否还需执行更多的工作。

（2）审慎评价审计证据，纠正仅获取最容易获取的审计证据、忽视存在相互矛盾的审计证据的偏向。

（3）保持职业怀疑对于注册会计师发现舞弊、防止审计失败至关重要。

① 认识到存在由于舞弊导致的重大错报的可能性，不会受到以前对管理层、治理层正直和诚信形成的判断的影响。

② 对获取的信息和审计证据是否表明可能存在由于舞弊导致的重大错报风险持续保持警惕。

③ 在认为文件可能是伪造的或文件中的某些条款可能已被篡改时，作出进一步调查。

▌ 二、职业判断

▶ 1. 职业判断的定义

职业判断是指在审计准则、财务报告编制基础和职业道德要求的框架下，注册会计师综合运用相关知识、技能和经验，作出适合审计业务具体情况、有根据的行动决策。

▶ 2. 需要运用职业判断的重要领域

职业判断对于适当地执行审计工作是必不可少的。如果没有将相关的知识和经验运用于具体的事实和情况，就不可能理解相关职业道德要求和审计准则的规定，并在整个审计过程中作出有依据的决策。注册会计师需要在整个审计过程中运用职业判断，并作出适当记录。在以下领域，职业判断尤其重要。

（1）确定重要性和评估审计风险。

（2）为了满足审计准则的要求和收集审计证据的需要，确定所需实施的审计程序的性质、时间安排和范围。

（3）为实现审计准则规定的目标和注册会计师的总体目标，评价是否已获取充分、适当的审计证据以及是否还需执行更多的工作。

（4）评价管理层在应用适用的财务报告编制基础时作出的判断。

（5）根据已获取的审计证据得出结论，如评估管理层在编制财务报表时作出的估计的合理性。

▶ 3. 评价职业判断是否适当可以基于下列两个方面

（1）作出的判断是否反映了对审计和会计原则的适当运用。

（2）根据截止审计报告日注册会计师知悉的事实和情况，作出的职业判断是否与这些事实和情况相一致。

练习题

┤附1.1 注册会计师的执业范围├

注册会计师的执业范围如图 1-2 所示。

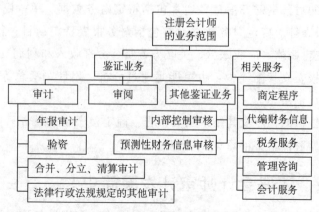

图1-2 注册会计师的执业范围

总体而言，注册会计师执行的业务分为鉴证业务和相关服务两类。鉴证业务是指注册会计师对鉴证对象信息提出结论，以增强除责任方之外的预期使用者对鉴证对象信息信任程度的业务，包括审计、审阅和其他鉴证业务。相关服务包括税务代理、代编财务信息、对财务信息执行商定程序。

（一）验资

验资是指注册会计师依法接受委托，对被审验单位注册资本的实收情况或注册资本及实收资本的变更情况进行审验，并出具验资报告。验资的内容包括对被审验单位注册资本的实收情况或注册资本及实收资本的变更情况进行审验。被审验单位注册资本的实收情况是指被审验单位实际收到出资者缴纳注册资本的情况。被审验单位注册资本及实收资本的变更情况是指被审验单位注册资本及实收资本的增减变动情况。

（二）审阅业务

财务报表审阅是注册会计师在实施审阅程序的基础上，说明是否注意到某些事项，使其相信财务报表没有按照适用的会计准则和相关会计制度的规定编制，未能在所有重大方面公允反映被审阅单位的财务状况、经营成果和现金流量。在财务报表审阅业务中，要求注册会计师将审阅风险降至该业务环境下可接受的水平（高于财务报表审计中可接受的低水平），对审阅后的财务报表提供低于高水平的保证（即有限保证），在审阅报告中对财务报表采用消极方式提出结论。

审计、审阅业务同属于鉴证业务，其差异将在本书第二章中讨论。

（三）商定程序

对财务信息执行商定程序是注册会计师对特定财务数据、单一财务报表或整套财务报表等财务信息执行与特定主体商定的具有审计性质的程序。

商定程序业务执行的程序是与特定主体协商确定的。注册会计师执行商定程序业务的前提是与特定主体协商需要执行哪些程序，以达到某一特定的目的。与审计业务的明显差别是，审计中执行的程序是由注册会计师按照审计准则的要求和职业判断确定的，为实现审计目标，注册会计师可以使用各种审计程序。而商定程序业务中执行的程序，是由注册会计师与特定主体协商确定的。

执行商定程序的对象是财务信息，通常包括特定财务数据、单一财务报表（如资产负债表）或整套财务报表等。特定财务数据通常包括财务报表特定项目、特定账户或特定账户的特定内容（如应付账款、应收账款、关联方购货、分部收入和利润）。特定财务数据可能直接出现在财务报表或其附注中，也可能是通过分析、累计、汇总等计算间接得出的，还可能直接取自会计记录。

注册会计师就执行的程序及其结果出具报告。商定程序业务报告只报告所执行的商定程序及其结果，不发表任何鉴证意见。

附1.2 注册会计师审计发展简史

注册会计师审计起源于企业所有权和经营权的分离，是市场经济发展到一定阶段的产物。从注册会计师审计发展的历程看,注册会计师审计最早起源于意大利合伙企业,在英国股份公司出现后得以形成,伴随着美国资本市场的发展而逐步完善起来。

(一)注册会计师审计的起源

注册会计师审计起源于 16 世纪的意大利,当时地中海沿岸的商业城市已经比较繁荣。由于单个的业主难以向企业投入巨额资金,为适应筹集资金的需要,合伙制企业便应运而生。合伙经营方式不仅提出了会计主体的概念,促进了复式簿记在意大利的产生和发展,也催生了对注册会计师审计的最初需求。尽管当时合伙制企业的合伙人都是出资者,但是有的合伙人参与企业的经营管理,有的合伙人则不参与,所有权与经营权开始分离。那些参与经营管理的合伙人有责任向不参与经营管理的合伙人证明合伙契约得到了认真履行,利润的计算与分配是正确的,以保障全体合伙人的权益。在这种情况下,客观上需要独立的熟悉会计专业的第三方对合伙企业的经济活动进行鉴证,人们开始聘请会计专家来担任查账和公证工作。这样,在 16 世纪意大利的商业城市中出现了一批具有良好的会计知识、专门从事查账和公证工作的专业人员,他们从事的工作,可以说是注册会计师审计的起源。随着会计专业人员人数的增多,他们于 1581 年在威尼斯创立了威尼斯会计协会。其后,米兰等城市的职业会计师也成立了类似的组织。

(二)注册会计师审计的形成

注册会计师审计虽然起源于意大利,但对后来注册会计师职业的发展影响不大,英国在注册会计师职业的形成和发展过程中发挥了重要作用。

18 世纪,英国的资本主义经济得到了迅速发展,生产的社会化程度大大提高,企业的所有权与经营权进一步分离。企业主希望有外部的会计师检查企业管理人员是否存在贪污、盗窃和其他舞弊行为,于是英国出现了第一批以查账为职业的独立会计师。他们受企业主委托,对企业会计账目进行逐笔检查,重点在查错防弊,检查结果向企业主报告。在这一时期,是否聘请独立会计师进行查账仍然由企业主自行决定。

股份有限公司的兴起,使公司的所有权与经营权进一步分离,绝大多数股东不再直接参与经营管理,但出于自身的利益,非常关心公司的经营成果。证券市场上潜在的投资人同样十分关心公司的经营情况,以便进行投资决策。同时,由于金融资本对产业资本的逐步渗透,增加了债权人的风险,债权人也非常重视公司的生产经营情况,以便决定是否继续贷款或者是否索偿债务的决定。公司的财务状况和经营成果,只能通过公司提供的财务报表来反映,因此,在客观上产生了独立会计师对公司财务报表进行审计,以保证财务报表真实可靠的需求。值得一提的是,注册会计师审计产生的"催产剂"是 1721 年英国的"南海公司事件(the South-Sea company event)"。当时的"南海公司"以虚假的会计信息诱骗投资者上当,其股票价格一时扶摇直上。但好景不长,"南海公司"最终未能逃脱破产倒闭的厄运,使"股东"或"投资者"和债权人损失惨重。英国议会聘请会计师查尔斯·斯耐尔(Charles Snell)对"南海公司"进行审计。斯耐尔以"会计师"名义出具了"查账报告书",从而宣告了独立会计师——注册会计师的诞生。

为了监督公司管理层的经营管理活动,保护投资者、债权人利益,避免"南海公司事件"重演,英国政府于 1844 年颁布了《公司法》,规定股份公司必须设监察人,负责审查公司的账目。1845 年，又对《公司法》进行了修订，规定股份公司的账目必须经董事以外的人员审计。于是，独立会计师业务得到迅速发展、独立会计师人数越来越多。此后，英国政府对一批精通会计实务、熟悉查账知识的独立会计师进行了资格确认。1853 年苏格兰爱丁堡创立了第一个注册会计师的专业团体——爱丁堡会计师协会。该协会的成立，标志着注册会计师职业的诞生。1862 年，英国《公司法》确定注册会计师为法定的破产清算人，奠定了注册会计师审计的法律地位。

从 1844 年到 20 世纪初，由于英国的法律规定股份公司和银行必须聘请注册会计师审计，使得英国注册会计师审计得到了迅速发展，并对当时欧洲、美国及日本等产生了重要影响。这一时期英国注册会计师审计的主要特点是：注册会计师审计的法律地位得到了法律确认；审计的目的是查错防弊，保护企业资产的安全和完整；审计的方法是对会计账目进行详细审计；审计报告使用人主要为企业股东等。

（三）注册会计师审计的发展

从 20 世纪初开始，全球经济发展重心逐步由欧洲转向美国，因此，美国的注册会计师审计得到了迅速发展，它对注册会计师职业在全球的迅速发展发挥了重要作用。

在美国南北战争结束后出现了一些民间会计组织，如纽约的会计学会。当时英国巨额资本开始流入美国，促进了美国经济的发展。为了保护广大投资者和债权人的利益，英国的注册会计师远涉重洋到美国开展审计业务，同时美国本土也很快形成自己的注册会计师队伍。1887 年，美国公共会计师协会（The American Association of Public Accountants）成立，1916 年该协会改组为美国注册会计师协会，后来成为世界上最大的注册会计师职业团体。1905 年 11 月，《会计杂志》（*Journal of Accountancy*）作为注册会计师审计职业的正式杂志发行创刊。这一时期，美同许多州正式承认注册会计师审计是一门职业，执业人员通过考试获取注册会计师称号。许多重要的铁路公司和工业公司都定期地聘请注册会计师检查他们的账簿。注册会计师审计逐步渗透到社会经济领域的不同层面。

美国早期的注册会计师审计受英国影响较深，以详细审计为基础，通过审核所有经济业务、会计凭证、会计账簿和财务报表，以发现记账差错和舞弊行为。20 世纪早期，美国经济形势发生了很大变化。由于金融资本对产业资本更为广泛的渗透，企业同银行的利益关系更加紧密，银行逐渐把企业资产负债表作为了解企业信用的主要依据，于是在美国产生了帮助贷款人及其他债权人了解企业信用的资产负债表审计，即美国式注册会计师审计。

从 1929 年到 1933 年，资本主义世界经历了历史上最严重的经济危机，大批企业倒闭，投资者和债权人蒙受了巨大的经济损失。这在客观上促使企业利益相关者从只关心企业财务状况转变到更加关心企业的盈利水平，产生了对企业利润表进行审计的客观要求。美国 1933 年《证券法》规定，在证券交易所上市的企业的财务报表必须接受注册会计师审计，向社会公众公布注册会计师出具的审计报告。因此，审计报告使用人扩大到社会公众。美国注册会计师协会与证券交易所合作的特别委员会与纽约证券交易所上市委员会于1936 年发表了《独立注册会计师对财务报表的检查》（*Examination of Financial Statements by Independent Public Accoutants*）明确规定应当检查全部财务报表，并向股东报告，尤其强调利润表审计。从这一点看，美国注册会计师审计的重点已从保护债权人为目的的资产负债表审计，转向以保护投资者为目的的利润表审计。

第二次世界大战以后，经济发达国家通过各种渠道推动本国的企业向海外拓展，跨国公司得到空前发展。国际资本的流动带动了注册会计师职业的跨国界发展，形成了一批国际会计师事务所。随着会计师事务所规模的扩大，形成了"八大"国际会计师事务所，20世纪80年代末合并为"六大"，之后又合并成为"五大"。2001年，美国爆发了安然公司会计造假丑闻。安然公司在清盘时，不得不对其编制的财务报表进行修正，将近三年来的利润额削减20％，约5.86亿美元。安然公司作为美国的能源巨头，在追求高速增长的狂热中利用会计准则的不完善，进行表外融资的游戏，并通过关联方交易操纵利润。出具审计报告的安达信会计师事务所，因涉嫌舞弊和销毁证据受到美国司法部门的调查，之后宣布关闭，世界各地的安达信成员所也纷纷与其他国际会计师事务所合并。因此，时至今日，尚有"四大"国际会计师事务所，即普华永道（Pricewaterhouse Coopers）、安永（Ernst & Young）、毕马威（KPMG）和德勤（Deloitte Touche Tohmatsu Limited）。

（四）中国注册会计师审计的起源与发展

中国注册会计师审计的历史比西方国家要短得多。中国的注册会计师审计始于辛亥革命之后，当时一批爱国会计学者鉴于外国注册会计师包揽我国注册会计师业务的现实，为了维护民族利益与尊严，积极倡导创建中国的注册会计师职业。1918年9月，北洋政府农商部颁布了我国第一部注册会计师法规——《会计师暂行章程》，并于同年批准著名会计学家谢霖先生为中国的第一位注册会计师，谢霖先生创办的中国第一家会计师事务所——正则会计师事务所也获准成立。此后，又逐步批准了一批注册会计师，建立了一批会计师事务所，包括潘序伦先生创办的"潘序伦会计师事务所"（后改称"立信会计师事务所"）等。1930年，南京国民政府颁布了《会计师条例》，确立了会计师的法律地位。之后，上海、天津、广州等地也相继成立了多家会计师事务所。1925年在上海成立了"全国会计师公会"。1933年，成立了"全国会计师协会"。至1947年，全国已拥有注册会计师2 619人，并建立了一批会计师事务所。但是，在半封建、半殖民地的旧中国，注册会计师职业未能得到很大的发展，注册会计师审计也未能充分发挥应有的作用。会计师事务所主要集中在上海、天津、广州等沿海城市，注册会计师业务主要是为企业设计会计制度、代理申报纳税、培训会计人才和提供其他会计咨询服务。

在新中国成立初期，注册会计师审计在经济恢复工作中发挥了积极作用。当时，由于不法资本家囤积居奇、投机倒把、偷税漏税造成了极为险恶的财政状况，负责财经工作的陈云同志雇用注册会计师，依法对工商企业查账，这对平抑物价、保证国家税收、争取国家财政经济状况好转做出了突出贡献。但后来由于我国推行苏联高度集中的计划经济模式，注册会计师便悄然退出了经济舞台。

1978年，党的十一届三中全会以后，我国实行改革开放政策，商品经济得到迅速发展，为注册会计师制度的恢复重建创造了客观条件。1980年12月14日财政部颁布了《中华人民共和国中外合资经营企业所得税法实施细则》，规定外资企业财务报表要由注册会计师进行审计，这为恢复我国注册会计师制度提供了法律依据。1980年12月23日，财政部发布《关于成立会计顾问处的暂行规定》，标志着我国注册会计师职业开始复苏。1981年1月1日，"上海会计师事务所"宣告成立，成为新中国第一家由财政部批准独立承办注册会计师业务的会计师事务所。我国注册会计师制度恢复后，注册会计师的服务对象主要是三资企业。这一时期的涉外经济法规对注册会计师业务做了明确规定。1984年9月25日，财政部印发《关于成立会计咨询机构问题的通知》，明确了注册会计师应当办理的业务。1985年1月实施的《中华人民共和国会计法》规定："经国务院财政部门批准组成会计师事务所，可以按照国家有关规定承办查账业务。"1986年7月3日，国务院颁布《中华人民共和国注册会计师条例》，同年10月1日起实施。随着会计师事务所数量的增加、业务范围的拓宽，如何对注册会计师和会计师事务所实施必要的管理，有效组织开展职业道德和专业技能教育，加强行业管理，保证注册会计师独立、客观、公正执业，成为行业恢复重建面临的重大问题。1988年11月15日，财政部借鉴国际惯例成立了中国注册会计师协会，随后各地方相继组建省级注册会计师协会。1993年10月31日，第八届全国人大常委会第四次会议审议通过了《中华人民共和国注册会计师法》（以下简称《注册会计师法》），自1994年1月1日起实施。

当前，我国通行的审计执业准则是2006年初颁布的，它建立起了一套既适应社会主义市场经济建设要求又与国际准则相接轨的审计准则体系。2010年11月，又对38项审计准则进行了修订，保持了与国际准则持续全面的国际趋同。

第二章
审计目标

本章重点

1. 错报的定义与分类。
2. 审计意见的类型。
3. 认定的概念、类型以及判定。
4. 审计证据的充分性和适当性。

第一节 审计的总体目标

一、审计的总体目标

审计的目的是提高财务报表预期使用者对财务报表的信赖程度。这一目的可以通过注册会计师对财务报表是否在所有重大方面按照适用的财务报表编制基础编制发表审计意见得以实现。在执行财务报表审计工作时，注册会计师的总体目标是：

对财务报表整体是否不存在由于舞弊或错误导致的重大错报获取合理保证，使得注册会计师能够（1）对财务报表是否在所有重大方面按照适用的财务报告编制基础编制发表审计意见。（2）按照审计准则的规定，根据审计结果对财务报表出具审计报告，并与管理层和治理层沟通。

审计准则为注册会计师执行审计工作以实现总体目标提供标准。在注册会计师的总体目标下，注册会计师需要运用审计准则的规定来评价是否已获取充分、适当的审计证据。

二、财务报表及其编制基础

(一) 财务报表

财务报表是财务报表审计的鉴证对象。财务报表，是指依据某一财务报告编制基础对被审计单位历史财务信息作出的结构性表述，旨在反映某一时点的经济资源或义务或者某一时期经济资源或义务的变化。财务报表应当包括相关附注，包括重要会计政策概要和其他解释性信息。

注册会计师将一项业务作为审计业务予以承接的前提条件之一是，财务报表是适当的。适当的财务报表应当同时具备下列条件。①财务报表是可以识别的。②不同的组织或人员对财务报表按照既定标准进行评价或计量的结果合理一致。③注册会计师能够收集与财务报表有关的信息，获取充分、适当的证据，以支持其提出适当的审计结论。

基于以上条件，管理层和治理层(如适用)在编制财务报表时需要。①根据规定确定适用的财务报告编制基础。②根据适用的财务报告编制基础编制财务报表。③在财务报表中对适用的财务报告编制基础作出恰当的说明。

(二) 财务报表编制基础

适用的财务报告编制基础是指企业在编制财务报表时应当遵循的标准，它既是编制财务报表的基本依据，也是开展审计业务的基本标准，是用于评价或计量鉴证对象的基准。判断财务报表中的表述是否是错报，依据就是适用的财务报告编制基础。

适用的财务报告编制基础可能是法律法规要求采用的财务报告编制基础，或者就被审计单位性质和财务报表目标而言可接受的财务报告编制基础。注册会计师基于自身的预期、判断和个人经验对鉴证对象进行的评价和计量，不能作为适当的财务报告编制基础。

例如，假设 ABC 会计师事务所拟承接中国农业银行(该银行已在中国内地上交所和中国香港联交所两地同时上市)2017 年度财务报表审计业务，作为 ABC 会计师事务所，"审计的前提条件"之一是评价中国农业银行 2017 年度财务报表(这里仅涉及中国境内主板上市公司)是否依据"企业会计准则和金融企业会计制度"编制。如果注册会计师确认该银行采用"企业会计准则和金融企业会计制度"编制 2017 年度财务报表，则注册会计师能够得出的结论是"中国农业银行管理层在编制 2017 年度财务报表时，采用了可接受的财务报告编制基础"。

▶ 1. 适用的财务报告编制基础的基本特征

企业编制财务报表时采用的财务报告编制基础必须是适用于企业的。适用的财务报告编制基础应当具备下列特征。

(1) 相关性：采用的财务报告编制基础有助于得出结论，便于预期使用者作出决策。

(2) 完整性：采用的财务报告编制基础不应忽略业务环境中可能影响得出结论的相关因素。

(3) 可靠性：采用的财务报告编制基础能够使能力相近的注册会计师在相似的业务环境中对鉴证对象作出合理一致的评价或计量。

（4）中立性：采用的财务报告编制基础有助于得出无偏向的结论。

（5）可理解性：采用的财务报告编制基础有助于得出清晰、易于理解、不会产生重大歧义的结论。

▶ 2.判断所采用财务报告编制基础的可接受性的影响因素

在确定编制财务报表所采用的财务报告编制基础的可接受性时，注册会计师需要考虑下列相关因素。

（1）被审计单位的性质。例如，被审计单位是商业企业、公共部门实体还是非营利组织。

（2）财务报表的目的。

根据财务报表的编制目的，财务报告编制基础分为通用目的编制基础和特殊目的编制基础。通用目的编制基础，旨在满足广大财务报表使用者共同的财务信息需求的财务报告编制基础，主要是指会计准则和会计制度。特殊目的编制基础，旨在满足财务报表特定使用者对财务信息需求的财务报告编制基础，包括监管机构的报告要求和合同的特殊约定等。一般而言，针对按照计税核算基础、现金收入和支出核算基础或监管机构的报告要求编制的财务报表进行的审计比较普遍。

对于特殊目的财务报表，预期财务报表使用者对财务信息的需求，决定适用的财务报告编制基础。如果财务报告准则由经授权或获得认可的准则制定机构制定和发布，供某类实体使用，只要这些机构遵循一套既定和透明的程序，则认为财务报告准则对于这类实体编制通用目的财务报表是可接受的。这些财务报告准则主要有：国际会计准则理事会发布的国际财务报告准则、国际公共部门会计准则理事会发布的国际公共部门会计准则和某一国家或地区经授权或获得认可的准则制定机构发布的会计准则。

（3）财务报表的性质。例如，财务报表是整套财务报表还是单一财务报表。

（4）法律法规是否规定了适用的财务报告编制基础。法律法规可能为某类实体规定了在编制通用目的财务报表时采用的财务报告基础。通常情况下，注册会计师认为这种财务报告编制基础对这类实体编制通用目的财务报表是可接受的，除非有迹象表明不可接受。

在某些情况下，财务报表可能按照两个财务报告编制基础（如某一国家或地区的财务报告编制基础和国际财务报告准则）编制。只要这两个编制基础均满足适用性的要求，比如管理层可能被要求选择同时按照两个编制基础的规定编制财务报表，那么两个财务报告编制基础都是适用的财务报告编制基础。在实务中，同时遵守两个编制基础的可能性很小。

三、错　　报

（一）错报的定义

错报是指某一财务报表项目的金额、分类、列报或披露，与按照适用的财务报告编制基础应当列示的金额、分类、列报或披露之间存在的差异，或根据注册会计师的判断，为使财务报表在所有重大方面实现公允反映，需要对金额、分类、列报或披露作出必要的调整。

（二）导致错报的事项

错报可能是由于错误或舞弊导致的，具体可分为表 2-1 中的几种情形。

表 2-1　财务报表存在重大错报的情形举例

会计政策选择不恰当	① 选择的会计政策与适用的财务报告编制基础不一致 ② 财务报表（包括相关附注）没有按照公允列报的方式反映交易和事项
会计政策运用不正确	① 管理层没有一贯运用所选择的会计政策，包括管理层未在不同会计期间或对相似的交易和事项一贯运用所选择的会计政策 ② 收集或处理用以编制财务报表的数据时出现错误 ③ 遗漏某项金额或披露 ④ 由于疏忽或明显误解有关事实导致作出不正确的会计估计
财务报表披露不充分	① 财务报表没有包括适用的财务报告编制基础要求的所有披露 ② 财务报表的披露没有按照适用的财务报告编制基础列报 ③ 财务报表没有作出必要的披露以实现公允反映

（三）错报的类别

为了便于注册会计师对错报进行分析和评价，通常将错报分为事实错报、判断错报和推断错报三种类型。

（1）事实错报。事实错报是指财务报表中列示的金额或相关披露与事实不符，是毋庸置疑的错报。例如，注册会计师在审计测试中发现购入存货的实际价值为 15 000 元，但账面记录的金额却为 10 000 元。因此，存货和应付账款分别被低估了 5 000 元，这里被低估的 5 000 元就是已识别的对事实的具体错报。

（2）判断错报。判断错报是由于注册会计师认为管理层对会计估计作出不合理的判断或不恰当地选择和运用会计政策而导致的差异。这类错报产生于两种情况：一是管理层和注册会计师对会计估计值的判断差异。例如，由于包含在财务报表中的管理层作出的估计值超出了注册会计师确定的一个合理范围，导致出现判断差异；二是管理层和注册会计师对选择和运用会计政策的判断差异，由于注册会计师认为管理层选用会计政策造成错报，管理层却认为选用会计政策适当，导致出现判断差异。

（3）推断错报。注册会计师对总体存在的错报作出的最佳估计数，涉及根据在审计样本中识别出的错报来推断总体的错报。推断错报通常是指通过测试样本估计出的总体的错报减去在测试中发现的已经识别的具体错报。例如，应收账款年末余额为 2 000 万元，注册会计师对金额为 500 万的样本进行测试，发现样本金额有 100 万元的高估，高估部分为样本账面金额的 20%，据此注册会计师推断总体的错报金额为 400 万元（即 2 000 万元×20%），那么上述 100 万元就是已识别的具体错报，其余 300 万元即推断误差。

四、合理保证与有限保证

（一）合理保证的含义

在财务报表审计中，合理保证意味着注册会计师将审计风险降至审计业务环境下可接受的低水平，对审计后的财务报表提供高水平保证（合理保证），在审计报告中对财务报表采用积极方式提出结论。

（二）合理保证与有限保证的区别

除了审计，注册会计师执行的业务包括意义更广泛的鉴证业务。鉴证业务是指注册会计师对鉴证对象信息提出结论，以增强除责任方之外的预期使用者对鉴证对象信息信任程度的业务，包括审计、审阅和其他鉴证业务。与审计业务相比较，审阅业务需要达到的是有限保证。在财务报表审阅中，要求注册会计师将审阅风险降至审阅业务环境下可接受的水平（高于财务报表审计中可接受的低水平），对审阅后的财务报表提供低于高水平的保证（有限保证），在审阅报告中对财务报表采用消极方式提出结论。

表 2-2 列示了合理保证与有限保证的区别。

表 2-2 合理保证与有限保证的区别

	合理保证 （财务报表审计）	有限保证 （财务报表审阅）
目标	在可接受的低审计风险下，以积极方式对财务报表整体发表审计意见，提供高水平的保证	在可接受的审阅风险下，以消极方式对财务报表整体发表审阅意见，提供有意义、可接受的水平的保证
所需证据数量	较多	较少
证据收集程序	充分运用各种审计程序获取充分、适当的证据	证据收集程序受到有意识的限制，主要采用实施简单、成本较低的审计程序来获取证据
财务报表的可信性	较高	较低
提出结论的方式	以积极方式提出结论。 例如：我们认为，ABC 公司财务报表在所有重大方面按照企业会计准则的规定编制，公允反映了 ABC 公司 2017 年 12 月 31 日的财务状况以及 2017 年度的经营成果和现金流量。	以消极方式提出结论。 例如：根据我们的审阅，我们没有注意到任何事项使我们相信，ABC 公司财务报表没有按照企业会计准则的规定编制，未能在所有重大方面公允反映被审阅单位的财务状况、经营成果和现金流量。

五、审计的固有限制

注册会计师不可能将审计风险降至零，因此不能对财务报表不存在由于舞弊或错误导致的重大错报获取绝对保证。这是由于审计存在固有限制，导致注册会计师据以得出结论和形成审计意见的大多数审计证据是说服性而非结论性的。

（一）审计固有限制的含义

审计的固有限制是指，在审计业务开展过程中，存在某些客观因素使得审计业务无法对财务报表不存在由于舞弊或错误导致的重大错报获取绝对保证。由于审计的固有限制，得出结论和形成审计意见的大多数审计证据是说服性而非结论性的。

由于审计的固有限制，即使按照审计准则的规定适当地计划和执行审计工作，也不可避免地存在财务报表的某些重大错报可能未被发现的风险。相应地，完成审计工作后发现由于舞弊或错误导致的财务报表重大错报，其本身并不表明注册会计师没有按照审计准则的规定执行审计工作。

需要注意的是，审计的固有限制并不能作为注册会计师满足于说服力不足的审计证据的理由。注册会计师应当按照审计准则的规定执行审计工作，实施必要的审计程序，获取充分、适当的审计证据，进而出具恰当的审计报告。

(二) 产生审计固有限制的因素

审计的固有限制源于：

(1) 财务报告的性质。

(2) 审计程序的性质。

(3) 在合理的时间内以合理的成本完成审计的需要。

▶ 1. 财务报告的性质

管理层编制财务报表，需要根据被审计单位的事实和情况运用适用的财务报告编制基础的规定，在这一过程中需要作出判断。此外，许多财务报表项目涉及主观决策、评估或一定程度的不确定性，并且可能存在一系列可接受的解释或判断。因此，某些财务报表项目的金额本身就存在一定的变动幅度，这种变动幅度不能通过实施追加的审计程序来消除。例如，某些会计估计通常如此。

尽管存在上述客观原因，审计准则要求注册会计师特别考虑在适用的财务报告编制基础下会计估计是否合理，相关披露是否充分，会计实务的质量是否良好（包括管理层判断是否可能存在偏向）。

▶ 2. 审计程序的性质

注册会计师获取审计证据的能力受到实务和法律上的限制。

(1) 管理层或其他人员可能有意或无意地不提供与财务报表编制相关的或注册会计师要求的全部信息。因此，即使实施了旨在保证获取所有相关信息的审计程序，注册会计师也不能保证信息的完整性。

(2) 舞弊可能涉及精心策划和蓄意实施以进行隐瞒。因此，用以收集审计证据的审计程序可能对于发现舞弊是无效的。例如，舞弊导致的错报涉及串通伪造文件，使得注册会计师误以为有效的证据实际上是无效的。注册会计师没有接受文件真伪鉴定方面的培训，不应被期望成为鉴定文件真伪的专家。

(3) 审计不是对涉嫌违法行为的官方调查。因此，注册会计师没有被授予特定的法律权力（如搜查权），而这种权力对调查是必要的。

▶ 3. 财务报告的及时性和成本效益的权衡

信息与审计目标之间的相关性及其价值会随着时间的推移而降低，所以在审计过程中需要在信息的可靠性和成本之间进行权衡。要求注册会计师处理所有可能存在的信息是不切实际的，基于信息存在错误或舞弊除非能够提供反证的假设而竭尽可能地追查每一个事项也是不切实际的。因此，财务报表使用者的期望应当是，注册会计师在合理的时间内以合理的成本对财务报表形成审计意见。

（三）审计固有限制的应对

尽管存在审计固有限制，注册会计师不能以审计中的困难、时间或成本等事项作为理由，省略不可替代的审计程序或满足于说服力不足的审计证据。为了实现财务报表使用者的期望，注册会计师应当做到以下几点以获取充分、适当的审计证据。

（1）计划审计工作，以保证执行审计工作需要的充分的时间和资源，使审计工作以有效的方式得到执行。

（2）合理使用审计资源，将审计资源投向最可能存在重大错报风险的领域。

（3）充分运用各种测试方法检查财务报表中存在的错报。

六、审计意见与审计报告

审计报告是指注册会计师根据审计准则的规定，在执行审计工作的基础上，对财务报表发表审计意见的书面文件。注册会计师应当针对财务报表(鉴证对象信息)在所有重大方面是否符合适当的财务报表编制基础(标准)，以书面报告的形式发表能够提供合理保证程度的意见。

其中，审计意见分为无保留意见和非无保留意见。当注册会计师认为财务报表在所有重大方面按照适用的财务报告编制基础编制并实现公允反映时，应当发表无保留意见。反之，当审计结果不符合出具保留意见的要求时，则应当发表非无保留意见。导致发表非无保留意见的原因有以下两类。

（1）根据获取的审计证据，认为财务报表整体存在重大错报。根据错报影响的广泛性，这种情况下可能发表两种不同的审计意见，如果重大错报不具有广泛性，则出具保留意见审计报告；重大错报且具有广泛影响，则出具否定意见审计报告。

（2）无法获取充分、适当的审计证据以作为形成审计意见的基础，因此无法明确判断报表中是否存在重大错报，且如果存在未发现的错报则会可能对财务报表产生的重大影响。这种情况下同样可能发表两种不同的审计意见，如果认为可能的未发现错报对财务报表可能产生的影响不具有广泛性，则出具保留意见审计报告；如果认为可能的未发现错报对财务报表可能产生重大且广泛的影响，则出具无法表示意见审计报告。在任何情况下，如果不能获取合理保证，并且在审计报告中发表保留意见也不足以实现向预期使用者报告的目的，注册会计师应当按照审计准则的规定出具无法表示意见的审计报告，或者在法律法规允许的情况下终止审计业务或解除业务约定。

因此，非无保留意见包括保留意见、否定意见和无法表示意见。如果存在上述情形时，注册会计师应当对财务报表清楚地发表恰当的非无保留意见。

除了对财务报表出具审计报告之外，审计总体目标还要求将审计结果与管理层和治理层沟通，如审计意见类型、审计过程中不同环节识别的舞弊嫌疑或舞弊指控以及舞弊事实、与财务报表相关的内部控制重大缺陷等。

第二节 认定和审计的具体目标

一、认定与审计的具体目标

(一) 认定的含义

认定，是指管理层在财务报表中作出的明确或隐含的表达当管理层声明财务报表已按照适用的财务报告编制基础编制，在所有重大方面作出公允反映时，就意味着管理层对财务报表各组成要素的确认、计量、列报以及相关的披露作出了认定。管理层在财务报表上的认定有些是明确表达的，有些则是隐含表达的。

例如，甲公司资产负债表在财务报表日所列示的期末存货项目(金额)1 000万元，意味着作出下列明确的认定。

(1) 财务报表日甲公司资产中所记录的存货是存在的，没有多记任何一件存货。如果某些存货实际已经销售而仍然记录在账面上，则违反了存在性认定。

(2) 甲公司所有应当记录的存货均已记录，没有少记任何一件存货。如果库房里归属于企业的货物没有得到记录，则违反了完整性认定。

(3) 财务报表日甲公司资产中所记录的存货以恰当的金额包括在财务报表中，与之相关的计价或分摊调整已恰当记录，即金额正好是1 000万元，一分不多一分不少。如果存货采用了不恰当的计价方式，或者计价的计算发生错误，或者不恰当地计提了存货跌价准备，则违反了准确性认定。

(4) 甲公司记录的存货1 000万元均由其拥有，存货没有受到留置权限制，没有被抵押或作为担保物。如果企业事实上不拥有或已经失去存货的所有权，而仍然将该存货视为本企业的存货记在账上，就违反了权利和义务认定。

(二) 审计的具体目标

审计的具体目标与认定密切相关，审计的具体目标就是确定被审计单位管理层在其财务报表中作出的各项认定是否恰当。注册会计师应当将认定用于考虑可能发生的不同类型的潜在错报。注册会计师了解了认定，就很容易确定每个项目的具体审计目标。

二、认定的类别

(一) 与期末账户余额相关的认定

(1) 存在：记录的资产、负债和所有者权益是存在的。如果某项资产、负债或所有者权益并不存在，但是在会计记录中却列示了该项目，则违反了存在认定。例如，仓库中的某项原材料已经丢失或损毁，事实上已经不存在，但是材料明细账中仍记录该项材料存在，就违反了存在认定。

(2) 权利和义务：记录的资产由被审计单位拥有或控制，记录的负债是被审计单位应当履行的偿还义务。例如，将他人寄售商品列入被审计单位的存货中，就违反了权利认定；将不属于被审计单位的债务记入账内，则违反了义务认定。

（3）完整性：所有应当记录的资产、负债和所有者权益均已记录。例如，如果存在某顾客的应收账款，而应收账款项细表中却没有列入，则违反了完整性认定。

存在和完整性两者强调的是相反的关注点。存在认定针对多记、虚构资产、负债和所有者权益（高估），而完整性认定则针对漏记资产、负债和所有者权益（低估）。

（4）计价和分摊：资产、负债和所有者权益以恰当的金额包括在财务报表中，与之相关的计价或分摊调整已恰当记录。例如，某项存货在期末计量时未能合理确定其可变现净值，从而未能恰当计提跌价准备，就违反了存货的计价认定。

（5）分类：资产、负债和所有者权益已记录于恰当的账户。例如，如果未能将一年内到期的长期负债重分类列为流动负债，则违反了分类认定。

（6）列报：资产、负债和所有者权益已被恰当地汇总或分解且表述清楚，相关披露在适用的财务报告编制基础下是相关的、可理解的。例如，存货的主要类别应当予以披露。

（二）与所审计期间各类交易和事项相关的认定

（1）发生：记录的交易或事项已发生，且与被审计单位有关。例如，如果没有发生销售交易，但在销售日记账中记录了一笔销售，则违反了发生认定。

（2）完整性：所有应当记录的交易和事项均已记录。例如，如果发生了销售交易，但没有在销售明细账和总账中记录，则违反了完整性认定。

（3）准确性：与交易和事项有关的金额及其他数据已恰当记录。例如，如果在销售交易中，发出商品的数量与账单上的数量不符，或是开账单时使用了错误的销售价格，或是账单中的乘积或加总有误，或是在销售明细账中记录了错误的金额，则违反了该认定。

准确性与发生、完整性之间存在区别。例如，若已记录的销售交易是不应当记录的（如发出的商品是其他企业寄销的商品），则即使发票金额是准确计算的，仍违反了发生认定。再如，若已入账的销售交易是对真实发出商品的记录，但金额计算错误，则违反了准确性认定，没有违反发生认定。在完整性与准确性之间也存在同样的关系。

（4）截止：交易和事项已记录于正确的会计期间。如果本期交易延迟到下期确认，或下期交易提前到本期确认，均违反了截止认定。

（5）分类：交易和事项已记录于恰当的账户。例如，将出售经营性固定资产所得的收入记录为营业收入，则导致交易分类的错误，违反了分类认定。

（6）列报：交易和事项已被恰当地汇总或分解且表述清楚，相关披露在适用的财务报告编制基础下是相关的、可理解的。

注册会计师可以将单独测试各项认定作为具体审计目标，也可以综合考虑多项认定。例如，注册会计师可以选择将有关交易和事项的认定与有关账户余额的认定综合考虑，如主营业务收入和应收账款之间存在钩稽关系，因此可以综合考虑。又如，当发生和完整性认定包含了对交易是否记录于正确会计期间的恰当考虑时，就可能不需要单独考虑与交易和事项截止相关的认定。

第三节 审计证据

一、审计证据的含义

(一) 审计证据的定义

审计证据是指注册会计师为了得出审计结论、形成审计意见而使用的所有信息，包括构成财务报表基础的会计记录所含有的信息和其他信息。注册会计师对财务报表提供合理保证是建立在获取充分、适当证据的基础上的。

审计证据主要是在审计过程中通过实施审计程序获取的。然而，审计证据还可能包括从其他来源获取的信息，如以前审计中获取的信息（前提是注册会计师已确定自上次审计后是否已发生变化，这些变化可能影响这些信息对本期审计的相关性）或会计师事务所接受与保持客户或业务时实施质量控制程序获取的信息。除从被审计单位内部其他来源和外部来源获取的信息外，会计记录也是重要的审计证据来源。同样，被审计单位雇用或聘请的专家编制的信息也可以作为审计证据。审计证据既包括支持和佐证管理层认定的信息，也包括与这些认定相矛盾的信息。在某些情况下，信息的缺乏（如管理层拒绝提供注册会计师要求的声明）本身也构成审计证据，可以被注册会计师利用。在形成审计意见的过程中，注册会计师的大部分工作是获取和评价审计证据。

(二) 审计证据的类别

审计证据包括构成财务报表基础的会计记录所含有的信息和其他信息。

▶ **1. 会计记录中含有的信息**

会计记录主要包括原始凭证、记账凭证、总分类账和明细分类账、未在记账凭证中反映的对财务报表的其他调整，以及支持成本分配、计算、调节和披露的手工计算表和电子数据表。上述会计记录是编制财务报表的基础，构成注册会计师执行财务报表审计业务所需获取的审计证据的重要部分。这些会计记录通常是电子数据，因而要求注册会计师对内部控制予以充分关注，以获取这些记录的真实性、准确性和完整性。进一步说，电子形式的会计记录可能只能在特定时间获取，如果不存在备份文件，特定期间之后有可能无法再获取这些记录。

会计记录取决于相关交易的性质，它既包括被审计单位内部生成的手工或电子形式的凭证，也包括从与被审计单位进行交易的其他企业收到的凭证。除此之外，会计记录还可能包括以下几个方面。

(1) 销售发运单和发票、顾客对账单以及顾客的汇款通知单。

(2) 附有验货单的订购单、购货发票和对账单。

(3) 考勤卡和其他工时记录、工薪单、个别支付记录和人事档案。

(4) 支票存根、电子转移支付记录（EFTs）、银行存款单和银行对账单。

(5) 合同记录，如租赁合同和分期付款销售协议。

（6）记账凭证。

（7）分类账账户调节表。

将这些会计记录作为审计证据时，其来源和被审计单位内部控制的相关强度（对内部生成的证据而言）都会影响注册会计师对这些原始凭证的信赖程度。

▶ 2. 其他信息

会计记录中含有的信息本身并不足以提供充分的审计证据作为对财务报表发表审计意见的基础，注册会计师还应当获取用作审计证据的其他信息。可用作审计证据的其他信息包括注册会计师从被审计单位内部或外部获取的会计记录以外的信息，如被审计单位会议记录、内部控制手册、询证函的回函、分析师的报告、与竞争者的比较数据等；通过询问、观察和检查等审计程序获取的信息，如通过检查存货获取存货存在的证据等；以及自身编制或获取的可以通过合理推断得出结论的信息，如注册会计师编制的各种计算表、分析表等。

财务报表依据的会计记录中包含的信息和其他信息共同构成了审计证据，两者缺一不可。如果没有前者，审计工作将无法进行；如果没有后者，可能无法识别重大错报风险。只有将两者结合在一起，才能将审计风险降至可接受的低水平，为注册会计师发表审计意见提供合理基础。

必要审计证据的性质与范围取决于注册会计师对何种证据与实现审计目标相关作出的职业判断。这种判断受到重要性评估水平、与特定认定相关的审计风险、总体规模以及影响账户余额的各类经常性或非经常性交易的影响。

注册会计师要获取不同来源和不同性质的审计证据，不过，审计证据很少是绝对的，从性质上来看反而是说服性的，并能佐证会计记录中所记录信息的合理性。因此，在确定报表公允表达时，注册会计师最终评价的正是这种累计的审计证据。注册会计师将不同来源和不同性质的审计证据综合起来考虑，这样能够反映出结果的一致性，从而佐证会计记录中记录的信息。如果审计证据不一致，而且这种不一致可能是重大的，注册会计师应当扩大审计程序的范围，直到不一致得到解决，并针对账户余额或各类交易获得必要保证。

二、审计证据的充分性与适当性

（一）审计证据的充分性

审计证据的充分性是对审计证据数量的衡量，主要与注册会计师确定的样本量有关。例如，对某个审计项目实施某一选定的审计程序，从200个样本项目中获得的证据要比从100个样本项目中获得的证据更充分。获取的审计证据应当充分，足以将与每个重要认定相关的审计风险限制在可接受的低水平。

注册会计师需要获取的审计证据的数量受其对重大错报风险评估的影响（评估的重大错报风险越高，需要的审计证据可能越多），并受审计证据质量的影响（审计证据质量越高，需要的审计证据可能越少）。然而，注册会计师仅靠获取更多的审计证据可能无法弥补其质量上的缺陷。

（二）审计证据适当性

▶ **1. 审计证据适当性的含义**

审计证据的适当性，是对审计证据质量的衡量，是指审计证据在支持审计意见所依据的结论方面具有的相关性和可靠性。相关性和可靠性是审计证据适当性的核心内容，只有相关且可靠的审计证据才是高质量的。

▶ **2. 审计证据的相关性**

审计证据的相关性是指用作审计证据的信息与审计程序的目的和所考虑的相关认定之间的逻辑联系。

确定审计证据相关性时应当考虑以下因素。

（1）用作审计证据的信息的相关性可能受到测试方向的影响。例如，如果想要测试销售收入的发生认定或完整性认定，那么就需要考虑测试的方向：如果以销售收入明细账为起点追查至发运单和销售发票等凭证，则获取的审计证据与当期销售收入的发生认定有关；反之，如果注册会计师以发运单为起点追查至销售发票和销售收入明细账，则获取的审计证据与当期销售收入的完整性认定有关。

（2）特定的审计程序可能只为某些认定提供相关的审计证据，而与其他认定无关。因此，有关某一特定认定的审计证据，不能替代与其他认定相关的审计证据。例如，检查期后应收账款收回的记录和文件，可以提供有关应收账款存在和计价的审计证据，但未必能提供与截止测试相关的审计证据。

（3）不同来源或不同性质的审计证据可能与同一认定相关。例如，为了获取有关销售收入发生认定的审计证据，可以检查与销售业务相关的原始凭证（如发票、发运单等），也可以咨询被审计单位的客户以验证该项业务的真实性。

▶ **3. 审计证据的可靠性**

审计证据的可靠性是指证据的可信程度。例如，注册会计师亲自检查存货所获得的证据，就比被审计单位管理层提供给注册会计师的存货数据更可靠。

审计证据的可靠性受其来源和性质的影响，并取决于获取审计证据的具体环境。注册会计师在判断审计证据的可靠性时，通常会考虑下列原则。

（1）从外部独立来源获取的审计证据比从其他来源获取的审计证据更可靠。从外部独立来源获取的审计证据未经被审计单位有关人员之手，从而减少了伪造、更改凭证或业务记录的可能性，因而其证明力最强。此类证据如银行询证函回函、应收账款询证函回函、保险公司等机构出具的证明等。反之，从其他来源获取的审计证据，由于证据提供者与被审计单位存在经济或行政关系等原因，其可靠性应受到质疑。此类证据如被审计单位内部的会计记录、会议记录等。

（2）内部控制有效时内部生成的审计证据比内部控制薄弱时内部生成的审计证据更可靠。如果被审计单位有着健全的内部控制且在日常管理中得到一贯的执行，会计记录的可信赖程度将会增加。如果被审计单位的内部控制薄弱，甚至不存在任何内部控制，被审计单位内部凭证记录的可靠性就大为降低。例如，如果与销售业务相关的内部控制有效，注册会计师就能从销售发票和发货单中取得比内部控制不健全时更加可靠的审计证据。

（3）直接获取的审计证据比间接获取或推论得出的审计证据更可靠。例如，注册会计师观察某项内部控制的运行得到的证据比询问被审计单位某项内部控制的运行得到的证据更可靠。间接获取的证据有被涂改及伪造的可能性，降低了可信赖程度。推论得出的审计证据，其主观性较强，人为因素较多，可信赖程度也受到影响。

（4）以文件、记录形式（无论是纸质、电子或其他介质）存在的审计证据比口头形式的审计证据更可靠。例如，会议的同步书面记录比对讨论事项事后的口头表述更可靠。口头证据本身并不足以证明事实的真相，仅仅提供了一些重要线索，为进一步调查确认所用。如注册会计师在对应收账款进行账龄分析后，可以向应收账款负责人询问逾期应收账款收回的可能性。如果该负责人的意见与注册会计师自行估计的坏账损失基本一致，则这一口头证据就可成为证实注册会计师对有关坏账损失判断的重要证据。但在一般情况下，口头证据往往需要得到其他相应证据的支持。

（5）从原件获取的审计证据比从传真件或复印件获取的审计证据更可靠。注册会计师可审查原件是否有被涂改或伪造的迹象，排除伪证，提高证据的可信赖程度。而传真件或复印件容易是篡改或伪造的结果，可靠性较低。

注册会计师在按照上述原则评价审计证据的可靠性时，还应当注意可能出现的重要例外情况。例如，审计证据虽然是从独立的外部来源获得，但如果该证据是由不知情者或不具备资格者提供，审计证据也可能是不可靠的。同样，如果注册会计师不具备评价证据的专业能力，那么即使是直接获取的证据，也可能不可靠。

（三）审计证据充分性与适当性的关系

充分性和适当性是审计证据的两个重要特征，两者缺一不可，只有充分且适当的审计证据才是有证明力的。

注册会计师需要获取的审计证据的数量受审计证据质量的影响。审计证据质量越高，需要的审计证据数量可能越少。也就是说，审计证据的适当性会影响审计证据的充分性。例如，被审计单位内部控制健全时生成的审计证据更可靠，注册会计师只需获取适量的审计证据，就可以为发表审计意见提供合理的基础。

需要注意的是，尽管审计证据的充分性和适当性相关，但如果审计证据的质量存在缺陷，那么注册会计师仅靠获取更多的审计证据可能无法弥补其质量上的缺陷。例如，注册会计师应当获取与销售收入完整性相关的证据，实际获取到的却是有关销售收入真实性的证据，审计证据与完整性目标不相关，即使获取的证据再多，也证明不了收入的完整性。同样的，如果注册会计师获取的证据不可靠，那么证据数量再多也难以起到证明作用。

（四）评价审计证据充分性和适当性时的特殊考虑

▶ 1. 对文件记录可靠性的考虑

对于审计工作中涉及的文件记录的真伪，由于注册会计师不是鉴定文件记录真伪的专家，因此难以严格鉴定真伪性，但是应当考虑用作审计证据的信息的可靠性，对于明显伪造的痕迹应当有一定的识别能力。除此之外，注册会计师还应当考虑与这些信息生成和维护相关控制的有效性。

如果在审计过程中识别出的情况使其认为文件记录可能是伪造的，或文件记录中的某些条款已发生变动，注册会计师应当做出进一步调查，包括直接向第三方询证，必要时，应当通过适当方式聘请专家鉴定文件记录的真伪。

▶ 2. 使用被审计单位生成信息时的考虑

注册会计师为获取可靠的审计证据，实施审计程序时使用的被审计单位生成的信息需要足够完整和准确。例如，通过用标准价格乘以销售量来对收入进行审计时，其有效性受到价格信息准确性和销售量数据完整性和准确性的影响。

如果针对这类信息的完整性和准确性获取审计证据是所实施审计程序本身不可分割的组成部分，则可以与对这些信息实施的审计程序同时进行。在其他情况下，通过测试针对生成和维护这些信息的控制，注册会计师也可以获得关于这些信息准确性和完整性的审计证据。然而，在某些情况下，注册会计师可能确定有必要实施追加的审计程序。

在某些情况下，注册会计师可能打算将被审计单位生成的信息用于其他审计目的。例如，注册会计师可能打算将被审计单位的业绩评价用于分析程序，或利用被审计单位用于监控活动的信息，如内部审计报告等。在这种情况下，获取的审计证据的适当性受到该信息对于审计目的而言是否足够精确和详细的影响。例如，管理层的业绩评价对于发现重大错报可能不够精确。

▶ 3. 审计证据相互矛盾时的考虑

如果针对某项认定从不同来源获取的审计证据或获取的不同性质的审计证据能够相互印证，与该项认定相关的审计证据则具有更强的说服力。例如，注册会计师通过检查委托加工协议发现被审计单位有委托加工材料，且委托加工材料占存货比重较大，经发函询证后证实委托加工材料确实存在。委托加工协议和询证函回函这两个不同来源的审计证据互相印证，证明委托加工材料真实存在。

但是，如果从不同来源获取的审计证据或获取的不同性质的审计证据不一致，则表明至少有某项审计证据可能不可靠。此时，注册会计师不能直接认为某项证据更为可靠而采纳该项证据，而应当追加必要的审计程序以获取更多的审计证据，以验证真实的情况。上例中，如果注册会计师发函询证后证实委托加工材料已加工完成并返回被审计单位，委托加工协议和询证函回函这两个不同来源的证据不一致，委托加工材料是否真实存在受到质疑。这时，注册会计师应追加审计程序，确认委托加工材料收回后是否未入库或被审计单位收回后予以销售而未入账。

▶ 4. 获取审计证据时对成本的考虑

注册会计师可以考虑获取审计证据的成本与所获取信息的有用性之间的关系，但不应以获取审计证据的困难和成本为由减少不可替代的审计程序。

在保证获取充分、适当的审计证据的前提下，控制审计成本也是会计师事务所增强竞争能力和获利能力所必需的。但为了保证得出的审计结论、形成的审计意见是恰当的，注册会计师不应将获取审计证据的成本高低和难易程度作为减少不可替代的审计程序的理由。例如，在某些情况下，存货监盘是证实存货存在认定的不可替代的审计程序，注册会计师在审计中不得以检查成本高和难以实施为由而不执行该程序。在评价证据的充分性和适当性以支持鉴证报告时，注册会计师应当运用职业判断，并保持职业怀疑态度。

练习题

第三章
风险导向审计

本章重点

1. 各种重要性水平的含义及其区别。
2. 重要性水平的确定。
3. 错报的累积和明显微小错报。
4. 审计风险、重大错报风险和检查风险的含义。
5. 审计风险模型。

第 一 节 风险导向审计的含义

一、审计方法的演进

一百多年来，虽然审计的根本目标没有发生重大变化，但审计环境却发生了很大的变化。注册审计师为了实现审计目标，一直随着审计环境的变化调整着审计方法。审计方法从账项基础审计发展到风险导向审计，都是注册会计师为了适应审计环境的变化而做出的调整。

（一）账项基础审计

在审计发展的早期(19世纪以前)，由于企业组织结构简单、业务性质单一，注册会计师审计主要是为了满足财产所有者对会计核算进行独立检查的要求、促使受托责任人(通常为经理或下属)在授权经营过程中做出诚实、可靠的行为。审计方法是详细审计，现在又称其为账项基础审计(accounting number-based audit approach)。

在账项基础审计下，获取审计证据的方法比较简单，注册会计师将大部分精力投向会计凭证和会计账簿的详细检查。注册会计师通过对账表上的数字进行详细核实来判断是否存在舞弊行为和技术上的错误，因此通常需要花费大量的时间进行检查、核对、加总和重新计算。根据有关文献记载，当时的注册会计师在整个审计过程中，约 3/4 的时间花费在合计和过账上。随着审计范围的扩展和组织规模的扩大，注册会计师开始采用审计抽样技术，但是抽查的数量很大，而且在抽查样本的选择上以判断抽样为主，样本的选择带有很大的盲目性。

（二）制度基础审计

19 世纪末，会计和审计步入了快速发展时期。由于企业规模日益扩大，经济活动和交易事项内容不断丰富、复杂，注册会计师的审计工作量迅速增大，而需要的审计技术日益复杂，使得详细审计难以实施，企业对详细审计的费用也难以承受。注册会计师越来越认识到单纯围绕账表进行详细审计，既耗费时间，又难以很好地完成审计工作。

经过长时间的探索和实践，注册会计师逐渐发现内部控制的可靠性对于审计工作具有非常重要的意义。当内部控制设计合理且执行有效时，通常表明财务报表具有较高的可靠性，因此在执行审计工作时需要付出的努力也较少；当内部控制设计不合理，或虽然设计合理但没有得到有效执行时，通常表明财务报表不具有可靠性，审计时也需要付出更多的努力。因此注册会计师开始将审计视角转向企业的内部控制，特别是会计信息赖以生成的内部控制，从而将内部控制与抽样审计结合起来。

以内部控制为基础的审计方法，改变了传统的审计方法，强调对内部控制的测试和评价。如果测试结果表明内部控制运行有效，那么注册会计师对财务报表相关项目的审计只需抽取少量样本便可以得出审计结论；如果测试结果表明内部控制运行无效，那么注册会计师对财务报表相关项目的审计需要视情况扩大审计范围，检查足够数量的样本，才能得出审计结论。

值得一提的是，统计抽样技术的应用以及内部控制在企业的普及，推进了制度基础审计的产生和发展。从 20 世纪 50 年代起，以控制测试为基础的抽样审计在西方国家得到广泛应用，内部控制测试和评价构成了审计方法的重要组成部分。该种基于控制测试来进行审计的方法被称作制度基础审计方法(system-based audit approach)。

（三）风险导向审计

自 20 世纪 80 年代以来，科学技术快速进步，政治经济环境发生急剧变化，对企业经营管理产生重大影响，导致企业竞争更加激烈，经营风险日益增加，倒闭事件不断发生。面对新的环境，制度基础审计不再能满足审计业务的需要。制度基础审计使审计人员的注意力过于集中在被审单位的内部控制制度方面，但是可能导致财务报表存在重大错报的风险还可能产生于其他环节。此外，审计证据可以从许多渠道进行收集，如对组织的了解、组织的环境、历史以及分析性检查等，这些证据都会对最终的审计意见产生影响，这些搜集证据的方法却并不是制度基础审计采用的技术方法。由于制度基础审计的不足，适应不了社会公众对审计的要求，风险导向审计方法(risk-oriented audit approach)随之兴起。

二、风险导向审计

风险导向审计的基础是对审计风险的考虑。审计风险是指当财务报表存在重大错报时注册会计师发表不恰当审计意见的可能性。该风险的形成取决于企业财务报表的重大错报风险和审计过程中的检查风险。其中，重大错报风险不仅受到内部控制设计和执行情况的影响，还受到企业生产经营状况等因素（即固有风险）的影响，因此在审计过程中仅仅被审计单位的内部控制作为抽样的基础是不够的，还需要考虑影响固有风险的各种因素。注册会计师应当了解企业的环境和面临的经营风险，把握企业面临的各方面情况，分析企业经济业务中可能出现的错误和舞弊行为，综合评价财务报表的重大错报风险并以此作为审计抽样的基础。

风险导向审计要求注册会计师将审计资源分配到重大错报风险最高的领域，即最容易导致财务报表出现重大错报的领域。因此，风险导向审计的出现和发展从理论上解决了审计资源的分配问题，并且完善了抽样审计的选择基础。从方法论的角度，风险导向审计立足于对审计风险进行系统的分析和评价，并以此作为出发点，制定审计战略，制定与企业状况相适应的多样化的审计计划，使审计工作适应社会发展的需求。风险导向审计要求审计人员不仅要对控制风险进行评价，而且要对产生风险的各个环节进行评价，以确定审计人员实质性测试的重点和测试水平，确定如何收集、收集多少和收集何种性质证据的决策。

除了风险本身，重大错报风险这一概念还蕴含着对重要性的考虑。对于不重要的项目，审计过程中投入的资源也相对较少。

第 二 节 审计重要性

一、重要性的含义

（一）审计重要性

审计重要性是指被审计单位会计报表中错报或漏报的严重程度，这一严重程度在特定环境下可能影响会计报表使用者的判断或决策。如果合理预期错报（包括漏报）单独或汇总起来可能影响财务报表使用者依据财务报表作出的经济决策，则通常认为错报是重大的。

在考虑重要性时，以下因素也需要作出正确的考虑。

（1）对重要性的判断是根据具体环境作出的，并受错报的金额或性质的影响，或受两者共同作用的影响。即使是同样金额的错报，如果所处的环境不同，或者错报的性质不同，对投资者的决策影响程度很可能是不同的。

（2）判断某事项对财务报表使用者是否重大，是在考虑财务报表使用者整体共同的财务信息需求的基础上作出的，而不是仅仅考虑某几位投资者的信息需求。

（二）重要性水平

在计划审计工作时，注册会计师应当确认一个可接受的（初步的）重要性水平，用以判断发现的错报在金额上是否重大。如果发现的某项错报金额高于重要性水平，就很可能被合理预期将对使用者根据财务报表作出的经济决策产生影响，因此通常认为该项错报是重大错报。

重要性水平主要应用于两个环节。

1. 在计划和执行财务报表审计工作时，注册会计师运用重要性对错报作出判断。

（1）确定风险评估程序的性质、时间安排和范围。如果重要性水平确定得比较低，则进行风险评估时需要采用更为审慎的程序。

（2）识别和评估重大错报风险。如果重要性水平确定得比较低，则某个风险因素即使只会导致金额较小的错报也可能被评估为风险更高的因素。

（3）确定进一步审计程序的性质、时间安排和范围。如果重要性水平确定得比较低，意味着对于金额更小的错报也应当发现，则在进一步审计程序中需要花费更多的时间和精力，对更广泛的项目实施更为可靠的审计程序。

2. 在形成审计结论阶段，注册会计师需要使用重要性水平来评价已识别的错报对财务报表的影响和对审计报告中审计意见的影响。如果错报不重大，则出具无保留意见审计报告；如果错报重大，则可能出具保留意见审计或否定意见审计报告。

（三）重要性水平的类别

▶ 1. 财务报表整体的重要性水平和认定层次的重要性水平

财务报表整体的重要性水平是适用于财务报表各个项目的重要性水平，即任何一项错报单独或连同其他错报可能影响财务报表使用者依据财务报表做出的经济决策，则通常认为该项错报是重大的。

认定层次的重要性是针对特定类别的交易、账户余额或披露相关的认定确定的重要性水平。需要确定认定层次的重要性的原因是，尽管某些特定类别的交易、账户余额或披露发生的错报金额低于财务报表整体的重要性，但很可能被合理预期将对使用者根据财务报表做出的经济决策产生影响。

▶ 2. 计划的重要性和实际执行的重要性

计划的重要性是指在计划审计工作时注册会计师确定的一个合理的重要性水平。

实际执行的重要性，是指注册会计师在实际执行审计工作的时候确定的低于计划的重要性的一个或多个金额。需要确定实际执行的重要性的原因是，单项非重大错报的汇总数可能导致财务报表出现重大错报，而且还可能存在的未发现错报。确定实际执行的重要性旨在将未更正和未发现错报的汇总数超过计划的重要性的可能性降至适当的低水平。

二、财务报表整体的重要性水平

确定财务报表整体水平重要性的方法

为了便于使用重要性来做决策，需要对重要性水平作出定量分析。但迄今为止，还没有哪个国家明确规定重要性的量化标准。确定多大错报会影响到财务报表使用者所做决策,是注册会计师运用职业判断的结果。很多注册会计师根据所在会计师事务所的惯例及自己的经验考虑重要性,也就是说,确定重要性需要运用职业判断。

确定重要性水平的方法通常是:先选定一个基准,再乘以某一百分比作为财务报表整体的重要性。例如:注册会计师可能以税前净利润的 5%～10% 作为重要性水平。

▶ 1. 基准的选择

注册会计师在选择基准时需要考虑以下因素。

(1)财务报表要素。通常选择的要素包括总资产、净资产或各类报告收益(如税前利润、营业收入、毛利和费用总额)等。

(2)是否存在特定会计主体的财务报表使用者特别关注的项目。例如,在通常情况下,对于以营利为目的的企业,利润可能是大多数财务报表使用者最为关注的财务指标,因此,注册会计师可能考虑选取经常性业务的税前利润作为基准。

(3)被审计单位的性质、所处的生命周期阶段以及所处行业和经济环境。例如,对于以营利为目的的实体,通常以经常性业务的税前利润作为基准。

(4)被审计单位的所有权结构和融资方式。例如,如果被审计单位仅通过债务而非权益进行融资,财务报表使用者可能更关注资产及资产的索偿权,而非被审计单位的收益。

(5)基准的相对波动性。例如,如果经常性业务的税前利润不稳定,选用其他基准可能更加合适,如毛利或营业收入。当按照经常性业务的税前利润的一定百分比确定被审计单位财务报表整体的重要性时,如果被审计单位本年度税前利润因情况变化出现意外增加或减少,注册会计师可能认为按照近几年经常性业务的平均税前利润确定财务报表整体的重要性更加合适。

表 3-1 中举例说明一些审计实务中较为常用的基准。

表 3-1 审计实务中常用的基准

被审计单位的情况	可能选择的基准
1. 企业的盈利水平稳定	经常性业务的税前利润
2. 企业近年来经营状况大幅度波动,盈利和亏损交替发生	过去三到五年经常性业务的税前利润/亏损绝对数的平均值
3. 企业为新设企业,处于开办期,尚未开始经营,目前正在建造厂房及购买机器设备	总资产
4. 企业处于新兴行业,目前侧重于抢占市场份额、扩大企业知名度和影响力	主营业务收入
5. 为某开放式基金,致力于优化投资组合、提高基金净值、为基金持有人创造投资价值	净资产
6. 为某国际企业集团设立在中国的研发中心,主要为集团下属各企业提供研发服务,并向相关企业收取成本	成本与营业费用总额
7. 为公益性质的基金会	捐赠收入或捐赠支出总额

注册会计师为被审计单位选择的基准在各年度中通常会保持稳定，但是并非必须保持一贯不变。注册会计师可以根据经济形势、行业状况和被审计单位具体情况的变化对采用的基准作出调整。例如，被审计单位处在新设立阶段时注册会计师可能采用总资产作为基准，被审计单位处在成长期时注册会计师可能采用营业收入作为基准，被审计单位进入经营成熟期后注册会计师可能采用经常性业务的税前利润作为基准。

需要注意的是，如果被审计单位的经营规模较上年度没有重大变化，通常使用替代性基准确定的重要性不宜超过上年度的重要性。

▶ **2. 百分比的选择**

百分比和选定的基准之间存在一定的联系，如经常性业务的税前利润对应的百分比通常比营业收入对应的百分比要高。

例如，对以营利为目的的制造业企业，注册会计师可能认为经常性业务税前利润的5％～10％是适当的；对非营利性组织，注册会计师可能认为收入总额或费用总额的1％～2％是适当的。百分比无论是高一些还是低一些，只要符合具体情况，都是适当的。

表 3-2 中举例说明一些审计实务中较为常用的百分比。

表 3-2　审计实务中常用的百分比

选择的基准	通常可能选择的百分比
经常性业务的税前利润	不超过 10％
主营业务收入	不超过 2％
总资产	不超过 2％
非营利机构：收入或费用总额	不超过 2％

在确定百分比时，除了考虑被审计单位是否为上市公司或公众利益实体外，其他因素也会影响注册会计师对百分比的选择，这些因素包括但不限于：

（1）财务报表是否分发给广大范围的使用者。

（2）被审计单位是否由集团内部关联方提供融资或是否有大额对外债务融资。

（3）使用者是否对基准数据特别敏感（如特殊目的财务报表的使用者）。

▌三、认定层次的重要性水平

如前所述，设定认定层次重要性水平的主要原因是，尽管某些特定类别的交易、账户余额或披露发生的错报金额低于财务报表整体的重要性，但很可能被合理预期将对使用者根据财务报表做出的经济决策产生影响。这些特殊项目包括（但不限于）：

（1）法律法规或适用的财务报告编制基础是否影响财务报表使用者对特定项目（如关联方交易、管理层和治理层的薪酬）计量或披露的预期。

（2）与被审计单位所处行业相关的关键性披露（如制药企业的研究与开发成本）。

（3）财务报表使用者是否特别关注财务报表中单独披露的业务的特定方面（如新收购

的业务）。

在根据被审计单位的特定情况考虑是否存在上述交易、账户余额或披露时，了解治理层和管理层的看法和预期通常是有用的。

四、实际执行的重要性水平

（一）实际执行的重要性水平的定义

实际执行的重要性是指注册会计师在实际执行审计工作时确定的低于计划的重要性水平的一个或多个金额。注册会计师首先需要确定一个低于计划的财务报表整体的重要性的实际执行的重要性。如果注册会计师根据职业判断，确定了"特定类别交易、账户余额或披露的重要性水平"的一个或多个金额，则"实际执行的重要性"除了与一个"财务报表整体重要性"对应外，还有与一个或多个"认定层次的重要性水平"对应。

需要设定实际执行的重要性水平的第一个原因是，审计过程中可能存在未发现错报，因此财务报表中实际存在的错报可能高于审计中发现的错报。如果按照计划的重要性水平执行审计工作，则有可能低估错报的严重程度，从而得出错误的结论。确定实际执行的重要性旨在将未更正和未发现错报的汇总数超过重要性水平的可能性降至适当的低水平。例如，如果计划的重要性水平为 10 万元，而审计中发现的错报为 8 万元。尽管 8 万元低于10 万元，但是如果预期还可能存在 4 万元的错报，即预期报表中存在 12 万元的错报，那么审计结论就应该是报表中存在的错报是重大的。这种情况下，将实际执行的重要性水平设定为 6 万元（即 10 万元－4 万元＝6 万元）即可得出正确的结论，因为发现的 8 万元错报高于实际执行的重要性水平。

需要设定实际执行的重要性水平的第二个原因是，单项非重大错报的汇总数可能导致财务报表出现重大错报。例如，如果计划的重要性水平为 10 万元，而审计中发现两项错报，金额分别为 6 万元和 7 万元。如果以重要性水平为判断标准，则两项错报均未达到重要性标准。但是如果将两项错报加总，则总错报为 13 万元，超过了重要性水平。为了将这类情况发生的可能性降低到足够的水平，从而得出更为谨慎的结论，就应当设定一个低于 10 万元的实际执行的重要性水平。

（二）实际执行的重要性的确定

▶ 1. 确定"实际执行的重要性"应考虑的因素

由设定实际执行重要性的原因可以看出，确定实际执行的重要性的重要依据是预期存在未发现错报的规模。预期存在未发现错报的规模越大，或者这一预期的金额越不准确，就需要设置越低的实际执行重要性水平。因此，确定实际执行的重要性并非简单机械的计算，而是需要在考虑以下两方面因素的基础上运用职业判断来确定。

（1）对被审计单位的了解；

（2）前期审计工作中识别出的错报的性质和范围，以及由此对本期错报作出的预期。

基于以上因素，针对具体业务，通常作出表 3-3 中的判断。

表 3-3 实际执行重要性的考虑

经 验 值	情 形
可能考虑选择较低的实际执行重要性的情况	(1)非连续审计(首次接受委托的审计项目) (2)连续审计项目,以前年度审计调整较多 (3)项目总体风险较高(如处于高风险行业,经常面临较大市场压力,首次承接的审计项目或者需要出具特殊目的的报告等) (4)存在或预期存在值得关注的内部控制缺陷
可能考虑选择较高的实际执行重要性的情况	(1)连续审计,以前年度审计调整较少 (2)项目总体风险较低(如处于低风险行业,市场压力较小) (3)以前期间的审计经验表明内部控制运行有效

通常而言,实际执行的重要性通常为财务报表整体重要性的50%～75%。

▶ 2. 重要性水平的分配

当同时需要确定财务报表整体的重要性水平和认定层次的重要性水平时,注册会计师无须(也不宜)通过将财务报表整体的重要性水平平均分配或按比例分配至各个报表项目的方法来确定实际执行的重要性水平,而是根据对报表项目的风险评估结果来考虑如何确定一个或多个认定层次的重要性水平。例如,根据以前期间的审计经验和本期审计计划阶段的风险评估结果,注册会计师认为可以以财务报表整体重要性的75%作为大多数报表项目的实际执行的重要性;与营业收入项目相关的内部控制存在控制缺陷,而且以前年度审计中存在审计调整,因此考虑以财务报表整体重要性的50%作为营业收入项目的实际执行的重要性,从而有针对性地对高风险领域执行更多的审计工作。

五、明显微小错报

(一)明显微小错报的含义

对于低于重要性水平的错报,注册会计师通常需要考虑其累积,即单个非重大错报累积起来可能对财务报表形成重大影响。只有当这些错报累积起来仍然不重大时,注册会计师才能得出结论认为财务报表不存在重大错报。

同时,也可能存在某些错报,无论从规模、性质或其发生的环境来看都是明显微不足道的,无论单独或者汇总起来都明显不会对财务报表形成重大影响。这类错报称为明显微小错报。注册会计师需要在制定审计总体策略和具体审计计划时,确定一个明显微小错报的临界值,将低于该临界值的错报界定为明显微小的错报。对这类错报不需要累积。

需要注意的是,明显微小错报不等同于不重大错报。与重要性的数量级相比,明显微小错报的金额的数量级是完全不同的(明显微小错报的数量级更小)。"明显微小错报临界值"可能是财务报表整体重要性水平的3%～5%,一般不超过财务报表整体重要性的10%。另外,如果不确定一个或多个错报是否明显微小,就不能认为这些错报是明显微小的。

(二)明显微小错报的确定

在确定明显微小错报的临界值时,注册会计师可能考虑以下因素。

（1）重大错报风险的评估结果。如果风险评估的结果表明预期被审计单位存在数量较多、金额较小的错报，可能考虑采用较低的临界值，以避免大量低于临界值的错报积少成多构成重大错报。如果注册会计师预期被审计单位错报数量较少，则可能采用较高的临界值。

（2）以前年度审计中识别出的错报（包括已更正和未更正错报）的数量和金额。

（3）被审计单位治理层和管理层对注册会计师与其沟通错报的期望。

（4）被审计单位的财务指标是否勉强达到监管机构的要求或投资者的期望。

注册会计师对上述因素的考虑，实际上是在确定审计过程中对错报的过滤程度。注册会计师应当合理保证不累积的错报（即低于临界值的错报）连同累积的未更正错报不会汇总成为重大错报。

六、根据重要性水平确定审计对象

注册会计师在计划审计工作时可以根据实际执行的重要性水平确定需要对哪些类型的交易、账户余额和披露实施进一步审计程序，即通常选取金额超过实际执行的重要性水平的财务报表项目，因为这些财务报表项目有可能导致财务报表出现重大错报。但是，这不代表注册会计师可以对所有金额低于实际执行的重要性水平的财务报表项目都不实施进一步审计程序，这主要出于以下考虑。

（1）单个金额低于实际执行的重要性的财务报表项目汇总起来可能金额重大（可能远远超过财务报表整体的重要性），注册会计师需要考虑汇总后的潜在错报风险。

（2）对于存在低估风险的财务报表项目，不能仅仅因为其金额低于实际执行的重要性而不实施进一步审计程序，因为其真实金额可能高于重要性水平。

（3）对于识别出存在舞弊风险的财务报表项目，不能因为其金额低于实际执行的重要性而不实施进一步审计程序。

第三节 审计风险

一、审计风险及相关概念

(一) 审计风险的含义

审计风险，是指当财务报表存在重大错报时，注册会计师发表不恰当审计意见的可能性。审计风险不是指注册会计师执行业务的法律后果，如因诉讼、负面宣传或其他与财务报表审计相关的事项而导致损失的可能性。

审计风险分为可接受风险和实际风险两个层面。可接受审计风险是指注册会计师愿意接受的审计风险。实际审计风险是指审计工作实际蕴含的风险。审计工作应当保证最终形成的实际风险不高于可接受的审计风险。实际审计风险取决于重大错报风险和检查风险。

（二）可接受风险

可接受的风险要确定为低到何种程度，取决于审计项目的实际情况。当注册会计师希望有更大的把握确信财务报表不存在重大错报时，就应当将可接受审计风险水平定得较低。零风险是指完全肯定，而100％的风险则意味着完全不确定。从这个意义上讲，审计的合理保证意味着要将可接受审计风险确定为足够低的水平。因此，在一般情况下，注册会计师均会要求一个合理的低水平可接受审计风险。

影响可接受风险的因素有多个方面，其中最主要的有两个，即外部使用者对财务报表的依赖程度和审计报告出具后被审计单位发生财务困难的可能性。

▶ 1. 外部使用者对报表的依赖程度

当外部使用者高度依赖财务报表时，应该降低可接受审计风险水平。这是因为，当报表被高度依赖时，如果财务报表存在未被发现的重大错报，就会造成巨大的社会损失。以下几个指标很好地反映了外部使用者依赖财务报表的程度：

（1）被审计单位的规模。一般而言，被审计单位的经营规模越大，财务报表的使用越广泛，外部使用者对报表的依赖程度也越高。

（2）所有权的分散程度。所有权越分散，财务报表的使用者就越多，报表也就越被广泛依赖。此外，所有权分散时，单个股东所占股权份额很小，股东没有动机实际去对企业进行调查，而更多地依赖通过财务报表来了解企业。因此，所有权分散时外部使用者对报表的依赖程度更高。

（3）债务的性质和金额。相比债务较小时，当财务报表存在大额债务时，它们更有可能被现有或潜在债权人广泛使用。

▶ 2. 审计报告出具后被审计单位发生财务困难的可能性

如果被审计单位在审计完成后被迫宣告破产，或者遭受巨大损失，则注册会计师需要为审计质量进行辩护的可能性大于被审计单位没有财务困扰的情况。那些在被审计单位破产或股价下跌中遭受损失的人，自然有一种起诉注册会计师的倾向。这可能源自他们确实认为注册会计师没有执行充分的审计，或者源自他们弥补部分损失的欲望，而不管审计工作是否充分。

由于上述原因，在注册会计师认为被审计单位财务失败或遭受损失的可能性大且业务风险相应上升的情况下，应该降低可接受审计风险水平。如果日后不利情况真的发生，注册会计师也能处于更有利的地位，成功地为审计结果进行辩护。

（三）重大错报风险

重大错报风险是指财务报表在审计前存在重大错报的可能性。重大错报风险与被审计单位的风险相关。

▶ 1. 重大错报风险的两个层次

重大错报风险应当从财务报表层次和认定层次两个方面考虑。财务报表层次重大错报风险与财务报表整体存在广泛联系，可能影响多项认定。此类风险通常与控制环境有关，但也可能与其他因素有关，如经济萧条，或者在经济不稳定的国家和地区开展业务等。此类风险难以界定于某类交易、账户余额和披露的具体认定；相反，此类风险增大了任何数目的不同认定发生重大错报的可能性，注册会计师考虑由舞弊引起的风险特别相关。

认定层次的风险与某类交易、事项，期末账户余额或财务报表披露相关。例如，被审计单位存在复杂的联营或合资可能意味着表明长期股权投资账户的认定存在重大错报风险，而大额应收账款的可收回性具有高度不确定性则表明应收账款账户的认定可能存在重大错报风险。对认定层次重大错报风险的考虑直接有助于注册会计师确定认定层次上实施的进一步审计程序的性质、时间安排和范围。

▶ 2. 重大错报风险的构成

重大错报风险又可以进一步细分为固有风险和控制风险。

固有风险是指在考虑相关的内部控制之前，某类交易、账户余额或披露的某一认定易于发生错报（该错报单独或连同其他错报可能是重大的）的可能性。它主要受到如管理人员的品行和能力、行业所处环境、业务性质、容易产生错报的财务报表项目、容易遭受损失或被挪用的资产等方面的可能性的影响。

某些类别的交易、账户余额和披露及其认定，固有风险较高。例如，复杂的计算比简单计算更可能出错；受重大计量不确定性影响的会计估计发生错报的可能性较大。产生经营风险的外部因素也可能影响固有风险，例如，技术进步可能导致某项产品陈旧，进而导致存货易于发生高估错报（计价认定）。被审计单位及其环境中的某些因素还可能与多个甚至所有类别的交易、账户余额和披露有关，进而影响多个认定的固有风险。这些因素包括维持经营的流动资金匮乏、被审计单位处于夕阳行业等。

控制风险是指某类交易、账户余额或披露的某一认定发生重大错报却没有被内部控制及时防止或发现并纠正的可能性。控制风险取决于与财务报表编制有关的内部控制的设计和运行的有效性。由于控制的固有局限性，某种程度的控制风险始终存在。

需要特别说明的是，由于固有风险和控制风险不可分割地交织在一起，有时无法进行明确的区分，因此很多场合下将这两者合并称为"重大错报风险"。是否对两者进行单独分析，取决于会计师事务所偏好的审计技术和方法及实务上的考虑。

（四）检查风险

检查风险是指如果财务报表中存在某一重大错报，而注册会计师为将审计风险降至可接受的低水平而实施程序后没有发现这种错报的风险。检查风险取决于审计程序设计的合理性和执行的有效性。由于注册会计师通常并不对所有的交易、账户余额和披露进行检查，以及其他原因，检查风险不可能降低为零。其他导致检查风险的原因包括：注册会计师可能选择了不恰当的审计程序、审计过程执行不当，或者错误解读了审计结论。这些因素可以通过适当计划、在项目组成员之间进行恰当的职责分配、保持职业怀疑态度以及监督、指导和复核项目组成员执行的审计工作得以解决。

二、审计风险模型

▶ 1. 审计风险模型的基本框架

审计风险模型研究和讨论的是审计风险、重大错报风险和检查风险的关系。审计风险取决于重大错报风险和检查风险，即：

$$审计风险＝重大错报风险×检查风险$$
$$＝固有风险×控制风险×检查风险$$

▶ 2. 审计风险模型下的总体审计程序

在审计风险模型中，审计风险应当控制在不高于可接受的水平，而重大错报风险由被审计单位的实际情况决定，注册会计师只能通过控制检查风险来达到控制审计风险的目的。因此，注册会计师需要首先根据审计项目确定可接受的审计风险，然后通过风险评估程序了解被审计单位及其环境并以此为基础评估重大错报风险。在既定的审计风险水平下，检查风险为

$$检查风险＝\frac{审计风险}{重大错报风险}$$

也就是说，检查风险与重大错报风险之间是反向关系。

根据审计风险模型确定检查风险后，注册会计师应当合理设计进一步审计程序的性质、时间安排和范围，并有效执行进一步审计程序，以将检查风险控制在上述水平以下。

三、审计重要性与审计风险之间的关系

风险和重要性两者结合起来，就是对特定程度金额的不确定性计量。重要性水平和可接受审计风险共同决定了需要实施的审计程序。例如，审计计划可以做如下描述：审计师计划实施审计程序，以使没有发现超过 20 万元(重要性水平)的错报的风险只有 5%(可接受审计风险)。

审计重要性与审计风险存在反向关系，即审计重要性越高，审计风险越低；反之，审计重要性越低，审计风险越高。例如，如果重要性水平为 20 万元(这意味着 20 万元以下的错报漏报不会影响到会计报表使用人的判断或决策)，则注册会计师只需执行有关的审计程序查出 20 万元以上的错报漏报；而如果重要性水平为 10 万元，则注册会计师不但要查出 20 万元以上的错报漏报，而且要查出 10 万～20 万元之间的错报漏报。显然要查出 20 万元以上的错报漏报要比查出 10 万元以上的错报漏报容易，检查风险也更低。

值得注意的是，注册会计师不能通过不合理地人为调高重要性水平来降低审计风险。因为重要性是依据审计项目本身的需要和一定的判断标准确定的，而不是由主观期望的审计风险水平决定。如果一项错报单独或连同其他错报可能影响财务报表使用者依据财务报表做出的经济决策，则该错报就是重大的。

 练习题

第四章
审 计 程 序

本章重点

1. 风险评估、控制测试和实质性程序的概念。
2. 七种具体审计程序的含义和适用性。
3. 函证程序的决策、内容、设计和控制。

第 一 节 | 总体审计程序

一、审计程序的作用

注册会计师面临的主要决策之一，就是通过实施审计程序，获取充分、适当的审计证据，以满足对财务报表发表意见。审计程序是指注册会计师在审计过程中的某个时间，对将要获取的某类审计证据如何进行收集的详细指令。在设计审计程序时，注册会计师通常使用规范的措辞或术语，以使审计人员能够准确理解和执行。

受到成本的约束，注册会计师不可能检查和评价所有可能获取的证据，因此注册会计师利用审计程序获取审计证据涉及以下四个方面的决策：一是选用何种审计程序；二是对选定的审计程序，应当选取多大的样本规模；三是应当从总体中选取哪些项目；四是何时执行这些程序。

例如，注册会计师为了验证 Y 公司应收账款 2015 年 12 月 31 日的存在性，取得 Y 公司编制的应收账款明细账，对应收账款进行函证。假定应收账款明细账合计有 500 家客户，注册会计师对应收账款明细账中 300 家客户进行函证，包括余额较大的前 200 家和按一定规律抽取的另外 100 家。抽取方法是从第 10 家客户开始，每隔 20 家抽取一家，与选取的大额客户重复的顺序递延。注册会计师执行函证程序的时间选择在 2015 年 1 月 31 日。

二、总体审计程序

风险导向审计模式要求注册会计师在审计过程中,以重大错报风险的识别、评估和应对作为工作主线。相应地,总体审计程序大致可分为以下几个阶段。

(一)接受业务委托

会计师事务所应当按照执业准则的规定,谨慎决策是否接受或保持某客户关系和具体审计业务。一项低质量的决策会导致不能准确确定计酬的时间或未被支付的费用,增加项目合伙人和员工的额外压力,使会计师事务所声誉遭受损失,或者涉及潜在的诉讼。

在接受新客户的业务前,或决定是否保持现有业务或考虑接受现有客户的新业务时,会计师事务所应当执行一些客户接受与保持的程序,以获取如下信息。

(1)考虑客户的诚信,没有信息表明客户缺乏诚信。

(2)具有执行业务必要的素质、专业胜任能力、时间和资源。

(3)能够遵守相关职业道德要求。

一旦决定接受业务委托,注册会计师应当与客户就审计约定条款达成一致意见,并签订审计业务约定书。

(二)计划审计工作

对于任何一项审计业务,注册会计师在执行具体审计程序之前,都必须根据具体情况制定科学、合理的计划,使审计业务以有效的方式得到执行。

一般来说,计划审计工作主要包括:在本期审计业务开始时开展的初步业务活动;制定总体审计策略;制定具体审计计划等。需要指出的是,计划审计工作不是审计业务的一个孤立阶段,而是一个持续的、不断修正的过程,贯穿于整个审计过程的始终。

(三)风险评估

风险评估程序是指注册会计师为了解被审计单位及其环境,以识别和评估财务报表层次和认定层次的重大错报风险(无论该错报是否由于舞弊或错误导致)而实施的审计程序。

一般来说,实施风险评估程序的主要工作包括:了解被审计单位及其环境;识别和评估财务报表层次以及各类交易、账户余额和披露认定层次的重大错报风险,包括确定需要特别考虑的重大错报风险(即特别风险)以及仅通过实施实质性程序无法应对的重大错报风险等。

(四)风险应对

风险应对是指注册会计师通过一定的措施降低检查风险,从而使得检查风险与评估的重大错报风险共同形成的审计风险降低到可接受水平。也就是说,注册会计师在评估财务报表重大错报风险后,应当运用职业判断,针对评估的财务报表层次重大错报风险确定总体应对措施,并针对评估的认定层次重大错报风险设计和实施进一步审计程序,以将审计风险降至可接受的低水平。进一步审计程序包括实施控制测试(必要时或决定测试时)和实质性程序。

控制测试是为了获取关于控制防止或发现并纠正认定层次重大错报的有效性而实施的测试，其目的是测试控制运行的有效性。测试控制运行有效性的目的是确保能够依赖企业的内部控制从而减少实质性程序的范围，从而节约审计成本。

实质性程序是指用于发现认定层次重大错报的审计程序，包括对各类交易、账户余额和披露的细节测试以及实质性分析程序。

细节测试是对各类交易、账户余额和披露的具体细节进行测试，目的在于直接识别财务报表认定是否存在错报。细节测试被用于获取与某些认定相关的审计证据，例如，函证应收账款，获取应收账款存在认定是否存在错报的审计证据，此时的"函证"是细节测试；重新计算短期借款利息费用，获取"财务费用"准确性认定是否存在错报的审计证据，此时的"重新计算"是细节测试；对存货跌价损失实施分析程序，获取"存货"计价认定是否存在错报的审计证据，此时的"分析程序"是细节测试。

实质性分析程序主要是通过研究数据间关系评价信息，用以识别各类交易、账户余额和披露及相关认定是否存在错报。实质性分析程序通常更适用于在一段时间内存在可预期关系的大量交易。

（五）完成审计工作和编制审计报告

注册会计师在完成针对财务报表的各项审计程序后，还应当按照有关审计准则的规定做好审计完成阶段的工作，并根据所获取的各种证据，合理运用专业判断，形成适当的审计意见。

本阶段主要工作有：考虑持续经营假设、或有事项和期后事项；获取管理层声明；汇总审计差异，提请被审计单位调整或披露；复核审计工作底稿和财务报表；与管理层和治理层沟通；评价所有审计证据，形成审计意见；编制审计报告等。

第 二 节　具体审计程序

在审计过程中，注册会计师可根据需要单独或综合运用以下审计程序，以获取充分、适当的审计证据。这些审计程序单独或组合起来，可用作风险评估程序、控制测试和实质性程序。

一、检　　查

检查是指注册会计师对被审计单位内部或外部生成的，以纸质、电子或其他介质形式存在的记录和文件进行审查，或对资产进行实物审查。

检查记录或文件可以提供可靠程度不同的审计证据，审计证据的可靠性取决于记录或文件的性质和来源，而在检查内部记录或文件时，其可靠性则取决于生成该记录或文件的内部控制的有效性。将检查用作控制测试的一个例子是，检查记录以获取关于授权的审计证据。

某些文件是表明一项资产存在的直接审计证据，如构成金融工具的股票或债券，但检查此类文件并不一定能提供有关所有权或计价的审计证据。此外，检查已执行的合同可以提供与被审计单位运用会计政策（如收入确认）相关的审计证据。

检查有形资产可为其存在提供可靠的审计证据，但不一定能够为权利和义务或计价等认定提供可靠的审计证据。对个别存货项目进行的检查，可与存货监盘一同实施。

二、观　　察

观察是指注册会计师察看相关人员正在从事的活动或实施的程序。例如，注册会计师对被审计单位人员执行的存货盘点或控制活动进行观察。

观察可以提供执行有关过程或程序的审计证据，但观察所提供的审计证据仅限于观察发生的时点，而且被观察人员的行为可能因被观察而受到影响，这也会使观察提供的审计证据受到限制。

三、询　　问

询问是指注册会计师以书面或口头方式，向被审计单位内部或外部的知情人员获取财务信息和非财务信息，并对答复进行评价的过程。作为其他审计程序的补充，询问广泛应用于整个审计过程中，但是询问所获得的审计证据的可靠性相对较低。询问本身不足以发现认定层次存在的重大错报，也不足以测试内部控制运行的有效性。

一方面，知情人员对询问的答复可能为注册会计师提供尚未获悉的信息或佐证证据。另一方面，对询问的答复也可能提供与注册会计师已获取的其他信息存在重大差异的信息。例如，关于被审计单位管理层凌驾于控制之上的可能性的信息。在某些情况下，对询问的答复为注册会计师修改审计程序或实施追加的审计程序提供了基础。

尽管对通过询问获取的审计证据予以佐证通常特别重要，但在询问管理层意图时，获取的支持管理层意图的信息可能是有限的。在这种情况下，了解管理层过去所声称意图的实现情况、选择某项特别措施时声称的原因以及实施某项具体措施的能力，可以为佐证通过询问获取的证据提供相关信息。针对某些事项，注册会计师可以考虑向管理层和治理层（如适用）获取书面声明，以证实对口头询问的答复。

四、函　　证

函证，是指注册会计师直接从第三方（被询证者）获取书面答复以作为审计证据的过程，书面答复可以采用纸质、电子或其他介质等形式。函证获取的审计证据可靠性较高。

当针对的是与特定账户余额及其项目相关的认定时，函证通常是相关的程序。但是，函证不必局限于账户余额。例如，注册会计师可能要求对被审计单位与第三方之间的协议和交易条款进行函证。注册会计师可能在询证函中询问协议是否做过修改，如果做过修改，要求被询证者提供相关的详细信息。此外，函证程序还可以用于获取不存在某些情况的审计证据，如不存在可能影响被审计单位收入确认的"背后协议"。

五、重新计算

重新计算是指注册会计师对记录或文件中的数据计算的准确性进行核对。重新计算可通过手工方式或电子方式进行。重新计算通常包括计算销售发票和存货的总金额、加总日记账和明细账、检查折旧费用和预付费用的计算、检查应纳税额的计算等。

六、重新执行

重新执行是指注册会计师独立执行原本作为被审计单位内部控制组成部分的程序或控制。注册会计师重新编制银行存款余额调节表与被审计单位编制的银行存款余额调节表进行比较就是一种重新执行程序。

七、分析程序

▶1. 分析程序的含义

分析程序是指注册会计师通过分析不同财务数据之间以及财务数据与非财务数据之间的内在关系，对财务信息作出评价。分析程序还包括在必要时对识别出的、与其他相关信息不一致或与预期值差异重大的波动或关系进行调查。

▶2. 实施分析程序的环节及其目的

（1）风险评估程序。分析程序可以帮助注册会计师发现财务报表中的异常变化，或者预期发生而未发生的变化，识别存在潜在重大错报风险的领域。分析程序还可以帮助注册会计师发现财务状况或盈利能力发生变化的信息和征兆，识别那些表明被审计单位持续经营能力问题的事项。例如，如果根据对被审计单位及其环境的了解得知本期在生产成本中占较大比重的原材料成本大幅上升，可以预期在销售收入未有较大变化的情况下毛利率应相应下降。如果通过分析程序发现本期与上期的毛利率变化不大，则可能据此认为销售成本或销售收入存在重大错报风险，应对其给予足够的关注。

由于风险评估程序中运用分析程序的主要目的在于识别那些可能表明财务报表存在重大错报风险的异常变化。因此，这一环节的分析程序所使用的数据汇总性比较强，其对象主要是财务报表中账户余额及其相互之间的关系，而不会针对具体的交易项目。与实质性分析程序相比，在风险评估过程中使用的分析程序所进行比较的性质、预期值的精确程度，以及所进行的分析和调查的范围都不足以提供很高的准确度。

（2）实质性程序。当使用分析程序比细节测试能更有效地将认定层次的检查风险降至可接受的水平时，分析程序可以用作实质性程序。分析程序与细节测试都可用于实质性程序，注册会计师可以单独使用一种，或者两种结合使用。例如针对销售收入的实质性程序，即可以通过检查和比对每笔销售业务的销售发票、出库单、发运凭证与会计账簿之间的记录是否一致来查找错报（细节测试），也可以通过分析销售收入与企业应收账款以及存货之间的关系，即计算应收账款周转率和存货周转率来判断错报（分析程序）。

实质性分析程序不仅是细节测试的一种补充，在某些审计领域，如果重大错报风险较低且数据之间具有稳定的预期关系，注册会计师可以单独使用实质性分析程序获取充分、适当的审计证据。此外，分析程序的实施比细节测试更为简单，合理运用分析程序可以减少细节测试的工作量，节约审计成本，降低审计风险，使审计工作更有效率和效果。

尽管分析程序有特定的作用，但并未要求注册会计师在实施实质性程序时必须使用分析程序。这是因为针对认定层次的重大错报风险，实施细节测试同样可以达到实质性程序的目的。另外，分析程序有其运用前提和基础，它并不适用于所有的财务报表认定。

需要强调的是，相对于细节测试而言，实质性分析程序能够达到的精确度可能受到种种限制，所提供的证据在很大程度上是间接证据，证明力相对较弱。从审计过程整体来看，注册会计师不能仅依赖实质性分析程序，而忽略对细节测试的运用。

(3) 在审计结束或临近结束时对财务报表进行总体复核。在审计结束或临近结束时，注册会计师应当运用分析程序，在已收集的审计证据的基础上，对财务报表整体的合理性做最终把握，评价报表仍然存在重大错报风险而未被发现的可能性，考虑是否需要追加审计程序，以便为发表审计意见提供合理基础。

分析程序运用的目的，决定分析程序运用的具体方法和特点。

▶ **3. 分析程序的实施步骤**

(1) 确定实质性分析程序对特定对象的适用性。分析程序的基础在于，数据之间存在关系，且这种关系在没有反证的情况下持续存在。如果不存在这样的持续稳定的关系，则分析程序不能使用。此外，分析程序通常更适用于在一段时期内存在预期关系的大量交易，因为这样的交易既需要相对可靠的结果，又难以实施细节测试。

在实质性程序中，分析程序的适用性受到认定的性质和注册会计师对重大错报风险评估的影响。例如，如果针对销售订单处理的内部控制存在缺陷，对应收账款的相关认定，注册会计师可能更多地依赖细节测试，而非实质性分析程序。

不同类型的分析程序提供不同程度的保证。例如，根据租金水平、公寓数量和空置率，可以测算出一幢公寓大楼的总租金收入。如果这些基础数据得到恰当的核实，上述分析程序能提供具有说服力的证据，从而可能无需利用细节测试再做进一步验证。相比之下，通过计算和比较毛利率，对于某项收入数据的确认，只能提供说服力相对较弱的审计证据，因此可能需要结合其他审计程序来提供有用的佐证。

在针对同一认定实施细节测试时，特定的实质性分析程序也可能是适当的。例如，注册会计师在对应收账款余额的计价认定获取审计证据时，除了对期后收到的现金实施细节测试外，也可以对应收账款的账龄实施实质性分析程序，以确定账龄应收账款的可收回性。

(2) 判断数据的可靠性。注册会计师对已记录的金额或比率作出预期时，需要采用内部或外部的数据，因此需要考虑可获得信息的来源、可比性、性质和相关性以及与信息编制相关的控制，评价在对已记录的金额或比率作出预期时使用数据的可靠性。

数据的可靠性直接影响根据数据形成的预期值。数据的可靠性越高，预期的准确性也将越高，分析程序将更有效。注册会计师计划获取的保证水平越高，对数据可靠性的要求也就越高。

数据的可靠性受其来源和性质的影响，并取决于获取该数据的环境。因此，在确定数据的可靠性是否能够满足实质性分析程序的需要时，下列因素是相关的。

① 可获得信息的来源。例如，从被审计单位以外的独立来源获取的信息可能更加可靠。

② 可获得信息的可比性。例如，对于生产和销售特殊产品的被审计单位，可能需要对宽泛的行业数据进行补充，使其更具可比性。

③ 可获得信息的性质和相关性。例如，预算是否作为预期的结果，而不是作为将要达到的目标。

④ 与信息编制相关的控制，用以确保信息完整、准确和有效。例如，与预算的编制、复核和维护相关的控制。

（3）计算预期值并评价预期值的准确程度。预期值依据数据之间的关系确定。准确程度则是对预期值与真实值之间接近程度的度量，也称精确度。分析程序的有效性很大程度上取决于注册会计师形成的预期值的准确性。预期值的准确性越高，注册会计师通过分析程序获取的保证水平将越高。

在评价作出预期的准确程度是否足以在计划的保证水平上识别重大错报时，注册会计师应当考虑下列主要因素：

① 对分析程序的预期结果作出预测的准确性。例如，与各年度的研究开发和广告费用支出相比，注册会计师通常预期各期的毛利率更具有稳定性。

② 信息可分解的程度。信息可分解的程度是指用于分析程序的信息的详细程度，如按月份或地区分部分解的数据。通常，数据的可分解程度越高，预期值的准确性越高，注册会计师将相应获取较高的保证水平。当被审计单位经营复杂或多元化时，分解程度高的详细数据更为重要。但是，注册会计师也应当考虑分解程度高的数据的可靠性。例如，季度数据可能因为未经审计或相关控制相对较少，可靠性将不如年度数据。

③ 财务和非财务信息的可获得性。在设计实质性分析程序时，注册会计师应考虑是否可以获得财务信息（如预算和预测）以及非财务信息（如已生产或已销售产品的数量），以有助于运用分析程序。

（4）确定已记录金额与预期值之间可接受的差异额。预期值只是一个估计数据，大多数情况下，即使被审单位的会计记录完全正确，记录的结果也可能与预期值并不一致。为此，在设计和实施分析程序时，注册会计师应当确定已记录金额与预期值之间可接受的差异额。在确定该差异额时，需要考虑重要性和计划的保证水平的影响。

（5）识别和调查异常数据关系，并评价结果，作出判断。

第三节 函　证

一、函证决策

注册会计师应当考虑被审计单位的经营环境、内部控制的有效性、账户或交易的性质、被询证者处理询证函的习惯做法及回函的可能性等，以确定函证的内容、范围、时间和方式。

注册会计师首先应当确定是否有必要实施函证以获取认定层次的充分、适当的审计证据。在作出决策时,注册会计师应当考虑以下因素。

▶ 1. 评估的认定层次重大错报风险

评估的认定层次重大错报风险水平越高,对审计证据的相关性和可靠性的要求就越高,注册会计师就要设计实质性程序来获取更加相关和可靠的审计证据,或者更具说明力的审计证据。在这种情况下,函证程序的运用对于提供充分、适当的审计证据可能是有效的,因为函证所获取的审计证据可靠性是比较高的。

如果评估的认定层次重大错报风险水平很低,则可以考虑不必实施函证。例如,被审计单位可能有一笔正在按照商定还款计划时间表偿还的银行借款,假设注册会计师在以前年度已对其条款进行过函证。如果注册会计师实施的其他工作(包括必要时进行的控制测试)表明借款的条款没有改变,并且这些工作使得未偿还借款余额发生重大错报风险被评估为低水平时,注册会计师实施的实质性程序可能只限于测试还款的详细情况,而不必再次向债权人直接函证这笔借款的余额和条款。

▶ 2. 函证程序所审计的认定

函证可以为某些认定提供审计证据,但是对不同的认定,函证的证明是不同的。在对应收账款实施审计时,函证可能为存在性、权利与义务认定提供相关可靠的审计证据,但是不能为计价认定提供证据,因为应收账款的坏账准备如何计提取决于第三方的信用状况,而这一信息不太可能通过询证该第三方来获得。

对特定认定函证的相关性受注册会计师选择函证信息的目标的影响。例如,在审计应付账款完整性认定时,注册会计师需要获取没有重大未记录负债的证据。相应地,选择向被审计单位主要供应商函证,优于选择大金额的应付账款进行函证。

▶ 3. 实施其他审计程序所获取的审计证据

针对同一项认定可以从不同来源获取审计证据或获取不同性质的审计证据。如果除了函证程序以外的其他审计程序也能获取充分适当的审计证据以将检查风险降至可接受的水平,则可以考虑不必实施函证。这是因为实施函证程序的审计成本比较高。例如,对被审计单位自行保管的存货的存在,可以通过监督被审单位对存货的盘点(监盘程序)加以证实,无须函证。又如,如果被审计单位与应收账款存在有关的内部控制设计良好并有效运行,注册会计师可适当减少函证的样本量。

▶ 4. 是否存在合适的被询证者

注册会计师可以考虑下列因素以确定是否选择函证程序作为实质性程序。

(1)被询证者对函证事项的了解,如果被询证者对所函证的信息具有必要的了解,其提供的回复可靠性更高,那么适宜实施函证程序。

(2)预期被询证者回复询证函的能力或意愿。例如,在下列情况下,被询证者可能不会回复,也可能只是随意回复或可能试图限制对其回复的依赖程度。

① 被询证者不愿承担回复询证函的责任。

② 被询证者认为回复询证函成本太高或消耗太多时间。

③ 被询证者对因回复询证函而可能承担的法律责任有所担心。

④ 被询证者以不同币种核算交易。

⑤ 回复询证函不是被询证者日常经营的重要部分。

（3）预期被询证者的客观性。当存在重大、异常、在期末前发生的、对财务报表产生重大影响的交易，而被询证者在经济上依赖于被审计单位时，其回复的可靠性会降低。

二、函证的内容

（一）函证的适用对象

▶ 1. 银行存款、借款及与金融机构往来的其他重要信息

注册会计师应当对银行存款（包括零余额账户和在本期内注销的账户）、借款及与金融机构往来的其他重要信息实施函证程序，除非有充分证据表明某一银行存款、借款及与金融机构往来的其他重要信息对财务报表不重要且与之相关的重大错报风险很低。如果不对这些项目实施函证程序，注册会计师应当在审计工作底稿中说明理由。

相关询证函的具体内容见表 4-1 所示。

表 4-1　询证函相关内容

函证项目	函证内容
银行存款、借款及与金融机构往来的其他重要信息	了解实际存在的银行存款余额、借款余额以及抵押、质押及担保情况
零余额账户	了解是否存在隐瞒银行存款或借款的情况
在本期内注销的账户	了解是否存在隐瞒银行存款或借款的情况

▶ 2. 应收账款

注册会计师应当对应收账款实施函证程序，除非有充分证据表明应收账款对财务报表不重要，或函证很可能无效。如果认为函证很可能无效而不对应收账款函证，注册会计师应当实施替代审计程序以获取相关、可靠的审计证据，并在审计工作底稿中说明理由。

▶ 3. 函证的其他内容

原则上，只要是涉及外部独立第三方的账户余额及其组成部分（如应收账款明细账），都可以通过实施函证程序来获取审计证据。注册会计师可以根据具体情况和实际需要对下列内容（包括但并不限于）实施函证。

（1）应收票据，通常向出票人或承兑人发函询证。

（2）与其他单位之间的往来账项，包括其他应收款、预付账款、应付账款以及预收账款等，通常向形成相关往来账项的有关方发函询证。

（3）由其他单位代为保管、加工或销售的存货，通常向有关代理单位发函询证。

（4）各类对短期投资和长期投资，通常向股票、债券专门保管或登记机构发函询证或向接受投资的一方发函询证。

（5）保证、抵押或质押，通常向有关金融机构发函询证。

（6）或有事项，通常向律师等发函询证。

除了以上项目，函证还适用于一些其他项目。例如，为确认合同条款是否发生变动及变动细节，注册会计师可以函证被审计单位与第三方签订的合同条款。注册会计师还可向第三方函证是否存在影响被审计单位收入确认的背后协议或某项重大交易的细节。

（二）函证程序实施的范围

如果采用审计抽样的方式确定函证程序的范围，无论采用统计抽样方法，还是非统计抽样方法，选取的样本应当足以代表总体。根据对被审计单位的了解、评估的重大错报风险以及所测试总体的特征等，可以选取如下特定项目。

（1）金额较大的项目。

（2）账龄较长的应收账款项目。

（3）交易频繁但期末余额较小的项目。

（4）重大关联方交易。

（5）重大或异常的交易。

（6）可能存在争议、舞弊或错误的交易。

（三）函证的时间

注册会计师通常以资产负债表日为截止日，在资产负债表日后适当时间内实施函证。如果重大错报风险评估为低水平，注册会计师可选择资产负债表日前适当日期为截止日实施函证，并对所函证项目自该截止日起至资产负债表日止发生的变动实施实质性程序。

某些情况下，注册会计师可能会决定函证资产负债表日前的某一日的账户余额。例如，当重大错报风险评估为低水平，或者审计工作将在资产负债表日之后很短的时间内完成时，可能会这么做。对于各类在年末之前完成的工作，注册会计师应当考虑是否有必要针对剩余期间获取进一步的审计证据，以将期中获得的审计证据合理延伸到期末。

以应收账款为例，注册会计师通常在资产负债日后某一天函证资产负债表日的应收账款余款。如果在资产负债表日前对应收账户余额实施函证程序，注册会计师应当针对询证函指明的截止日期与资产负债表日之间实施进一步的实质性程序，或将实质性程序和控制测试结合使用，以将期中测试得出的结论合理延伸至期末。实质性程序包括测试该期间发生的影响应收账款余额的交易或实施分析程序等。控制测试包括测试销售交易、收款交易及与应收账款冲销有关的内部控制的有效性等。

三、询证函的设计

影响函证所获取审计证据的可靠性的第一个重要因素是注册会计师设计询证函的适当性。

（一）设计询证函需要考虑的因素

（1）函证的方式。函证方式包括积极式函证和消极式函证。不同的函证方式下，询证函的格式和内容均有所不同。

（2）以往审计或类似业务的经验。通过对以往审计中的回函率进行分析，可以了解何种形式的询证函更容易得到有效的回复。

（3）拟函证信息的性质。例如对非常规合同或交易，不仅函证金额，还应考虑函证交易或合同的条款，以确定是否存在重大口头协议，客户是否有自由退货的权利，付款方式是否有特殊安排等。

（4）被询证者的适当性。询证函应当选择适当的被询证者。适当的被询证者是对所询证信息知情的第三方，具备一定的回函能力、独立性、客观性并有权回函。

（5）函证信息是否易于回函。某些被询证者的信息系统可能便于对形成账户余额的每笔交易进行函证，而不是对账户余额本身进行函证。例如采购的验收记录和销售的发运记录都能清楚地反映每笔交易本身。

（二）积极与消极的函证方式

注册会计师可采用积极的或消极的函证方式实施函证，也可将两种方式结合使用。

▶ 1. 积极的函证方式

积极的函证方式是指，注册会计师在寄出询证函后要求被询证者在所有情况下必须回函，确认询证函所列示信息是否正确，或填列询证函要求的信息。在采用积极的函证方式时，只有注册会计师收到回函，才能为财务报表认定提供审计证据。如果注册会计师没有收到回函，则无法证明所函证信息是否正确。

积极的函证方式又分为两种。第一种是在询证函中列明拟函证的账户余额或其他信息，要求被询证者确认所函证的款项是否正确。如果被询证者对这种询证函给予回复，则能够提供可靠的审计证据。但是，这种询证方式的缺点是被询证者可能对所列示信息根本不加以验证就予以回函确认。注册会计师通常难以发觉是否发生了这种情形。

为了避免这种风险，注册会计师可以采用另外一种询证函，即在询证函中不列明账户余额或其他信息，而要求被询证者填写有关信息或提供进一步信息。尽管这种询证函能够带来更高的可靠性，但是由于它要求被询证者做出更多的努力，可能会导致回函率降低，进而导致注册会计师执行更多的替代程序。

积极的函证方式下，如果没有收到回函，不能形成任何审计结论。注册会计师应考虑与被询证者联系，要求作出回应或再次寄发询证函。如未能得到被询证者的回应，应当实施替代审计程序。替代审计程序应能提供实施函证所能够提供的同样效果的审计证据。例如，对应付账款的存在认定，替代审计程序可能包括检查期后付款记录、对方提供的对账单等；对应付账款的完整性认定，替代审计程序可能包括检查收货单等入库记录和凭证。

▶ 2. 消极的函证方式

消极的函证方式是指，注册会计师只要求被询证者仅在不同意询证函列示信息的情况下才予以回函，而在同意询证函列示信息的情况下可以不予回函。

消极式函证的优点是有助于提高审计效率，因为如果到审计报告截止日还没有收到询证函则默认函证信息是真实准确的。此外，如收到回函，能够为财务报表存在错报提供说服力强的审计证据。

但是，对消极式询证函而言，未收到回函只能从逻辑上推定被询证者同意所列信息，而并不能明确表明预期的被询证者已经收到询证函或已经核实了询证函中包含的信息的准确性，因为除了这种情况外，未收到回函也可能是因为被询证者根本不存在，或者询证函在邮寄途中丢失导致被询证者没收到询证函，或者被询证者虽然收到但根本没有阅读或者理会询证函，或者在阅读之后不愿意给予答复。因此，未收到消极式询证函的回函提供的审计证据，远不如积极式询证函的回函提供的审计证据有说服力。在消极式询证方式下，回函率过低会导致审计证据的充分性不足，而过高的回函率则意味着被审单位的财务报表中存在大量的错报，无论哪种都会给审计工作带来困难。

由于消极式函证存在这样的缺陷，注册会计师应当谨慎对待消极的函证方式。只有当同时存在下列情况时，注册会计师可考虑采用消极的函证方式。

（1）重大错报风险评估为低水平。

（2）涉及大量余额较小的账户。

（3）预期不存在大量的错误。

（4）没有理由相信被询证者不认真对待函证。

▶ 3. 两种方式的结合使用

在实务中，注册会计师也可将这两种方式结合使用。以应收账款为例，当应收账款的余额是由少量的大额应收账款和大量的小额应收账款构成时，注册会计师可以对所有的或抽取的大额应收账款样本采用积极的函证方式，而对抽取的小额应收账款样本采用消极的函证方式。

（三）询证函的格式

以应收账款的函证为例，三种方式下的询证函格式分别列示如下。

1. 应收账款的积极式询证函格式之一："要求确认信息。"

企业询证函

编号：

××（公司）：

本公司聘请的××会计师事务所正在对本公司××年度财务报表进行审计，按照中国注册会计师审计准则的要求，应当询证本公司与贵公司的往来账项等事项。下列数据出自本公司账簿记录，如与贵公司记录相符，请在本函下端"信息证明无误"处签章证明；如有不符，请在"信息不符"处列明不符金额。回函请直接寄至××会计师事务所。

回函地址：

邮编：　　　电话：　　　传真：　　　联系人：

本函仅为复核账目之用，并非催款结算。若款项在上述日期之后已经付清，仍请及时函复为盼。

（公司盖章）

年　月　日

---

a. 本公司与贵公司的往来账项列示如下：

（金额：元）

截止日期	贵公司欠	欠贵公司	备注
（资产负债表日）	（借方余额）	（贷方余额）	

b. 其他事项

（公司盖章）

年　月　日

结论：

a. 信息证明无误。

（公司盖章）

年　月　日

经办人：

b. 信息不符，请列明不符的详细情况：

（公司盖章）

年　月　日

经办人：

2. 应收账款积极式询证函格式之二："要求填列信息"

企业询证函

编号：

××（公司）：

本公司聘请的××会计师事务所正在对本公司××年度财务报表进行审计，按照中国注册会计师审计准则的要求，应当询证本公司与贵公司的往来账项等事项。请列示截至××年×月×日贵公司与本公司往来款项余额。回函请直接寄至××会计师事务所。

回函地址：

邮编：　　　电话：　　　传真：　　　联系人：

本函仅为复核账目之用，并非催款结算。若款项在上述日期之后已经付清，仍请及时函复为盼。

（公司盖章）

年　月　日

a. 本公司与贵公司的往来账项列示如下：

（金额：元）

截止日期	贵公司欠	欠贵公司	备注

b. 其他事项

（公司盖章）
年　月　日
经办人：

3. 消极式询证函格式

企业询证函

编号：

××（公司）：

本公司聘请的××会计师事务所正在对本公司××年度财务报表进行审计，按照中国注册会计师审计准则的要求，应当询证本公司与贵公司的往来账项等事项。下列数据出自本公司账簿记录，如与贵公司记录相符，则无需回复；如有不符，请直接通知会计师事务所，并请在空白处列明贵公司认为是正确的信息。回函请直接寄至××会计师事务所。

回函地址：

邮编：　　　　　电话：　　　　　传真：　　　　　联系人：

本函仅为复核账目之用，并非催款结算。若款项在上述日期之后已经付清，仍请及时函复为盼。

（公司盖章）
年　月　日

a. 本公司与贵公司的往来账项列示如下：

（金额：元）

截止日期 （资产负债表日）	贵公司欠 （借方余额）	欠贵公司 （贷方余额）	备注

b. 其他事项

（公司盖章）
年　月　日

××会计师事务所：

上面的信息不正确，差异如下：

（公司盖章）
年　月　日
经办人：

四、函证的实施和控制

(一) 函证实施和控制的基本要求

要实施函证，首先需要取得被审计单位对被询证者回函的授权。如被审计单位管理层授权被询证者向注册会计师提供有关信息，被询证者可能更愿意回函。反之，如没有获得授权，被询证者甚至可能由于法律上的保密义务而不能回函(当被询证者是银行时尤其如此)。

另一方面，实施函证时应当对选择被询证者、设计询证函以及发出和收回询证函保持控制。出于掩盖舞弊的目的，被审计单位可能想方设法拦截或更改询证函及回函的内容。如果注册会计师对函证程序控制不严密，就可能给被审计单位造成可乘之机，导致函证结果发生偏差和函证程序失效。实施函证程序和评价函证结果等程序的适当性对函证所获取审计证据的可靠性有非常重要的影响。

(二) 在询证函发出前采取的控制措施

为使函证程序有效实施，在询证函发出前，注册会计师需要恰当地设计询证函，并对询证函上的各项资料进行充分核对，注意事项包括如下内容。

(1) 询证函中填列的需要被询证者确认的信息是否与被审计单位账簿中的有关记录保持一致。例如，对于银行存款的函证，需要银行确认的信息是否与银行对账单等保持一致。

(2) 考虑选择的被询证者是否适当，包括被询证者对被函证信息是否知情、是否具有客观性、是否拥有回函的授权等。

(3) 是否已在询证函中正确填列被询证者直接向注册会计师回函的地址。

(4) 是否已将被询证者的名称、地址与被审计单位有关记录进行核对，以确保询证函中的名称、地址等内容的准确性。可以执行的程序包括但不限于。

① 通过拨打公共查询电话核实被询证者的名称和地址。

② 通过被询证者的网站或其他公开网站核对被询证者的名称和地址。

③ 将被询证者的名称和地址信息与被审计单位持有的相关合同等文件核对。

④ 对于供应商或客户，可以将被询证者的名称、地址与被审计单位收到或开具的增值税专用发票中的对方单位名称、地址进行核对。

(三) 发出询证函时采取的控制措施

根据注册会计师对舞弊风险的判断，以及被询证者的地址和性质、以往回函情况、回函截止日期等因素，询证函的发出和收回可以采用邮寄、跟函、电子形式函证(包括传真、电子邮件、直接访问网站等)等方式。根据不同情况，注册会计师可以分别实施以下程序，以确保取得回函的可靠性。在这一过程中，注册会计师需要保持职业怀疑。

▶ 1. 通过邮寄方式发出询证函时采取的控制措施

为避免询证函被拦截、篡改等舞弊风险，在邮寄询证函时，注册会计师可以在核实由被审计单位提供的被询证者的联系方式后，不使用被审计单位本身的邮寄设施，而是独立寄发询证函（例如，直接在邮局投递）。

通过邮寄方式发出询证函并收到回函后，注册会计师可以验证以下信息。

（1）被询证者确认的询证函是否是原件，是否与注册会计师发出的询证函是同一份。

（2）回函是否由被询证者直接寄给注册会计师（如果被询证者将回函寄至被审计单位，再由被审计单位将其转交注册会计师，该回函不能视为可靠的审计证据）。

（3）寄给注册会计师的回邮信封或快递信封中记录的发件方名称、地址是否与询证函中记载的被询证者名称、地址一致。

（4）回邮信封上寄出方的邮戳显示发出城市或地区是否与被询证者的地址一致。

（5）被询证者加盖在询证函上的印章以及签名中显示的被询证者名称是否与询证函中记载的被询证者名称一致。

在认为必要的情况下，注册会计师还可以进一步与被审计单位持有的其他文件进行核对或亲自前往被询证者处进行核实等。

▶ 2. 通过跟函的方式发出询证函时采取的控制措施

跟函方式是指注册会计师独自或在被审计单位员工的陪伴下亲自将询证函送交被询证者，在被询证者核对并确认回函后，亲自将回函带回的方式。如果注册会计师认为跟函的方式能够获取可靠信息，可以采取该方式发送并收回询证函。

如果被询证者同意注册会计师独自前往被询证者处执行函证程序，注册会计师可以独自前往。如果注册会计师跟函时需有被审计单位员工陪伴，注册会计师需要在整个过程中保持对询证函的控制，同时，对被审计单位和被询证者之间串通舞弊的风险保持警觉。

对于通过跟函方式获取的回函，注册会计师可以实施以下审计程序。

（1）了解被询证者处理函证的通常流程和处理人员。

（2）确认处理询证函人员的身份和处理询证函的权限，如索要名片、观察员工卡或姓名牌等。

（3）观察处理询证函的人员是否按照处理函证的正常流程认真处理询证函，例如，该人员是否在其计算机系统或相关记录中核对相关信息。

▶ 3. 通过电子方式发出询证函时采取的控制措施

如果注册会计师根据具体情况选择通过电子方式发送询证函，在发函前可以基于对特定询证方式所存在风险的评估，考虑相应的控制措施。

对以电子形式收到的回函，由于回函者的身份及其授权情况很难确定，对回函的更改也难以发觉，因此可靠性存在风险。注册会计师和回函者采用一定的程序为电子形式的回函创造安全环境，可以降低该风险。电子函证控制程序涉及多种确认发件人身份的技术，如加密技术、电子数码签名技术、网页真实性认证程序。在我国目前的实务操作中，由于企业之间的商业惯例还比较认可印章原件,所以邮寄和跟函方式更为常见。

当注册会计师对电子邮件回函存有疑虑时,可以与被询证者联系以核实回函的来源及内容,确定被询证者是否发送了回函。必要时,注册会计师可以要求被询证者提供回函原件。

▶ 4. 对询证函的口头回复

只对询证函进行口头回复而不是对注册会计师直接书面回复,不符合函证的要求,因此不能作为可靠的审计证据。在收到对询证函口头回复的情况下,注册会计师可以要求被询证者提供直接书面回复。如果仍未收到书面回函,注册会计师需要实施替代程序,寻找其他审计证据以支持口头回复中的信息。

(四) 收到回函后评价函证的可靠性

评价函证的可靠性时,注册会计师应当考虑。

(1) 对询证函的设计、发出及收回的控制情况。

(2) 被询证者的胜任能力、独立性、授权回函情况、对函证项目的了解及其客观性。因此,注册会计师应努力确保询证函被送交给适当的人员。例如,如果要证实被审计单位的某项长期借款合同已经被终止,注册会计师应当直接向了解这笔终止长期贷款事项和有权提供这一信息的贷款方人员进行函证。

(3) 被审计单位施加的限制或回函中的限制。

因此,如果可行的话,注册会计师应当努力确保询证函被送交适当的人员。例如,如果要证实被审计单位的某项长期借款合同已经被终止,注册会计师应当直接向了解这笔终止长期贷款事项和有权提供这一信息的贷款方人员进行函证。

(五) 通过函证结果汇总表的方式对询证函的收回情况加以控制

函证结果汇总表的格式如表 4-2 所示。

表 4-2　应收账款函证结果汇总表

被审计单位名称:　　　　　　　　　制表　　　　　　　　日期:

结账日:　　年　月　日　　　　　　复核:　　　　　　　日期:

询证函编号	债务人名称	债务人地址及联系方式	账面金额	函证方式	函证日期 第一次	函证日期 第二次	回函日期	替代程序	确认余额	差异金额及说明	备注
	合计										

（六）应当引起警觉的异常情况

在函证过程中，注册会计师需要始终保持职业怀疑，对舞弊风险迹象保持警觉。应当引起警觉的异常情况包括。

▶ 1. 管理层的异常

（1）管理层不允许寄发询证函。

（2）管理层试图拦截、篡改询证函或回函，或坚持以特定的方式发送询证函。

▶ 2. 回函路径的异常

（1）被询证者将回函寄至被审计单位，被审计单位将其转交注册会计师。

（2）从私人电子信箱发送的回函。

▶ 3. 回函寄件人的异常

（1）收到同一日期发回的、相同笔迹的多份回函。

（2）位于不同地址的多家被询证者的回函邮戳显示的发函地址相同。

（3）收到不同被询证者用快递寄回的回函，但快递的交寄人或发件人是同一个人或是被审计单位的员工。

（4）回函邮戳显示的发函地址与被审计单位记录的被询证者的地址不一致。

（5）被询证者缺乏独立性。例如，被审计单位及其管理层能够对被询证者施加重大影响以使其向注册会计师提供虚假或误导信息（如被审计单位是被询证者唯一或重要的客户或供应商）；被询证者既是被审计单位资产的保管人又是资产的管理者。

▶ 4. 回函内容的异常

（1）注册会计师跟进访问被询证者，发现回函信息与被询证者记录不一致，例如，对银行的跟进访问表明提供给注册会计师的银行函证结果与银行的账面记录不一致。

（2）不正常的回函率，例如，银行函证未回函；与以前年度相比，回函率异常偏高或回函率重大变动；向被审计单位债权人发送的询证函回函率很低。

（七）针对异常情况的应对措施

针对上述异常情况，注册会计师可以根据具体情况实施审计程序，如以下几个方面。

（1）验证被询证者是否存在、是否与被审计单位之间缺乏独立性，其业务性质和规模是否与被询证者和被审计单位之间的交易记录相匹配。

（2）与从其他来源得到的被询证者的地址（如与被审计单位签订的合同上签署的地址、网络上查询到的地址）相比较，验证寄出方地址的有效性。

（3）将被审计单位档案中有关被询证者的签名样本、公司公章与回函核对。

（4）要求与被询证者相关人员直接沟通讨论询证事项，考虑是否有必要前往被询证者工作地点以验证其是否存在。

（5）分别在期中和期末寄发询证函，并使用被审计单位账面记录和其他相关信息核对相关账户的期间变动。

（6）考虑从金融机构获得被审计单位的信用记录，加盖该金融机构公章，并与被审计单位会计记录相核对，以证实是否存在被审计单位没有记录的贷款、担保、开立银行承兑汇票、信用证、保函等事项。

五、函证中的特殊问题

（一）对询证函回函不符事项的处理

注册会计师应当调查不符合事项，以确定是否表明存在错报。

询证函回函中指出的不符事项可能显示财务报表存在错报。当识别出错报时，注册会计师需要评价该错报是否表明存在舞弊。不符事项可以为注册会计师判断来自类似的被询证者回函质量及类似账户回函质量提供依据。不符事项还可能显示被审计单位与财务报告相关的内部控制存在缺陷。

值得注意的是，某些不符事项并不表明存在错报。例如，针对注册会计师实施函证程序的时间安排，应收账款可能因登记入账的时间不同而产生不符事项，这些并不表明存在错报。具体情况包括：

（1）询证函发出时，债务人已经付款，而被审计单位尚未收到货款。

（2）询证函发出时，被审计单位的货物已经发出并已做销售记录，但货物仍在途中，债务人尚未收到货物。

（3）债务人由于某种原因将货物退回，而被审计单位尚未收到。

（4）债务人对收到的货物的数量、质量及价格等方面有异议而全部或部分拒付货款等。

（二）管理层要求不实施函证时的处理

▶ **1. 基本的考虑框架**

当被审计单位管理层要求对拟函证的某些账户余额或其他信息不实施函证时，注册会计师应当首先分析管理层提出不实施函证的原因，考虑该项要求是否合理，并获取审计证据予以支持，以此为基础采取正确的应对措施。

▶ **2. 分析原因时考虑的问题**

分析管理层要求不实施函证的原因时，注册会计师应当保持职业怀疑态度，并考虑：

（1）管理层是否诚信。

（2）是否可能存在重大的舞弊或错误。

（3）替代审计程序能否提供与这些账户余额或其他信息相关的充分、适当的审计证据。

▶ **3. 应对措施**

经过上述分析考虑后，注册会计师可能采取以下应对措施。

（1）如果认为管理层的要求合理，注册会计师应当实施替代审计程序，以获取与这些账户余额或其他信息相关的充分、适当的审计证据。如果替代审计程序无法实施，注册会计师应当考虑审计范围受到限制的严重程度，并考虑对审计报告的影响。

（2）如果认为管理层的要求不合理，且被其阻挠而无法实施函证，注册会计师应当视为审计范围受到限制，并考虑对审计报告可能产生的影响。

（3）如果发现管理层不诚信或存在很高的舞弊风险，注册会计师应当分析该事项对承接审计业务的影响，极端的情况下考虑终止审计业务。

练习题

第五章
审 计 抽 样

本章重点

1. 审计抽样的分类。
2. 抽样风险和非抽样风险。
3. 抽样总体和样本规模的确定。
4. 几种抽样方法的含义和运用方法。
5. 从样本结论推断总体结论的方法。

第 一 节 │ 审计抽样理论

一、审计抽样的定义

▶ 1. 审计抽样的定义

审计抽样（简称抽样），是指注册会计师对具有审计相关性的总体中低于百分之百的项目实施审计程序，使所有抽样单元都有被选取的机会，为注册会计师针对整个总体得出结论提供合理基础。其中，总体是指注册会计师从中选取样本并期望据此得出结论的整个数据集合，抽样单元则是指构成总体的个体项目。

审计抽样旨在帮助注册会计师确定实施审计程序的范围，以获取充分、适当的审计证据，得出合理的结论，作为形成审计意见的基础。审计抽样能够使注册会计师获取和评价有关所选取项目（某一认定）某一特征的审计证据，以形成或有助于形成有关总体的结论。

由上述概念可以看出，审计抽样应当具备三个基本特征。

（1）对某类交易或账户余额中低于百分之百的项目实施审计程序。

（2）所有抽样单元都有被选取的机会。

（3）审计测试的目的是评价该账户余额或交易类型的某一特征。

▶ 2. 审计抽样的适用范围

审计抽样并非在所有审计程序中都可使用，有些审计程序可以使用审计抽样，有些审计程序则不宜使用审计抽样。审计抽样的两个基本前提是：首先是能够抽取样本，其次是抽取的样本能够代表整体。

风险评估程序通常不涉及审计抽样，因为风险评估程序主要是对企业进行相对粗略的了解，而不涉及具体项目的测试。当然，如果注册会计师在进行风险评估的同时也实施控制测试，则可能涉及审计抽样，但此时审计抽样仅适用于控制测试。

当控制的运行留下轨迹时，注册会计师可以考虑针对这些轨迹使用审计抽样实施控制测试。对于未留下运行轨迹的控制，无法针对特定的对象抽取样本，因此不宜使用审计抽样。注册会计师通常实施询问、观察等审计程序，以获取有关控制运行有效性的审计证据。

在实质性细节测试时，注册会计师可以使用审计抽样获取审计证据，以验证有关财务报表金额的一项或多项认定（如应收账款的存在性），或对某些金额做出独立估计（如陈旧存货的价值）。在实施实质性分析程序时，注册会计师的目的不是根据样本项目的测试结果推断有关总体的结论，因此不宜使用审计抽样。

上述情况综合见表 5-1 所示。

表 5-1 审计抽样的适用范围

审计程序	具体内容	是否适宜抽样
风险评估	所有	否
控制测试	留下运行轨迹的控制执行	是
	未留下运行轨迹的控制执行	否
实质性程序	细节测试	是
	实质性分析程序	否

二、审计抽样的分类

（一）按方法分类：统计抽样和非统计抽样

注册会计师在运用审计抽样时，既可以使用统计抽样方法，也可以使用非统计抽样方法，这取决于注册会计师的职业判断。

统计抽样，是指同时具备下列特征的抽样方法：（1）随机选取样本项目；（2）运用概率论评价样本结果，包括计量抽样风险。不同时具备前款提及的两个特征的抽样方法为非统计抽样。一方面，如果不是随机选取样本项目（通常是根据职业判断选择认为应该选取的项目），则不能称为统计抽样。另一方面，即使注册会计师严格按照随机原则选取样本，如果没有对样本结果进行统计评估，也不能认为使用了统计抽样。

注册会计师应当根据具体情况并运用职业判断，确定使用统计抽样或非统计抽样方法，以最有效率地获取审计证据。注册会计师在统计抽样与非统计抽样方法之间进行选择时主要考虑成本效益。统计抽样的主要优点在于能够客观地计量抽样风险，并通过调整样本规模精确地控制风险。另外，统计抽样还有助于注册会计师高效地设计样本，计量所获取证据的充分性，以及定量评价样本结果。但统计抽样又可能发生额外的成本。首先，统计抽样需要特殊的专业技能，因此使用统计抽样需要增加额外的支出对注册会计师进行培训。其次，统计抽样要求单个样本项目符合统计要求，这些也可能需要支出额外的费用。非统计抽样如果设计适当，也能提供与统计抽样方法同样有效的结果。

不管统计抽样还是非统计抽样，两种方法都要求注册会计师在设计、实施和评价样本时运用职业判断。另外，对选取的样本项目实施的审计程序通常也与使用的抽样方法无关。

（二）按目的分类：属性抽样和变量抽样

属性抽样是一种用来对总体中某一事件发生率得出结论的统计抽样方法。属性抽样在审计中最常见的用途是测试某一设定控制的偏差率，以支持注册会计师评估的控制有效性。在属性抽样中，设定控制的每一次发生或偏离都被赋予同样的权重，而不管交易的金额大小。例如，被审计单位规定对销售发票要逐张复核。如有 2 张销售发票未经复核，就发生了 2 例控制偏差。虽然这 2 张发票的金额分别 10 万元和 1 元，金额差异很大，但被视为相同的偏差。可见，属性抽样的精细程度仅到是否有效的定性层次，到不了定量的层次，工作不太细致。

变量抽样是一种用来对总体金额（通常是错报额而不是正确额）得出结论的统计抽样方法。变量抽样通常回答下列问题：金额是多少？账户是否存在错报？变量抽样在审计中的主要用途是进行细节测试，以确定记录金额是否合理。

一般而言，属性抽样得出的结论与总体发生率有关，而变量抽样得出的结论与总体的金额有关。但有一个例外，即统计抽样中的概率比例规模抽样（PPS 抽样），它运用属性抽样的原理得出以金额表示的结论，同时具备属性抽样与变量抽样的特征。

三、抽样风险及其对审计测试的影响

（一）抽样风险的含义

抽样风险是指注册会计师根据样本得出的结论，可能不同于如果对整个总体实施与样本相同的审计程序得出的结论的风险，即样本不能代表总体的风险。抽样风险是由抽样引起的，与样本规模和抽样方法相关。

导致审计抽样风险的情形主要以下几种。

第一类错误（Ⅰ型错误）是，总体实际情况是可以接受（内部控制有效，或者报表不存在重大错报），但是通过审计抽样推断的结论是认为总体不可接受。

第二类错误（Ⅱ型错误）是，总体实际情况是不可接受（内部控制无效，或者报表存在重大错报)，但是通过审计抽样推断的结论是认为总体可以接受。

实际工作中应权衡两类错误中哪一个重要以选择检验水准的大小。

（二）属性抽样的抽样风险

根据审计抽样风险的情形，在属性抽样(控制测试)中，有两种典型的抽样风险，即信赖过度风险和信赖不足风险。

▶ 1. 信赖过度风险

信赖过度风险是指注册会计师推断的控制有效性高于其实际有效性的风险。换言之，尽管样本结果支持注册会计师计划信赖内部控制的程度，但实际偏差率不支持该信赖程度的风险。信赖过度风险导致注册会计师信赖那些不可信赖的内部控制，从而减少不应减少的实质性程序，形成错误的审计结论，影响审计效果。

例如，注册会计师在控制测试时，假设可容忍偏差率为5%，如果在100个样本项目中发现2个偏差，则样本偏差率为2%，从而估计总体偏差率为2%。由于推断的总体偏差率低于可容忍偏差率，因此得出"控制运行有效"的结论。

但事实可能并非如此。有可能总体项目一共有1 000个，而其中偏差数有70个，即真实的偏差率是7%(高于可容忍偏差率5%)，只是在抽取样本的时候从这70个偏差里只抽到了2个。此时，注册会计师应该得出的结论是该项控制运行无效，但是根据审计抽样得出的结论是该项控制运行有效，这就是"信赖过度风险"。

▶ 2. 信赖不足风险

信赖不足风险是指注册会计师推断的控制有效性低于其实际有效性的风险。信赖不足风险导致注册会计师未能信赖那些可以信赖的内部控制，进而导致实施不必要的实质性程序，影响审计的效率。

例如，注册会计师在控制测试时，假设可容忍偏差率为5%，如果在100个样本项目中发现8个偏差，则样本偏差率为8%，从而估计总体偏差率为8%。由于推断的总体偏差率高于可容忍偏差率，因此得出"控制运行无效"的结论。

但事实可能并非如此。有可能总体项目一共有1 000个，而其中偏差数有40个，即真实的偏差率是4%(低于可容忍偏差率5%)，只是在抽取样本的时候从这40个偏差里只抽到了8个。此时，注册会计师应该得出的结论是该项控制运行有效，但是根据审计抽样得出的结论是该项控制运行无效，这就是"信赖不足风险"。

（三）变量抽样的抽样风险

在变量抽样(细节测试)中，抽样风险同样有两种类型，即误受风险和误拒风险。

▶ 1. 误受风险

误受风险是指注册会计师推断某一重大错报不存在而实际上存在的可能性。误受风险导致注册会计师停止对该账面金额继续进行测试，并根据样本结果得出账面金额无重大错报的结论，从而可能导致注册会计师发表不恰当的审计意见，影响审计效果。

▶ 2. 误拒风险

误拒风险是指注册会计师推断某一重大错报存在而实际上不存在的可能性。误拒风险导致注册会计师会扩大细节测试的范围并考虑获取其他审计证据，最终注册会计师会得出恰当的结论。在这种情况下，审计效率可能降低。

（四）降低抽样风险的对策

无论在控制测试还是在细节测试中，抽样风险都可以分为两种类型：一类是影响审计效果的抽样风险，包括控制测试中的信赖过度风险和细节测试中的误受风险；另一类是影响审计效率的抽样风险，包括控制测试中的信赖不足风险和细节测试中的误拒风险。由于影响审计的效率的后果远比影响审计效果严重，注册会计师主要控制控制测试中的信赖过度风险和细节测试中的误受风险。

抽样风险是由抽样引起的，只从总体中抽取一些样本进行审计，而不是对100％的业务实施审计，是导致抽样风险的唯一原因，如果对总体中的所有项目都实施检查，就不存在抽样风险。无论是属性抽样还是变量抽样，降低抽样风险的方法都是扩大抽样规模和改进抽样方法。

四、非抽样风险及其对审计测试的影响

▶ 1. 非抽样风险的含义

非抽样风险是指注册会计师由于某些与抽样风险无关的原因而得出错误结论的可能性。注册会计师即使对某类交易或账户余额的所有项目实施审计程序，也可能未发现重大错报或控制失效。

▶ 2. 可能导致非抽样风险的原因

在审计过程中，导致非抽样风险的原因有下列几种。

（1）注册会计师选择的总体不适合于测试目标。例如，确认应收账款的漏记（完整性认定存在错报）却把应收账款明细账作为总体。

（2）注册会计师未能适当地定义控制偏差或错报，导致注册会计师未能发现样本中存在的偏差或错报。例如，注册会计师在测试现金支付授权控制的有效性时，未将签字人未得到适当授权的情况界定为控制偏差。

（3）注册会计师选择了不适于实现特定目标的审计程序。例如，注册会计师通过实地查看固定资产来证实其所有权。

（4）注册会计师未能适当地评价审计发现的情况。例如，注册会计师错误解读审计证据可能导致没有发现误差。注册会计师对所发现误差的重要性的判断有误，从而忽略了性质十分重要的误差，也可能导致得出不恰当的结论。

（5）其他原因。

▶ 3. 降低非抽样风险的审计思路

注册会计师可通过设计恰当的审计程序，采取适当的质量控制政策和程序以及对审计工作进行适当的指导、监督和复核来改进实务工作，将非抽样风险降至合理的可接受的水平。

第二节 审计抽样的实施

一、审计抽样的三大环节及目的

注册会计师实施审计抽样的目标是，为得出有关抽样总体的结论提供合理的基础。注册会计师在控制测试和细节测试中实施审计抽样，主要分为三个阶段。

（1）样本设计阶段，旨在根据测试的目标和抽样总体，制订选取样本的计划。

（2）样本选取与审查阶段，旨在按照适当的方法从抽样总体中选取所需的样本，并对其实施检查，以确定是否存在误差。

（3）评价样本结果阶段，旨在根据对误差的性质和原因的分析，将样本结果推断至总体，形成对总体的结论。

具体流程如图 5-1 所示。

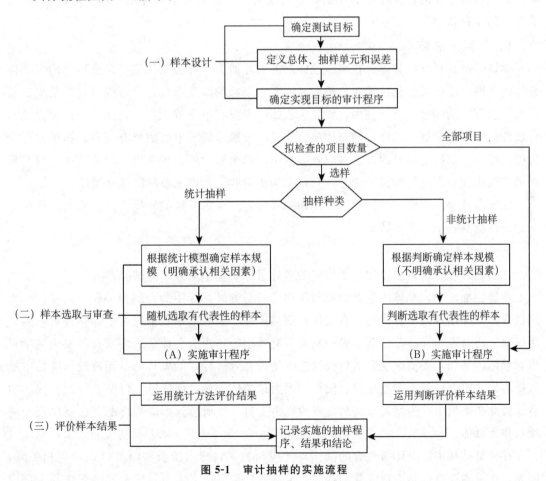

图 5-1 审计抽样的实施流程

二、样本设计

在设计审计样本时，注册会计师应当考虑审计程序的目的和抽样总体的特征。注册会计师首先应考虑拟实现的具体目标，并根据目标和总体的特点确定能够最好地实现该目标的审计程序组合，以及如何在实施审计程序时运用审计抽样。具体而言，审计抽样中样本设计阶段的工作主要包括以下几个步骤。

(一) 确定测试目标

测试目标即具体审计目标，取决于评估的重大错报风险。审计抽样必须紧紧围绕审计测试的目标展开，因此确定测试目标是样本设计阶段的第一项工作。

审计抽样运用于控制测试时，其测试目标是获取关于某项控制活动的运行是否有效的证据，即测试某项内部控制运行的有效性，如"赊销审批制度执行的有效性"。

审计抽样运用于细节测试时，其测试目标是确定某类交易或账户余额的金额是否正确，以获取与存在的错报有关的证据，即判断某个项目的某个认定是否真实准确，如"应收账款的存在认定"。

(二) 定义总体

总体是审计目标的载体。在实施抽样之前，注册会计师必须仔细定义总体，确定抽样总体的范围。总体可以包括构成某类交易或账户余额的所有项目，也可以只包括某类交易或账户余额中的部分项目。例如，如果应收账款中没有单个重大项目，注册会计师直接对应收账款账面余额进行抽样，则总体包括构成应收账款期末余额的所有项目。如果注册会计师已使用选取特定项目的方法将应收账款中的单个重大项目挑选出来单独测试，只对剩余的应收账款余额进行抽样，则总体只包括构成应收账款期末余额的部分项目。

注册会计师应当确保总体的适当性和完整性，并考虑总体的同质性。注册会计师所定义的总体应具备下列三个特征。

▶ 1. 适当性

注册会计师应确定总体适合于特定的审计目标，包括适合于测试的方向。

在属性抽样中，总体所包含的控制活动应当与测试目标中的控制相关联。例如，如果测试目标是赊销审批制度执行的有效性，则总体是反映赊销审批情况的全部销售单；测试用以保证所有发运商品都已开单的控制是否有效运行，注册会计师应将所有已发运的项目作为总体。又如，要测试现金支付授权控制是否有效运行，如果从已得到授权的项目中抽取样本，注册会计师不能发现控制偏差，因为该总体不包含那些已支付但未得到授权的项目。因此在本例中，为发现未得到授权的现金支付，注册会计师应当将所有已支付现金的项目作为总体。

在变量抽样中，总体所包含的抽样单元应与测试目标所提及的财务报表项目相关联。例如，如果测试目标是应付账款的存在认定，总体可以定义为应付账款明细表中的全部应付账款。如果测试目标是应付账款的完整性认定，则应将后来支付的证明、未付款的发票、供货商的对账单、没有销售发票对应的收货报告，或能提供低估应付账款的审计证据的其他总体定义为总体，而不是将应付账款清单定义为总体（不能仅仅将已入账的全部应付账款作为总体）。

值得注意的是，在审计抽样时，销售收入和销售成本通常被视为两个独立的总体。为了减少样本量而仅将毛利率作为一个总体是不恰当的，因为收入错报和成本错报有可能被抵销，从而使得毛利率不存在错误。因此如果仅将毛利率作为一个总体，则有可能无法发现错报。

▶ 2. 完整性

完整性是指与测试目标相关的项目均包含在总体中。

例如，在控制测试中，如果测试目标是某一控制活动在财务报告期间是否有效运行，总体应包括来自整个报告期间的所有相关项目。少一周不完整，少一张凭证也不完整。如果对一年中前 10 个月的控制活动使用审计抽样，则得出的结论只能反映这 10 个月内部控制运行的有效性。要对全年的内部控制运行有效性得出结论，则必须另外对剩余的两个月使用替代审计程序或单独选取样本。

又如，在细节测试中，如果注册会计师将总体定义为特定时期的所有现金支付，代表总体的实物就是该时期的所有现金支付单据。如果测试目标是存货的存在认定，则总体应包含已记录的所有存货，包括原材料、在产品、产成品等，包括所有存放地点，少一个存放地点都不完整。

在实施审计抽样时，注册会计师需要实施审计程序，以获取有关总体的完整性的审计证据，从总体项目内容和涉及时间等方面确定总体的完整性。例如，注册会计师通常从代表总体的实物中选取样本项目，此时，注册会计师必须详细了解代表总体的实物，确定代表总体的实物是否包括整个总体。例如，注册会计师可将发票金额总数与已记入总账的销售收入金额总数进行核对以确认销售发票是否完整。如果注册会计师将选择的实物和总体比较之后，认为代表总体的实物遗漏了应包含在最终评价中的总体项目，注册会计师应选择新的实物，或对被排除在实物之外的项目实施替代程序。

▶ 3. 同质性

在设计总体时，注册会计师还应当考虑总体的同质性。同质性是指总体中的所有项目应该具有同样的特征。

在控制测试中，同质性要求所测试的总体所涉及的控制具有相同的特征。例如，如果被审计单位的出口和内销业务的处理方式不同，注册会计师应分别评价两种不同的控制情况，因而出现两个独立的总体。又如，虽然被审计单位的所有分支机构的经营可能都相同，但每个分支机构是由不同的人运行。如果注册会计师对每个分支机构的内部控制和员工感兴趣，可以将每个分支机构作为一个独立的总体对待。反之，如果注册会计师关心的不是单个分支机构而是被审计单位整体的经营，且各分支机构的控制具有足够的相同之处，就可以将被审计单位视为一个单独的总体。被审计单位也可能在被审计期间改变某个特定控制，即将某一项控制（旧控制）用可实现相同控制目标的另一控制（新控制）来取代。如果注册会计师需要测试控制运行的有效性，且预期新、旧控制都是有效的，则可以将控制所涉及的所有交易作为一个总体。反之，如果新控制与旧控制差异很大，则应当分别进行测试，因而出现两个独立的总体。如果注册会计师关注的是控制在被审计期间的后期或截至某个特定时点的有效运行，也可能主要测试新控制，而对旧控制不进行测试或仅进行少量测试，于是新控制针对的交易就成为一个独立的总体。

在细节测试中，某一项目可能由于存在特别风险或者金额较大而应被视为单个重大项目。这些项目不能放在抽样总体中，而应当单独逐一进行测试，才可以将抽样风险控制在合理的范围。注册会计师应当运用职业判断，判断某账户余额或交易类型中是否存在及存在哪些单个重大项目。单个重大项目包括那些潜在错报可能超过可容忍错报的所有单个项目，以及异常的余额或交易。注册会计师进行单独测试的所有项目都不构成抽样总体。如果排除单个重大项目之外的剩余项目加总起来不重要，或者被认为存在较低的重大错报风险，注册会计师可以无须对这些剩余项目实施检查，或仅在必要时对其实施分析程序。如果注册会计师认为这些剩余项目加总起来是重要的，需要实施细节测试以实现审计目标，则这些剩余项目就构成了抽样总体。

（三）定义抽样单元

确定抽样总体后，抽样单元应当定义为拟实施的审计程序的直接、具体对象。定义抽样单元，既要考虑审计目标，也要考虑审计程序。

（1）在控制测试中，抽样单元通常是能够提供控制运行证据的文件资料（即留有控制运行轨迹的资料），可以是一份文件资料、一个记录或其中一行。例如，如果测试目标是确定付款是否得到授权，且设定的控制要求付款之前授权人在付款单据上签字，抽样单元可能被定义为每一张付款单据。如果一张付款单据包含了对几张发票的付款，且设定的控制要求每张发票分别得到授权，那么付款单据上与发票对应的一行就可能被定义为抽样单元。

（2）在细节测试中，抽样单元可能是一个账户余额、一笔交易或交易中的一项记录，甚至是每个货币单元（PPS抽样）。选择何种抽样单元取决于审计程序的需要。

例如，当审计程序为函证应收账款，则抽样单元为被审计单位的每一家客户（即每一个函证对象，而不能选择每一笔应收账款作为抽样单元）；当审计程序为检查应收账款的账龄，则抽样单元为每一笔应收账款（而不是每一家客户）；当审计程序为询问，则抽样单元为每一位知情人。

注册会计师定义抽样单元时也应考虑实施计划的审计程序或替代程序的难易程度。如果将抽样单元界定为客户明细账余额，当某客户没有回函证实该余额时，注册会计师可能需要对构成该余额的每一笔交易进行测试。因此，如果将抽样单元界定为构成应收账款余额的每笔交易，审计抽样的效率可能更高。

（四）考虑总体分层

▶ 1. 分层的含义

分层是指将一个总体划分为多个子总体，每个子总体由一组具有相同特征的抽样单元组成，分组后的每一组子总体被称为一层，每层单独进行测试。分层可以降低每一层中项目的变异性，从而在抽样风险没有成比例增加的前提下减小样本规模，或在不减小样本规模的情况下降低抽样风险，从而提高审计效率。如果总体项目存在重大的变异性，注册会计师可以考虑将总体分层，因为对未分层总体进行测试所需的样本规模很大。

由于属性抽样不考虑金额及其变异性，所以分层只适用于变量抽样。在细节测试中分层的依据通常包括项目的账面金额，与项目处理有关的控制的性质，或与特定项目(如更可能包含错报的那部分总体项目)有关的特殊考虑等。

▶ 2. 分层的方法

注册会计师应当仔细界定子总体，以使每一抽样单元只能属于一个层。变量抽样中，通常按金额分层。这使注册会计师能够将更多审计资源投向金额较大的项目，而这些项目最有可能包含高估错报。

(1)方法一：将总体项目按金额降序排列，将累计合计数大约等于总体金额一半的项目分为一层，剩余项目分为一层。

如：将3，9，2，10，7，8，4，6，1，5分为两层。

第一步：降序排列：10，9，8，7，6，5，4，3，2，1。

第二步：总体合计数为55。前3项累计合计数为27，接近总体金额的一半。

第三步：前3项为一层，后7项为一层。

(2)方法二：直接按金额大小分层。例如，函证应收账款时，可以按应收账款账户金额大小分为三层：

第1层：对于金额在10 000元以上的应收账款账户，应全部进行函证。

第2层：对于金额在5 000~10 000元的应收账款账户，作为一个子总体选取样本进行函证。

第3层：对于金额在5 000元以下的应收账款账户，作为一个子总体选取样本进行函证。

▶ 3. 分层的后续处理

分层后的每层构成一个子总体且可以单独检查。对某一层中的样本项目实施审计程序的结果，只能用于推断构成该层的项目。如果注册会计师将某类交易或账户余额分成不同的层，需要对每层分别推断错报。在考虑错报对该类别的所有交易或账户余额的可能影响时，注册会计师需要综合考虑每层的推断错报。如果对整个总体得出结论，注册会计师应当考虑与构成整个总体的其他层有关的重大错报风险。例如，在对某一账户余额进行测试时，占总体数量20%的项目，其金额可能占该账户余额的90%。注册会计师只能根据该样本的结果推断至上述90%的金额。对于剩余10%的金额，注册会计师可以抽取另一个样本或使用其他收集审计证据的方法，单独得出结论，或者认为其不重要而不实施审计程序。

(五)定义误差构成条件

注册会计师必须根据测试目标事先(在选取样本之前)准确地定义构成误差的条件，否则执行审计程序时就没有识别误差的标准。

(1)在控制测试中，误差是指控制偏差(即违反所测试的内部控制)。注册会计师要根据内部控制的具体规定仔细定义所要测试的控制及可能出现偏差的情况。例如，设定的控制要求每笔支付都应附有发票、收据、验收报告和订购单等证明文件，且均盖上"已付"戳记。注册会计师认为盖上"已付"戳记的发票和验收报告足以显示控制的适当运行。在这种情况下，误差可能被定义为缺乏盖有"已付"戳记的发票和验收报告等证明文件的款项支付。为了合理地定义误差，注册会计师首先应当了解被审计单位的内部控制，并分析其设计是否合理。

（2）在细节测试中，误差是指错报，注册会计师要确定哪些情况构成错报。例如，如果测试目标为应收账款存在认定，则串户登记（被审计单位在不同客户之间误登明细账）不影响应收账款总账余额，不属于错报，而收到汇款不做账务处理则属于错报。又如，在对应收账款的存在性进行函证程序时，如果客户在测试日之前已经支付款项，而被审计单位在测试日之后才收到款项，则客户与被审计单位在测试日这一天的记录就会不一致，但是这种不一致不构成误差。

（六）确定审计程序

注册会计师必须确定能够最好地实现测试目标的审计程序组合。例如：如果测试目标是某一交易在特定阶段的适当授权的有效性，审计程序就是检查特定人员已在某文件上签字以示授权的书面证据；如果测试目标是应收账款的存在认定，审计程序就是向被审计单位的客户函证。

三、选取样本

（一）确定样本规模

样本规模是指从总体中选取样本项目的数量。在审计抽样中，如果样本规模过小，就不能反映出审计对象总体的特征，注册会计师无法获取充分的审计证据，其审计结论的可靠性将会大打折扣，甚至可能得出错误的审计结论。因此，注册会计师应当确定足够的样本规模，以将抽样风险降至可接受的低水平。相反，如果样本规模过大，则会增加审计工作量，加大审计成本，降低审计效率，从而失去审计抽样的意义。

▶ **1. 样本规模的影响因素**

在确定样本规模前，需要量化确定一些因素，以体现注册会计师对抽样的要求。影响样本规模的因素主要包括以下五个方面。

1）可接受的抽样风险

可接受的抽样风险是对抽样所提供的保证程度的一种度量。可接受的抽样风险与样本规模反向变动：可接受的抽样风险越低，所需的样本规模越大。

2）可容忍误差

可容忍误差是指注册会计师在认为在足以实现测试目标的情况下准备接受的总体最大误差（即重要性）。在保证程度一定的情况下，可容忍误差越小，所需的样本规模越大。

① 在控制测试中，它指可容忍偏差率。可容忍偏差率，是指注册会计师设定的偏离规定的内部控制程序的比率，注册会计师试图对总体中的实际偏差率不超过该比率获取适

当水平的保证。换言之,可容忍偏差率是注册会计师能够接受的最大偏差数量;如果偏差超过这一数量则减少或取消对内部控制程序的信赖。

② 在细节测试中,它指可容忍错报。可容忍错报,是指设定的货币金额,注册会计师试图对总体中的实际错报不超过该货币金额获取适当水平的保证。实际上,可容忍错报是实际执行的重要性这个概念在特定抽样程序中的运用。可容忍错报可能等于或低于实际执行的重要性。

3)预计总体误差

预计总体误差是指注册会计师根据以前对被审计单位的经验或实施风险评估程序的结果而估计总体中可能存在的误差。在既定的可容忍误差下,预计总体误差越大,表明审计风险越高,所需的样本规模越大。这好比对一个人的印象,印象越差,与之打交道时越需谨慎。

预计总体误差不应超过可容忍误差(如果超过了就无须抽样就能直接形成拒绝总体的结论)。通常,预计总体误差接近可容忍误差时,就不宜抽样了。

4)总体变异性

总体变异性是指总体的某一特征(如金额)在各项目之间的差异程度(标准差或方差)。

在控制测试中,确定样本规模时不考虑总体变异性,即只考虑是否失控,不考虑失控导致的后果。

在细节测试中,总体项目的某一特征(通常是指金额)经常存在重大的变异性,确定样本规模时要考虑总体变异性。总体变异性越高,为达到既定的可信赖程度所需的样本规模越大。如果总体项目存在重大的变异性,注册会计师可以考虑对总体进行分层以减小样本规模。

5)总体规模

除非总体非常小,总体规模对样本规模的影响几乎为零。通常将抽样单元超过 5 000 个的总体视为大规模总体。对小规模总体而言,审计抽样比其他选择测试项目的方法的效率低。

以上影响样本规模的因素及其在控制测试和细节测试中的表现形式见表 5-2。

表 5-2　影响样本规模的因素

影响因素	控制测试	细节测试	与样本规模的关系
可接受抽样风险	信赖过度风险	误受风险	反向变动
可容忍误差	可容忍偏差率	可容忍错报	反向变动
预计总体误差	预计总体偏差率	预计总体错报	同向变动
总体变异性	—	总体变异性	同向变动
总体规模	总体规模	总体规模	影响很小

▶ 2. 样本量表法确定样本规模

在统计抽样中，注册会计师可以使用样本量表确定样本规模。表 5-3 提供了在控制测试中确定的可接受信赖过度风险为 5% 时所使用的样本量表。

使用样本量表法时，首先应根据可接受的审计风险选择相应的抽样规模表，然后读取预计总体误差率栏找到适当的比率，并确定与可容忍偏差率对应的列，可容忍偏差率所在列与预计总体偏差率所在行的交点就是所需的样本规模。例如，如果注册会计师确定的可接受信赖过度风险为 5%，可容忍偏差率为 7%，预计总体偏差率为 1.5%，根据表 5-3 可以确定所需的样本规模为 88。

表 5-3　9% 的信赖过度风险下控制测试样本量表

预期总体误差(%)	可容忍误差率								
	3	4	5	6	7	8	9	10	20
0.00	99(0)*	74(0)	59(0)	49(0)	42(0)	36(0)	32(0)	29(0)	14(0)
0.50	157(1)	117(1)	93(1)	78(1)	66(1)	58(1)	51(1)	46(1)	22(1)
1.00	*	156(1)	93(1)	78(1)	66(1)	58(1)	51(1)	46(1)	22(1)
1.50	*	192(3)	124(2)	103(2)	88(2)	77(2)	51(1)	46(1)	22(1)
2.00	*	*	181(4)	127(3)	88(2)	77(2)	68(2)	46(1)	22(1)
2.50	*	*	*	150(4)	109(3)	77(2)	68(2)	61(2)	22(1)
3.00	*	*	*	195(6)	129(4)	95(3)	84(3)	61(2)	22(1)
3.50	*	*	*	*	167(4)	112(4)	84(3)	76(3)	22(1)
4.00	*	*	*	*	*	146(6)	100(4)	89(4)	22(1)
5.00	*	*	*	*	*	*	158(8)	116(6)	30(2)
6.00	*	*	*	*	*	*	*	179(11)	30(2)

注：括号内是可接受的偏差数。

▶ 3. 公式法确定样本规模

在细节测试中，注册会计师可以运用下列样本公式确定样本规模，并在此基础上运用职业判断进行适当调整。

$$样本规模 = 总体账面金额 / 可容忍错报 \times 保证系数$$

可以看出：总体账面金额、保证系数均与样本规模同向变动，可容忍错报与样本规模反向变动。

在保证系数时，需要考虑以下因素。

① 评估的重大错报风险，通常分为最高、高、中和低四个等级，保证系数与评估的重大错报风险同向变动。

② 预计总体错报。

③ 用于测试相同认定的其他实质性程序（如分析程序）未能发现该认定中重大错报的

风险，通常分为最高、高、中和低四个等级。

A. 最高：没有实施其他实质性程序测试相同认定。

B. 高：虽然存在其他实质性程序，但预计其不能有效地发现该认定中的重大错报。

C. 中：存在其他实质性程序，预计其发现该认定中重大错报的有效程度适中。

D. 低：存在其他实质性程序，预计其能有效地发现该认定中的重大错报。

表 5-4 列示了保证系数量表，可以用于确定保证系数。需要说明的是，本模型只用于说明计划抽样时考虑的各种因素对样本规模的影响，它不能代替职业判断。

表 5-4　保证系数量表

评估的重大错报风险	其他实质性程序未能发现重大错报的风险			
	最高	高	中	低
最高	3.0	2.7	2.3	2.0
高	2.7	2.4	2.0	1.6
中	2.3	2.1	1.6	1.2
低	2.0	1.6	1.2	1.0

（二）选取样本

不管使用统计抽样或非统计抽样，在选取样本项目时，注册会计师都应当使总体中的每个抽样单元都有被选取的机会（但不一定机会均等）。在统计抽样中，注册会计师选取样本项目时每个抽样单元被选取的概率是已知的。在非统计抽样中，注册会计师根据职业判断选取样本项目。由于抽样的目的是为注册会计师得出有关总体的结论提供合理的基础，因此，注册会计师通过选择具有总体典型特征的样本项目，从而选出有代表性的样本以避免偏向是很重要的。

选取样本的方法包括随机选样、系统选样和随意选样三种方法。其中，随机选样、系统选样属于统计选样方法，既可用于统计抽样，也可用于非统计抽样；随意选样属于非统计选样方法，只能用于非统计抽样。

▶ **1. 随机选样**

随机选样又称随机数选样，基本原理是选择之前先建立抽样单元与随机数表中随机数的对应关系，从表中随机选取随机数，将对应的抽样单元选出。使用随机选样需以总体中的每一项目都有不同的编号为前提。注册会计师可以使用计算机生成的随机数，如电子表格程序、随机数码生成程序、通用审计软件程序等计算机程序产生的随机数，也可以使用随机数表获得所需的随机数。

随机数是一组从长期来看出现概率相同的数码，且不会产生可识别的模式。随机数表也称乱数表，它是由随机生成的从 0～9 共 10 个数字所组成的数表，每个数字在表中出现的次数是大致相同的，它们出现在表上的顺序是随机的。表 5-5 是 5 位随机数表的一部分。

表 5-5 5 位随机数表

	1	2	3	4	5	6	7	8	9	10
1	32 044	69 037	29 655	92 114	81 034	40 582	01 584	77 184	85 762	46 505
2	23 821	96 070	82 592	81 642	08 971	07 411	09 037	81 530	56 195	98 425
3	82 383	94 987	66 441	28 677	95 961	78 346	37 916	09 416	42 438	48 432
4	68 310	21 792	71 635	86 089	38 157	95 620	96 718	79 554	50 209	17 705
5	94 856	76 940	22 165	01 414	01 413	37 231	05 509	37 489	56 459	52 983
6	95 000	61 958	83 430	98 250	70 030	05 436	74 814	45 978	09 277	13 827
7	20 764	64 638	11 359	32 556	89 822	02 713	81 293	52 970	25 080	33 555
8	71 401	17 964	50 940	95 753	34 905	93 566	36 318	79 530	51 105	26 952
9	38 464	75 707	16 750	61 371	01 523	69 205	32 122	03 436	14 489	02 086
10	59 442	59 247	74 955	82 835	98 378	83 513	47 870	20 795	01 352	89 906

应用随机数表选样的步骤如下。

(1) 对总体项目进行编号，建立总体中的项目与表中数字的一一对应关系。一般情况下，编号可利用总体项目中原有的某些编号，如凭证号、支票号、发票号等。在没有事先编号的情况下，注册会计师需按一定的方法进行编号。如由 40 页、每页 50 行组成的应收账款明细表，可采用 4 位数字编号，前两位由 1～40 的整数组成，表示该记录在明细表中的页数，后两位数字由 1～50 的整数组成，表示该记录的行次。这样，编号 0534 表示第 5 页第 34 行的记录。所需使用的随机数的位数一般由总体项目数或编号位数决定。如前例中可采用 4 位随机数表，也可以使用 5 位随机数表的前 4 位数字或后 4 位数字。

(2) 确定连续选取随机数的方法。即从随机数表中选择一个随机起点和一个选号路线，随机起点和选号路线可以任意选择，但一经选定就不得改变。从随机数表中任选一行或任何一栏开始，按照一定的方向(上下左右均可)依次查找，符合总体项目编号要求的数字，即为选中的号码，与此号码相对应的总体项目即为选取的样本项目，一直到选足所需的样本量为止。例如，从前述应收账款明细表的 2 000 个记录中选择 10 个样本，总体编号规则如前所述，即前两位数字不能超过 40，后两位数字不能超过 50。如从上表第一行第一列开始，使用前 4 位随机数，逐行向右查找，则选中的样本为编号 3204，编号 0741，编号 0903，编号 0941，编号 3815，编号 2216，编号 0141，编号 3723，编号 0550，编号 3748 的 10 个记录。

由于随机数表中的随机数是均匀分布的，随机选样不仅使总体中每个抽样单元被选取的概率相等，而且使相同数量的抽样单元组成的每种组合被选取的概率相等。这种方法在统计抽样和非统计抽样中均适用。由于统计抽样要求注册会计师能够计量实际样本被选取的概率，这种方法尤其适合于统计抽样。

随机选样的缺点在于，当样本规模较大时，从表中逐一选数费时费力，降低审计效率。计算机辅助工具的引入有助于改善这一缺陷。

▶ 2. 系统选样

系统选样也称等距选样，是指按照相同的间隔从审计对象总体中等距离地选取样本的一种选样方法。采用系统选样法，首先要计算选样间距，确定选样起点，然后再根据间距顺序地选取样本。选样间距的计算公式如下。

$$选样间距 = \frac{总体规模}{样本规模}$$

例如，如果销售发票的总体范围是 652～3 151，设定的样本量是 125，那么选样间距为 20＝(3 152－652)÷125。注册会计师必须从 0～19 中选取一个随机数作为抽样起点。如果随机选择的数码是 9，那么第一个样本项目是发票号码为 661(652＋9)的那一张，其余的 124 个项目是 681(661＋20)，701(681＋20)，……依此类推，直至第 3141 号。

系统选样方法的主要优点是使用方便，比其他选样方法节省时间，这一点对于大规模样本尤其重要。此外，使用这种方法时，对总体中的项目不需要编号，注册会计师只要简单数出每一个间距即可。

但是，使用系统选样方法要求总体必须是随机排列的，否则容易发生较大的偏差，造成非随机的、不具代表性的样本。如果测试项目的特征在总体内的分布具有某种规律性，则选择样本的代表性就可能较差。例如，应收账款明细表每页的记录均以账龄的长短按先后次序排列，则选中的 200 个样本可能多数是账龄相同的记录。

为克服系统选样法的这一缺点，可采用两种办法：一是增加随机起点的个数；二是在确定选样方法之前对总体特征的分布进行观察。如发现总体特征的分布呈随机分布，则采用系统选样法。否则，可考虑使用其他选样方法。

系统选样可以在非统计抽样中使用，在总体随机分布时也可适用于统计抽样。

▶ 3. 随意选样

在这种方法中，注册会计师选取样本不采用结构化的方法，而是根据以往的审计经验来选择样本。尽管不使用结构化方法，注册会计师也要避免任何有意识的偏向或可预见性（如回避难以找到的项目，或总是选择或回避每页的第一个或最后一个项目），从而试图保证总体中的所有项目都有被选中的机会。在使用统计抽样时，运用随意选样是不恰当的。

随意选样的主要缺点在于注册会计师很难完全无偏见地选取样本项目，即这种方法难以彻底排除注册会计师的个人偏好对选取样本的影响，很可能使样本失去代表性。

上述三种基本方法均可选出代表性样本。但随机数选样和系统选样属于随机基础选样方法，即对总体的所有项目按随机规则选取样本，因而可以在统计抽样中使用，当然也可以在非统计抽样中使用。而随意选样虽然也可以选出代表性样本，但它属于非随机基础选样方法，因而不能在统计抽样中使用，只能在非统计抽样中使用。

(三) 对样本实施审计程序

从总体中选出样本后，应当针对样本中的每个抽样单元，实施具体审计计划中拟定的审计程序，以检查是否存在误差。

在对选取的样本项目实施审计程序时可能出现以下几种情况。

▶ 1. 选取的项目不适合或者无法实施计划的审计程序

这种项目通常称为未检查项目。形成未检查项目的原因包括：

(1) 无效单据。例如，选取的被审计单位收据（发票）是空白的，或并未使用，或者由于污损严重而无法实施测试。

(2) 单据缺失，被测试的项目并未在单据上留下轨迹或记录。

(3) 选取的项目不适用于事先定义的偏差。例如，如果偏差被定义为没有验收报告支持的交易，而选取的样本中包含的电话费或业务招待费，则可能没有相应的验收报告。

针对未检查项目，首先要确定该项目本身是否构成误差，才能进一步做其他考虑和决策。

(1) 如未检查项目不构成误差，选取替代项目实施程序。如果使用了随机选样，注册会计师要用一个替代的随机数与新的收据样本对应。

(2) 如可能构成误差或不能确定不构成误差，则根据误差是否影响对样本结果的评价分以下情况处理。

① 误差不影响对样本结果的评价：即使构成误差，对样本结果的评价也不会因此而改变，则不需要对该项目实施程序，直接形成接受或拒绝总体的结论。

② 误差影响对样本结果的评价：若因为未检查项目构成误差而导致拒绝接受总体，则应实施替代程序。如无法执行或没有替代程序，直接将该未检查项目视为一项误差，拒绝接受总体。

▶ 2. 对总体的估计出现错误

在某些情况下，注册会计师可能在期中实施审计程序，但是测试的总体定义为整个被审计期间的交易，并将剩余期间的交易放在期末实施测试。在这种情况下，注册会计师在期中实施测试的过程中选取样本项目时，可能需要预估总体规模和编号范围。这种预估一般都是不准确的。如果注册会计师高估了总体规模和编号范围，选取的样本中超出实际编号的所有数字都被视为未使用单据。在这种情况下，注册会计师要用额外的随机数代替这些数字，以确定对应的适当单据。注册会计师也可能低估剩余项目的数量，从而导致一些交易将没有被选取的机会，因此，样本不能代表所定义的总体。在这种情况下，注册会计师可以将样本所能代表的项目定义为新的总体，而将剩余的项目作为一个独立的总体来进行测试。

▶ 3. 在结束之前停止测试

有时，注册会计师可能在对样本的前半部分进行测试时发现大量偏差。其结果是，注册会计师可能认为，即使在剩余样本中没有发现更多的偏差，也会认为总体是不可信赖或不可接受的。在这种情况下，注册会计师要重新评估重大错报风险，并考虑是否有必要继续进行测试。

四、评价样本

(一) 样本评价的基本内容

▶ 1. 分析样本误差的性质

除了评价错报的频率和金额之外，注册会计师还要对误差进行定性分析，分析误差的性质和原因，判断其对财务报表重大错报风险的影响。即使样本的统计评价结果在可以接受的范围内，注册会计师也应对样本中的所有误差（包括控制测试中的控制偏差和细节测试中的金额错报）进行定性分析。

如果发现许多误差具有相同的特征，如交易类型、地点、生产线或时期等，则应考虑该特征是不是引起误差的原因，是否存在其他尚未发现的具有相同特征的误差。此时，应将具有该共同特征的全部项目划分为一层，并对层中的所有项目实施审计程序，以发现潜在的系统误差。同时，仍需分析误差的性质和原因，考虑存在舞弊的可能性。如果将某一误差视为异常误差，应当实施追加的审计程序，以高度确信该误差对总体误差不具有代表性。

在极其特殊的情况下，如果认为样本中发现的某项偏差或错报是异常误差，应当对该项偏差或错报对总体不具有代表性获取高度保证。异常误差，是指对总体中的错报或偏差明显不具有代表性的错报或偏差。在获取这种高度保证时，注册会计师应当实施追加的审计程序，获取充分、适当的审计证据，以确定该项偏差或错报不影响总体的其余部分。

▶ 2. 推断总体误差

当实施控制测试时，注册会计师应当根据样本中发现的偏差率推断总体偏差率，并考虑这一结果对特定审计目标及审计的其他方面的影响。当实施细节测试时，注册会计师应当根据样本中发现的错报金额推断总体错报金额，并考虑这一结果对特定审计目标及审计的其他方面的影响。

根据样本误差推断的总体误差包括总体误差点估计和总体误差上限。

（1）总体误差点估计是一个点。在控制测试中，这个点就是估计的总体偏差率；在细节测试中，这个点就是估计的总体错报额。点估计的优点是简单、直观，缺点是没有考虑抽样风险，可靠性为零，即保证程度为零。

（2）总体误差上限是一个区间的上限，它以空间换安全：区间越大，即右端点越大，获得的保证程度越高，得到的抽样风险越低。

▶ 3. 形成审计结论

注册会计师需要针对不同类型的审计抽样分别形成是否接受总体的审计结论。

1）属性统计抽样

在控制测试中运用统计抽样时，注册会计师应当将总体偏差率与可容忍偏差率比较，但必须考虑抽样风险。注册会计师可以根据样本中发现的偏差数计算或查表得到估计的总体偏差率上限。

① 如果估计的总体偏差率上限大于或等于可容忍偏差率，则总体不能接受。这时可以对总体得出结论，样本结果不支持计划评估的控制有效性。此时，注册会计师应当降低对内部控制的信赖程度，甚至放弃信赖内部控制，并增加实质性程序的数量。

② 如果估计的总体偏差率上限低于但接近可容忍偏差率，则应当结合其他审计程序的结果综合考虑是否接受总体，并考虑是否需要扩大测试范围以进一步证实计划评估的控制有效性。如果抽样前设定的可信赖程度就不高，则可能不需要扩大测试范围。

③ 如果估计的总体偏差率上限低于可容忍偏差率，则总体可以接受。这时可以对总

体得出结论,样本结果支持计划评估的控制有效性。

2) 属性非统计抽样

非统计抽样的抽样风险无法计量。注册会计师通常直接将样本偏差率(即估计的总体偏差率)与可容忍偏差率比较,以确定是否接受总体。

① 如果样本偏差率不低于可容忍偏差率或低于但接近可容忍偏差率,拒绝总体。

② 如果样本偏差率与可容忍偏差率之间的差异不是很大也不是很小,考虑扩大样本规模,进一步收集证据。

③ 如果样本偏差率大大低于可容忍偏差率,接受总体。

3) 变量统计抽样

在统计抽样中,注册会计师可以用公式计算出估计的总体错报额的上限,并与可容忍错报比较。

① 如果估计的总体错报上限不小于可容忍错报,拒绝总体。也就是说,对总体得出结论,该类交易或账户余额存在重大错报,因而总体不能接受。

② 如果总体错报上限低于可容忍错报,接受总体,即对总体得出结论,所测试的交易或账户余额不存在重大错报。

4) 变量非统计抽样

非统计抽样的抽样风险无法直接计量。注册会计师首先根据样本错报(并可能做适当调整后)确定总体错报点估计,然后将其与可容忍错报比较,以确定是否接受总体。

① 如果总体错报点估计不低于,或低于但接近可容忍错报,拒绝总体。

② 如果总体错报点估计小于可容忍错报,但差距不很小也不很大,考虑扩大细节测试范围,获取进一步证据后谨慎决策。

③ 如果总体错报点估计远远小于可容忍错报,接受总体。

(二) 控制测试中总体偏差率上限的计算

基本计算公式为

$$总体偏差率上限 = \frac{风险系数}{样本量}$$

表 5-6 中列示了在控制测试中常见情形下的风险系数。

表 5-6 控制测试中常用的风险系数表

发现的偏差数		0	1	2	3	4	5	6	7	8	9	10
风险水平	10%	2.3	3.9	5.3	6.7	8.0	9.3	10.6	11.8	13.0	14.2	15.4
	5%	3.0	4.8	6.3	7.8	9.2	10.5	11.9	13.2	14.5	15.7	17.0
	2.5%	3.7	5.6	7.3	8.8	10.3	11.7	13.1	14.5	15.8	17.1	18.4

考虑一个具体的例子。假定注册会计师确定的可容忍偏差率为 7%,可接受的信赖过度风险为 10%。

(1) 如果注册会计师测试 55 个样本,发现 0 个偏差时:注册会计师根据以上公式计算,结果为 4.18%<7%,因此可以得出以下结论。

① 总体实际偏差率超过 4.18％的风险为 10％，即有 90％的把握保证总体实际偏差率不超过 4.18％。

② 总体的实际偏差率超过可容忍偏差率的风险很小，总体可以接受。

③ 证实了注册会计师在风险评估程序时了解内部控制有效性的结论恰当，计划审计工作时评估的重大错报风险水平（Y＝K/X 中的 X）也是适当的，无须扩大实质性程序范围，无须修改审计计划。

（2）如果注册会计师测试 55 个样本，发现 2 个偏差时：注册会计师根据以上公式的计算结果（9.64％＞7％）可以得出以下结论。

① 总体实际偏差率超过 9.64％的风险为 10％。

② 在可容忍偏差率 7％的情况下，总体的实际偏差率超过可容忍偏差率的风险很大，总体不能接受。

③ 样本结果（9.64％＞7％）不支持注册会计师对内部控制了解时对控制运行有效性的评估，计划审计工作时评估的重大错报风险水平不是适当的，注册会计师需要扩大原拟定的实质性程序范围，修改审计计划。

（三）细节测试中总体错报的推断

当实施细节测试时，应当根据样本中发现的错报推断总体错报。常用的推断总体的方法有三种，即均值估计、差额估计和比率估计。

▶ 1. 均值估计

均值估计是指通过抽样审查确定样本的平均值，再根据样本平均值推断总体的平均值，根据样本的金额计算总体的总值。

均值估计的应用步骤如下。

① 计算样本中所有项目审定金额的平均值。

② 用样本平均值乘以总体规模得出总体金额的估计值。

③ 总体估计金额与总体账面金额之间的差额就是推断的总体错报。

例如，注册会计师从总体规模为 1 000 个、账面金额为 1 000 000 元的存货项目中选择了 200 个项目作为样本。在确定了正确的采购价格并重新计算了价格与数量的乘积之后，注册会计师将 200 个样本项目的审定金额加总后除以 200，确定样本项目的平均审定金额为 980 元，因此推断总体的平均金额也为 980 元，因此计算的存货余额为 980 000元（980×1 000），推断的总体错报就是 20 000 元（1 000 000－980 000）。

▶ 2. 差额估计

差额估计抽样是以样本实际金额与账面金额的平均差额来估计总体实际金额与账面金额的平均差额，然后再以这个平均差额乘以总体规模，从而求出总体的实际金额与账面金额的差额（即总体错报）的一种方法。

差额估计抽样的应用步骤如下。

① 计算样本项目的平均错报。

② 用平均错报乘以总体规模来推断总体错报金额估计数据。

例如，注册会计师从总体规模为 1 000 个、账面金额为 1 040 000 元的存货项目中选择了 200 个项目作为样本。对 200 个样本项目进行审查后发现，总账面金额为 208 000 元，审定金额为 196 000 元，两者的差异为 12 000 元。12 000 元的差额除以样本项目个数 200，得到样本平均错报 60 元，因此推断总体的平均错报也为 60 元。然后用这个平均错报乘以总体规模，计算出总体错报为 60 000 元(60×1 000)。

▶ 3. 比率估计

比率估计抽样是指以样本的实际金额与账面金额之间的比率关系来估计总体实际金额与账面金额之间的比率关系，然后再以这个比率去乘总体的账面金额，从而求出估计的总体实际金额的一种方法。

比率估计抽样的应用步骤如下。

① 计算样本实际金额与样本账面金额的比率。

② 用总体账面金额乘以比率得出估计的总体实际金额。

③ 估计的总体实际金额与总体账面金额之间的差额就是推断的总体错报。

例如，如果在上例中使用比率估计抽样，样本审定金额合计与样本账面金额的比例则为 0.94(196 000÷208 000)，因此推断总体金额与账面金额的比例也为 0.94。用总体的账面金额乘以 0.94，得到估计的存货余额 977 600 元(1 040 000×0.94)。推断的总体错报则为 62 400 元(1 040 000－977 600)。

▶ 4. 三种方法的选择

如果未对总体进行分层，注册会计师通常不使用均值估计抽样，因为此时获取充分审计证据所需的样本规模可能太大，不符合成本效益原则。

比率估计抽样和差额估计抽样都要求样本项目存在错报。如果样本项目的审定金额和账面金额之间没有差异，这两种方法使用的公式所隐含的机理就会导致错误的结论。如果注册会计师决定使用统计抽样，且预计只发现少量差异，就不应使用比率估计抽样和差额估计抽样，而考虑使用其他的替代方法，如均值估计抽样或 PPS 抽样。

第三节 概率比例规模抽样

细节测试中运用的两种统计抽样方法，即传统变量抽样和概率比例规模抽样(PPS 抽样)，都能为注册会计师实现审计目标提供充分的证据。但在有些情况下，PPS 抽样比传统变量抽样更实用。

一、PPS 抽样概述

▶ 1. PPS 抽样的概念

PPS 抽样是一种运用属性抽样原理对货币金额而不是对发生率得出结论的统计抽样方

法。PPS抽样以货币单元作为抽样单元，有时也被称为金额加权选样、货币单元抽样、累计货币金额抽样，以及综合属性变量抽样等。

在该方法下，总体中的每个货币单元被选中的机会相同，所以总体中某一项目被选中的概率等于该项目的金额与总体金额的比率。也就是说，金额为100元的项目被选中的机会是金额为10元的项目的10倍，因为其包含的可抽取的货币单元是后者的10倍。项目金额越大，被选中的概率就越大。因此，PPS抽样有助于注册会计师将审计重点放在较大的余额或交易上。此抽样方法之所以得名，是因为总体中每一余额或交易被选取的概率与其账面金额（规模）成比例。但是，在实施检查时，注册会计师并不是对总体中的货币单元实施检查，而是对包含被选取货币单元的余额或交易实施检查。注册会计师检查的余额或交易被称为逻辑单元或实物单元。

注册会计师进行PPS抽样必须满足两个条件：第一，总体的错报率很低（低于10%），且总体规模在2 000个以上。这是PPS抽样使用的泊松分布的要求。第二，总体中任一项目的错报不能超过该项目的账面金额。这就是说，如果某账户的账面金额是100元，其错报金额不能超过100元。

▶ 2. PPS抽样的优点

除了具备统计抽样的一般优点之外，PPS抽样还具有一些特殊之处。PPS抽样的优点包括下列方面。

（1）PPS抽样一般比传统变量抽样更易于使用。由于PPS抽样以属性抽样原理为基础，注册会计师可以很方便地计算样本规模，手工或使用量表评价样本结果，且可在能够获得完整的总体之前开始选取样本。样本的选取可以在计算机程序或计算器的协助下进行。

（2）PPS抽样比普通抽样更容易发现极少量的大额错报，原因在于它通过将少量的大额实物单元拆成数量众多、金额很小的货币单元，从而赋予大额项目更多的机会被选入样本。

（3）PPS抽样的样本规模无须考虑被审计金额的预计变异性。传统变量抽样的样本规模是在总体项目共有特征的变异性或标准差的基础上计算的。PPS抽样在确定所需的样本规模时不需要直接考虑货币金额的标准差。

（4）PPS抽样中项目被选取的概率与其货币金额大小成比例，因而生成的样本自动分层。如果使用传统变量抽样，注册会计师通常需要对总体进行分层，以减小样本规模。在抽样中，如果项目金额超过选样间距，PPS系统选样将自动识别所有单个重大项目。

（5）如果注册会计师预计错报不存在或很小，PPS抽样的样本规模通常比传统变量抽样方法更小。

▶ 3. PPS抽样的缺点

PPS抽样的缺点包括下列几个方面。

（1）PPS抽样要求总体每一实物单元的错报金额不能超出其账面金额。

（2）在PPS抽样中，被低估的实物单元被选取的概率更低，因此不适用于测试低估。如果注册会计师在PPS抽样的样本中发现低估，在评价样本时需要特别考虑。

（3）对零余额或负余额的选取需要在设计时特别考虑。例如，如果准备对应收账款进行抽样，注册会计师可能需要将贷方余额分离出去，作为一个单独的总体。如果检查零余额的项目对审计目标非常重要，注册会计师需要单独对其进行测试，因为零余额的项目在PPS抽样中不会被选取。

（4）当总体中错报数量增加时，PPS抽样所需的样本规模也会增加。在这些情况下PPS抽样的样本规模可能大于传统变量抽样所需的规模。

（5）当发现错报时，如果风险水平一定，PPS抽样在评价样本时可能高估抽样风险的影响，从而导致注册会计师更可能拒绝一个可接受的总体账面金额。

（6）在PPS抽样中注册会计师通常需要逐个累计总体金额。但如果相关的会计数据以电子形式储存，就不会额外增加大量的审计成本。

二、PPS抽样的实施

（一）确定样本规模

▶ 1. 公式法

在PPS抽样中，注册会计师根据下列公式计算样本规模：

$$样本规模 = \frac{总体账面金额}{可容忍错报} \times 风险系数$$

因此，注册会计师确定样本规模时必须事先确定下列因素：总体账面价值、误受风险的风险系数、可容忍错报、预计总体错报以及扩张系数。

其中，风险系数反映注册会计师愿意接受的误受风险。抽样中的抽样风险就是指误受风险，注册会计师通过确定抽样计划中使用的抽样风险水平来控制误受风险。不同水平的误受风险对应的风险系数可从表5-7中查找，其中预计错报比例是指预计总体错报与可容忍错报之比。例如，如果所需的误受风险为10%，预计总体错报为0，则从表中查得的风险系数为2.31。

表5-7 PPS抽样确定样本规模时的风险系数表

预计错报比例	误受风险					
	5%	10%	15%	20%	25%	30%
0.00	3.00	2.31	1.90	1.61	1.39	1.21
0.05	3.31	2.52	2.06	1.74	1.49	1.29
0.10	3.68	2.77	2.25	1.89	1.61	1.39
0.15	4.11	3.07	2.47	2.06	1.74	1.49
0.20	4.63	3.41	2.73	2.26	1.90	1.62
0.25	5.24	3.83	3.04	2.49	2.09	1.76
0.30	6.00	4.33	3.41	2.77	2.30	1.93
0.35	6.92	4.95	3.86	3.12	2.57	2.14

续表

预计错报比例	误受风险					
	5%	10%	15%	20%	25%	30%
0.40	8.09	5.72	4.42	3.54	2.89	2.39
0.45	9.59	6.71	5.13	4.07	3.29	2.70
0.50	11.54	7.99	6.04	4.75	3.80	3.08
0.55	14.18	9.70	7.26	5.64	4.47	3.58
0.60	17.85	12.07	8.93	6.86	5.37	4.25

此外，在PPS抽样中，注册会计师通过估计预计总体错报而间接地控制误拒风险，而不需要特别控制误拒风险。

假如总体账面价值是500 000元，误受风险是5%，可容忍错报是25 000元，预计总体错报是6 250元，于是计算可得预计错报比例为0.25，查表可得风险系数为5.24。则样本规模就是：

$$n = \frac{500\,000 \times 5.24}{25\,000} = 105$$

▶ **2. 查表法**

PPS抽样也可以直接使用统计抽样样本量表。这比使用扩张系数近似值所计算的样本规模更加准确。注册会计师将可容忍错报和预计总体错报额从绝对数形式转化为相对数形式，即转化为占总体账面金额的百分比，并使用表中相应比例所对应的样本规模。

例如，注册会计师为一个账面金额为500 000元的总体设计PPS抽样，且确定的可容忍错报为15 000元，预计总体错报为2 500元。注册会计师计算出可容忍误差率（可容忍错报占账面金额的比例）为3%（15 000÷500 000），预计误差率（预计错报占账面金额的比例）为0.5%（2500÷500 000）。在5%的误受风险下，查表5-3可得到对应的样本规模为157个。如果计算的预计错报比例和可容忍错报比例在表中没有出现，通常用插值法推算所需的样本规模。

（二）选取样本

与一般的属性抽样关注实物单元（如发票或收据）不同，PPS抽样关注总体的货币单元。但是，注册会计师却不是对具体货币单元进行审计，而必须针对实物单元（或称逻辑单元）实施审计测试。货币单元只是起一个类似钩子的作用，从而带出与之相关联的一个实物单元。要找到与被选中的特定货币单元相联系的实物单元，必须逐项累计总体中的项目。

表5-9列示了一个应收账款总体，其中包括累计合计数。在表5-9中，样本要在1～7 376（具休金额）元之间的总体项目中随机选取。但是，为了执行审计程序，必须找出1～12（逻辑单元）之间的总体项目。如果注册会计师选取的样本编号是3014，则与该数相联系的逻辑单元就是项目6，因为3 014位于2 963～3 105元之间。

PPS样本可以通过运用计算机软件、随机数表等随机选样或系统选样法来获取。

1) 随机选样法

假设注册会计师想要从表5-8的总体中，选取一个含有4个账户的PPS样本。由于规定以单位金额为抽样单位，则总体容量就是7 376，因此需要计算机程序随机生成4个数字。假定计算机程序随机生成的4个数字是：6 586、1 756、850、6 499，则包含这些随机金额的总体实物单元项目需由累计合计数栏来确定。它们分别是项目11(包含6 577～6 980元的货币金额)、项目4(1 699～2 271元)、项目2(358～1 638元)和项目10(5 751～6 576元)。注册会计师将对这些实物单元项目进行审计，并将各实物单元项目的审计结果，应用到它们各自包含的随机货币金额上。

表5-8 应收账款总体表

总体项目 (实物单元)	账面金额(元)	累计合计数	相关的货币单元(元)
1	357	357	1～357
2	1 281	1 638	358～1 638
3	60	1 698	1 639～1 698
4	573	2 271	1 699～2 271
5	691	2 962	2 272～2 962
6	143	3 105	2 963～3 105
7	1 425	4 530	3 106～4 530
8	278	4 808	4 531～4 808
9	942	5 750	4 809～5 750
10	826	6 576	5 751～6 576
11	404	6 980	6 577～6 980
12	396	7 376	6 981～7 376

PPS抽样允许某一实物单元在样本中出现多次。也就是说，在前例中，如果随机数是6 586、1 756、856和6 599，则样本项目就是11、4、2和11。项目11实际上只审计一次，但在统计上仍视为2个样本项目，样本中的项目总数也仍然是4个。

2) 系统选样法

假设注册会计师想要从表5-8的总体中，选取一个含有16个账户的PPS样本。使用的选样间距应当为461(7 376÷16)元，他在1元和461元之间(含461元)选择一个随机数作为随机起点，假设是第268个货币单元。然后依次是第729个(268+461)货币单元，第1 190个(729+461)货币单元，以及其后整个抽样总体中每间隔461个的货币单元被选取。注册会计师然后对包含第268个、第729个、第1 190个……货币单元的逻辑单元实施检查。

在PPS系统选样法下，金额等于或高于选样间距的所有逻辑单元肯定会被选中，而且可能不止一次地被选中。而规模只有选样间距的一半的逻辑单元被选中的概率为50%。

3）可能存在的问题

PPS抽样的样本选取会出现两个问题，一个问题是：在选样时，账面余额为零的总体项目没有被选中的机会，尽管这些项目可能含有错报。另外，严重低估的小余额项目被选入样本的机会也很小。对此，如果注册会计师关注这些余额为零或较小的项目，那么解决这一问题的方法是对它们进行专门的审计测试。

另一个问题是：PPS抽样选取的样本中无法包括负余额，如应收账款的贷方余额等。在进行选样时，可以先不考虑这些负余额，而后用其他方法去测试它们。另一种替代方法就是将它们视同为正余额，加入到所要测试的货币金额总数中，但这样做会使分析过程变得复杂化。

（三）推断总体

使用PPS抽样时，注册会计师应根据样本结果推断总体错报，并计算抽样风险允许限度。如果样本中没有发现错报，推断的总体错报就是零，抽样风险允许限度小于或等于设计样本时使用的可容忍错报。在这种情况下，注册会计师通常不需进行额外的计算就可得出结论，在既定的误受风险下，总体账面金额高估不超过可容忍错报。如果样本中发现了错报，注册会计师需要计算推断的错报和抽样风险允许限度。

▶ 1. 推断总体的错报

如果逻辑单元的账面金额大于或等于选样间距，推断的错报就是该逻辑单元的实际错报金额；如果逻辑单元的账面金额小于选样间距，应当首先计算存在错报的所有逻辑单元的错报百分比，这个百分比就是整个选样间隔的错报百分比（因为每一个被选取的货币单元都代表了整个选样间隔中的所有货币单元），再用这个错报百分比乘以选样间距，得出推断错报的金额。将所有这些推断错报汇总后，再加上在金额大于或等于选样间隔的逻辑单元中发现的实际错报，注册会计师就能计算出总体的错报金额。

例如，注册会计师确定的选样间隔是3 000元，如果在样本中发现了3个高估错报，项目的账面金额分别为100元、200元和5 000元，审定金额分别为0元、150元和4 000元，则推断的错报金额为4 750元，即

$$\frac{100-0}{100} \times 3\,000 + \frac{200-150}{200} \times 3\,000 + 1\,000 = 4\,750$$

▶ 2. 考虑抽样风险

在PPS抽样中，注册会计师通常使用表5-9中的风险系数计算总体错报的上限，以此考虑抽样风险的影响。

表5-9 PPS抽样评价样本结果时的风险系数表

高估错报的数量	误受风险					
	5%	10%	15%	20%	25%	30%
0	3.00	2.31	1.90	1.61	1.39	1.21
1	4.75	3.89	3.38	3.00	2.70	2.44
2	6.30	5.33	4.72	4.28	3.93	3.62

续表

高估错报的数量	误受风险					
	5%	10%	15%	20%	25%	30%
3	7.76	6.69	6.02	5.52	5.11	4.77
4	9.16	8.00	7.27	6.73	6.28	5.90
5	10.52	9.28	8.50	7.91	7.43	7.01
6	11.85	10.54	9.71	9.08	8.56	8.12
7	13.15	11.78	10.90	10.24	9.69	9.21
8	14.44	13.00	12.08	11.38	10.81	10.31
9	15.71	14.21	13.25	12.52	11.92	11.39
10	16.97	15.41	14.42	13.66	13.02	12.47
15	21.30	20.13	19.24	18.49	17.84	17.25
20	27.05	25.74	24.73	23.89	23.15	22.47

(1) 如果在样本中没有发现错报，则总体错报的上限＝风险系数×选样间距。例如，如果误受风险为 5%，选样间距为 3 000 元，注册会计师没有在样本中发现错报，则总体错报的上限为 9 000 元（3×3 000）。没有发现错报时估计的总体错报上限也被称作"基本精确度"。

(2) 如果在账面金额大于或等于选样间距的逻辑单元中发现了错报，则无论该错报的百分比是否为 100%，总体错报的上限＝事实错报＋基本精确度。例如，如果误受风险为 5%，选样间距为 3 000 元，注册会计师在样本中发现 1 个错报，该项目的账面金额为 5 000元，审定金额为 3 000 元，则总体错报的上限为 11 000 元（2 000＋3×3 000）。注册会计师还要将计算出来的总体错报上限，与在需要实施 100% 检查的其他项目中发现的事实错报累计起来。

(3) 如果在排除了账面金额大于或等于选样间隔的逻辑单元之后的样本中发现了错报百分比为 100% 的错报，则总体错报的上限＝风险系数×选样间距。例如，如果误受风险为 5%，选样间距为 3 000 元，注册会计师在样本中发现 1 个错报，该项目的账面金额为 20 元，审定金额为 0 元，则总体错报的上限为 14 250 元（4.75×3 000）。

(4) 如果在排除了账面金额大于或等于选样间隔的逻辑单元之后的样本中发现了错报百分比低于 100% 的错报，注册会计师先计算推断错报，再将推断错报按金额降序排列，将其分别乘以对应的风险系数增量（即在既定的误受风险水平下，特定数量的高估错报所对应的保证系数与上一行保证系数之间的差异），加上基本精确度之后，最终计算出总体错报的上限。总体错报的上限＝推断错报×保证系数的增量＋基本精确度。例如，如果误受风险为 5%，选样间隔为 3 000 元，注册会计师在样本中发现 2 个错报，账户 A 的账面金额为 2 000 元，审定金额为 1 500 元，推断的错报为 750 元（500÷2 000×3 000）；账户 B 的账面金额为 1 000 元，审定金额为 200 元，推断错报为 2 400 元（800÷1 000×3 000）。

将推断错报按金额降序排列后，由表5-10可知，在5％的误受风险水平下，账户A对应的保证系数增量为1.55，账户B对应的保证系数增量为1.75。因此，总体错报的上限为14 363元(750×1.55+2400×1.75+3 ×3 000)。

如果样本中既有账面金额大于或等于选样间距的逻辑单元，又有账面金额小于选样间隔的逻辑单元，而且在账面金额小于选样间距的逻辑单元中，既发现了错报百分比为100％的错报，又发现了错报百分比低于100％的错报。在这种情况下，可以将所有样本项目分成两组：第一组是账面金额大于或等于选样间距的逻辑单元，计算出该组项目的事实错报，第二组是账面金额小于选样间距的逻辑单元，无论该组项目的错报百分比是否为100％，都先计算出各项目的推断错报，再将所有推断错报按金额降序排列后，分别乘以对应的保证系数增量，并将计算结果累计起来。用这个累计结果加上基本精确度，再加上第一组项目中的事实错报，就是最终总体错报的上限。

在货币单元抽样中，注册会计师将总体错报的上限与可容忍错报进行比较。如果总体错报的上限小于可容忍错报，注册会计师可以初步得出结论，样本结果支持总体的账面金额。不过，注册会计师还应将推断错报(排除被审计单位管理层已更正的事实错报)与其他事实错报和判断错报汇总，以评价财务报表整体是否可能存在重大错报。

 练习题

第六章
审计工作底稿

本章重点

1. 审计工作底稿的要素。
2. 审计工作底稿的管理和控制。

第 一 节 审计工作底稿概述

一、审计工作底稿的含义与作用

▶ **1. 审计工作底稿的含义**

审计工作底稿是指注册会计师对制订的审计计划、实施的审计程序、获取的相关审计证据，以及得出的审计结论作出的记录。审计工作底稿是审计证据的载体，是注册会计师在审计过程中形成的审计工作记录和获取的资料。它形成于审计过程，同时也反映整个审计过程。需要强调的是，尽管审计工作底稿记录了审计证据，但是不能替代审计证据。

▶ **2. 编制审计工作底稿的主要目的**

（1）提供充分、适当的记录，作为出具审计报告的基础。

（2）提供证据，证明注册会计师已经按照审计准则和相关法律法规的规定计划和执行了审计工作。

▶ **3. 编制审计工作底稿的其他目的**

（1）有助于项目组计划和执行审计工作。

（2）有助于负责督导的项目组成员按照审计准则的规定，履行指导、监督与复核审计工作的责任。

（3）便于项目组说明其执行审计工作的情况。

（4）保留对未来审计工作持续产生重大影响的事项的记录。

（5）便于会计师事务所按照质量控制准则的规定实施质量控制复核与检查。

（6）便于监管机构和注册会计师协会对会计师事务所实施执业质量检查。

二、审计工作底稿的存在形式与控制

▶ **1. 审计工作底稿控制的基本要求**

随着信息技术的广泛运用，审计工作底稿存在的形式有纸质、电子或其他介质形式。无论审计工作底稿以哪种形式存在，会计师事务所都应当针对审计工作底稿设计和实施适当的控制，以实现下列目的。

（1）使审计工作底稿清晰地显示其生成、修改及复核的时间和人员。

（2）在审计业务的所有阶段，尤其是在项目组成员共享信息或通过互联网将信息传递给其他人员时，保护信息的完整性和安全性。

（3）防止未经授权改动审计工作底稿。

（4）允许项目组和其他经授权的人员为适当履行职责而接触审计工作底稿。

为便于会计师事务所内部进行质量控制和外部执业质量检查或调查，以电子或其他介质形式存在的审计工作底稿，应与其他纸质形式的审计工作底稿一并归档，并应能通过打印等方式，转换成纸质形式的审计工作底稿。

▶ **2. 纸质档与电子档的相互转换**

如果原纸质记录经电子扫描后存入业务档案，会计师事务所应当实施适当的控制程序，以保证：

（1）生成与原纸质记录的形式和内容完全相同的扫描复制件，包括人工签名、交叉索引和有关注释。

（2）将扫描复制件，包括必要时对扫描复制件的索引和签字，归整到业务档案中。

（3）能够检索和打印扫描复制件。

（4）会计师事务所应当保留已扫描的原纸质记录。

为便于复核，注册会计师也可以将以电子或其他介质形式存在的审计工作底稿通过打印等方式，转换成纸质形式的审计工作底稿，并与其他纸质形式的审计工作底稿一并归档，同时，单独保存这些以电子或其他介质形式存在的审计工作底稿。

三、审计工作底稿的内容

（一）审计工作底稿的主要内容

（1）总体审计策略、具体审计计划。

（2）分析表：主要是指对被审计单位财务信息执行分析程序的记录。例如，记录对被审计单位本年各月收入与上年度的同期数据进行比较的情况，记录对差异的分析等。

（3）问题备忘录：一般是指对某一事项或问题的概要的汇总记录。在问题备忘录中，注册会计师通常记录该事项或问题的基本情况、执行的审计程序或具体审计步骤，以及得出的审计结论。例如，有关存货监盘审计程序或审计过程中发现问题的备忘录。

（4）核对表：一般是指会计师事务所内部使用的、为便于核对某些特定审计工作或程序的完成情况而设置的表格。例如，特定项目（如财务报表列报）审计程序核对表、审计工作完成情况核对表等。它通常以列举的方式列出审计过程中注册会计师应当进行的审计工作或程序以及特别需要提醒注意的问题，并在适当情况下索引至其他审计工作底稿，便于注册会计师核对是否已按照审计准则的规定进行审计。

（5）重大事项概要。

（6）询证函回函。

（7）书面声明。

（8）有关重大事项的往来函件（包括电子邮件）。

（9）被审计单位文件记录的摘要或复印件（如重大的或特定的合同和协议）。

（10）其他内容，通常包括业务约定书、管理建议书、项目组内部或项目组与被审计单位举行的会议记录、与其他人士（如其他注册会计师、律师、专家等）的沟通文件及错报汇总表等。但是，审计工作底稿不能代替被审计单位的会计记录。

（二）审计工作底稿通常不包括的内容

审计工作底稿通常不包括已被取代的审计工作底稿的草稿或财务报表的草稿、反映不全面或初步思考的记录、存在印刷错误或其他错误而作废的文本，以及重复的文件记录等。由于这些草稿、错误的文本或重复的文件记录不直接构成审计结论和审计意见的支持性证据，因此，注册会计师通常无须保留这些记录。

除此之外，注册会计师不需要对审计中考虑的所有事项或作出的所有职业判断都进行记录。例如，如果审计档案包含的文件已表明注册会计师遵守了审计准则，则没有必要再对遵守审计准则的情况单独予以记录。

第二节 审计工作底稿的撰写

一、编制审计工作底稿的要求

▶ **1. 编制审计工作底稿的总体要求**

注册会计师编制的审计工作底稿，应当使得未曾接触该项审计工作的有经验的专业人士清楚地了解审计程序、审计证据与审计结论三个方面的内容，具体包括。

（1）按照审计准则和相关法律法规的规定实施的审计程序的性质、时间安排和范围。

（2）实施审计程序的结果和获取的审计证据。

（3）审计中遇到的重大事项和得出的结论，以及在得出结论时作出的重大职业判断。

▶ 2. 专业人士的定义

专业人士是指会计师事务所内部或外部的具有审计实务经验，并且对下列方面有合理了解的人士。

（1）审计过程。

（2）审计准则和相关法律法规的规定。

（3）被审计单位所处的经营环境。

（4）与被审计单位所处行业相关的会计和审计问题。

二、确定审计工作底稿的格式、要素和范围时考虑的因素

在确定审计工作底稿的格式、要素和范围时，注册会计师应当考虑下列因素。

（1）被审计单位的规模和复杂程度。通常来说，对大型被审计单位进行审计形成的审计工作底稿，通常比对小型被审计单位进行审计形成的审计工作底稿要多；对业务复杂的被审计单位进行审计形成的审计工作底稿，通常比对业务简单的被审计单位进行审计形成的审计工作底稿要多。

（2）拟实施审计程序的性质。通常，不同的审计程序会使得注册会计师获取不同性质的审计证据，由此注册会计师可能会编制不同的审计工作底稿。例如，注册会计师编制的有关函证程序的审计工作底稿（包括询证函及回函、有关不符事项的分析等）和存货监盘程序的审计工作底稿（包括盘点表、注册会计师对存货的测试记录等）在内容、格式及范围方面是不同的。

（3）识别出的重大错报风险。识别和评估的重大错报风险水平的不同可能导致注册会计师实施的审计程序和获取的审计逻辑不尽相同。例如，如果注册会计师识别出应收账款存在较高的重大错报风险，而其他应收款的重大错报风险较低，则注册会计师可能对应收账款实施较多的审计程序并获取较多的审计证据，因而对测试应收账款的记录会比针对测试其他应收款记录的内容多且范围广。

（4）已获取的审计证据的重要程度。注册会计师通过执行多项审计程序可能会获取不同的审计证据，有些审计证据的相关性和可靠性较高，有些质量则较差，注册会计师可能区分不同的审计证据进行有选择性的记录，因此，审计证据的重要程度也会影响审计工作底稿的格式、内容和范围。

（5）识别出的例外事项的性质和范围。有时注册会计师在执行审计程序时会发现例外事项，由此可能导致审计工作底稿在格式、内容和范围方面的不同。例如，某个函证的回函表明存在不符事项，如果在实施恰当的追查后发现该例外事项并未构成错报，注册会计师可能只在审计工作底稿中解释发生该例外事项的原因及影响；反之，如果该例外事项构成错报，注册会计师可能需要执行额外的审计程序并获取更多的审计证据，由此编制的审计工作底稿在内容和范围方面可能有很大不同。

（6）当从已执行审计工作或获取审计证据的记录中不易确定结论或结论的基础时，记录结论或结论基础的必要性。在某些情况下，特别是在涉及复杂的事项时，注册会计师仅将已执行的审计工作或获取的审计证据记录下来，并不容易使其他有经验的注册会计师通

过合理的分析,得出审计结论或结论的基础。此时注册会计师应当考虑是否需要进一步说明并记录得出结论的基础(即得出结论的过程)及该事项的结论。

(7)审计方法和使用的工具。审计方法和使用的工具可能影响审计工作底稿的格式、内容和范围。例如,如果使用计算机辅助审计技术对应收账款的账龄进行重新计算,通常可以针对总体进行测试,而采用人工方式重新计算时,则可能会针对样本进行测试,由此形成的审计工作底稿会在格式、内容和范围方面有所不同。

在考虑以上因素时需注意,根据不同情况确定审计工作底稿的格式、内容和范围均是为达到审计准则中所述的编制审计工作底稿的目的,特别是提供证据的目的。例如,细节测试和实质性分析程序的审计工作底稿所记录的审计程序有所不同,但两类审计工作底稿都应当充分、适当地反映注册会计师执行的审计程序。

三、审计工作底稿的要素

通常,审计工作底稿包括下列全部或部分要素:

▶ 1. 审计工作底稿的标题

每张底稿应当包括被审计单位的名称、审计项目的名称以及资产负债表日或底稿覆盖的会计期间(如果与交易相关)。

▶ 2. 审计过程记录

在记录审计过程时,应当特别注意以下几个方面。

1)具体项目或事项的识别特征

在记录实施审计程序的性质、时间安排和范围时,注册会计师应当记录测试的具体项目或事项的识别特征。识别特征是指被测试的项目或事项表现出的征象或标志。对某一个具体项目或事项而言,其识别特征通常具有唯一性,这种特性可以使其他人员根据识别特征在总体中识别该项目或事项并重新执行该测试。记录具体项目或事项的识别特征可以实现多种目的,例如,既能反映项目组履行职责的情况,也便于对例外事项或不符事项进行调查,以及对测试的项目或事项进行复核。

识别特征因审计程序的性质和测试的项目或事项不同而不同。以下列举部分审计程序中所测试的样本的识别特征:

在对被审计单位生成的订购单进行细节测试时,注册会计师可以以订购单的日期或其唯一编号作为测试订购单的识别特征。需要注意的是,在以日期或编号作为识别特征时,注册会计师需要同时考虑被审计单位对订购单编号的方式。例如,若被审计单位按年对订购单依次编号,则识别特征是××年的××号;若被审计单位仅以序列号进行编号,则可以直接将该号码作为识别特征。

对于需要选取或复核既定总体内一定金额以上的所有项目的审计程序,注册会计师可以记录实施程序的范围并指明该总体。例如,银行存款日记账中一定金额以上的所有会计分录。

对于需要系统化抽样的审计程序,注册会计师可能会通过记录样本的来源、抽样的起点及抽样间隔来识别已选取的样本。例如,若被审计单位对发运单顺序编号,测试的发运单的识别特征可以是，对 4 月 1 日至 9 月 30 日的发运记录，从第 12345 号发运单开始每隔 125 号系统抽取发运单。

对于需要询问被审计单位中特定人员的审计程序，注册会计师可能会以询问的时间、被询问人的姓名及职位作为识别特征。

对于观察程序，注册会计师可以以观察的对象或观察过程、相关被观察人员及其各自的责任、观察的地点和时间作为识别特征。

2）对重大事项的记录

注册会计师可以考虑编制重大事项概要，并将其作为审计工作底稿的组成部分。重大事项概要不仅可以帮助注册会计师集中考虑重大事项对审计工作的影响，还便于审计工作的复核人员全面、快速地了解重大事项，从而提高复核工作的效率。对于大型、复杂的审计项目，重大事项概要的作用尤为重要。

重大事项概要包括对审计过程中识别出的重大事项及其如何得到解决的记录，以及对提供相关信息的其他支持性审计工作底稿的交叉索引。有关重大事项的记录可能分散在审计工作底稿的不同部分，此时有必要将这些分散在审计工作底稿中的有关重大事项的记录汇总在一起，形成重大事项概要。

注册会计师还应当记录与管理层、治理层和其他人员对重大事项的讨论，包括所讨论的重大事项的性质以及讨论的时间、地点和参加人员。

注册会计师应当根据具体情况判断某一事项是否属于重大事项。重大事项通常包括：

① 引起特别风险的事项；

② 实施审计程序的结果，该结果表明财务信息可能存在重大错报，或需要修正以前对重大错报风险的评估和针对这些风险拟采取的应对措施；

③ 导致注册会计师难以实施必要审计程序的情形；

④ 导致出具非标准审计报告的事项。

3）记录重大不一致的处理情况

重大不一致是指识别出的信息与针对某重大事项得出的最终结论不一致。如果出现重大不一致，注册会计师应当记录如何处理不一致的情况。需要记录的内容包括但不限于：

① 注册会计师针对该信息执行的审计程序；

② 项目组成员对某事项的职业判断不同而向专业技术部门的咨询情况；

③ 项目组成员和被咨询人员不同意见（如项目组与专业技术部门的不同意见）的解决情况。

记录如何处理这种不一致的情况有助于注册会计师关注这些不一致，并对此执行必要的审计程序以恰当地解决这些不一致。但是，对如何解决这些不一致的记录要求并不意味着注册会计师需要保留不正确的或被取代的审计工作底稿。注册会计师无须保留错误的或不完整的信息。

4）当涉及重大职业判断时对所运用职业判断的记录

在审计工作底稿中对重大职业判断进行记录，能够解释注册会计师得出的结论并提高职业判断的质量。这些记录对审计工作底稿的复核人员非常有帮助，同样也有助于执行以后期间审计的人员查阅具有持续重要性的事项(如对以前作出的会计估计进行复核)。

以下是几个对重大职业判断进行记录的例子:

① 如果审计准则要求"应当考虑"某些信息或因素,并且这种考虑在特定业务情况下是重要的,记录得出结论的理由;

② 记录对某些方面主观判断的合理性(如某些重大会计估计的合理性)得出结论的基础;

③ 如果针对审计过程中识别出的导致其对某些文件记录的真实性产生怀疑的情况实施了进一步调查(如适当利用专家的工作或实施函证程序),记录对这些文件记录真实性得出结论的基础;

④ 当按照审计准则的要求应当在审计报告中沟通关键审计事项时,记录确定关键审计事项或确定不存在需要沟通的关键审计事项的决策。

▶ 3. 审计结论

审计工作的每一部分都应包含与已实施审计程序的结果及其是否实现既定审计目标相关的结论,还应包括审计程序识别出的例外情况和重大事项如何得到解决的结论。在记录审计结论时需注意,在审计工作底稿中记录的审计程序和审计证据是否足以支持所得出的审计结论。

▶ 4. 审计标识及其说明

审计标识被用于与已实施审计程序相关的底稿。每张底稿都应包含对已实施程序的性质和范围所作的解释,以支持每一个标识的含义。审计工作底稿中可使用各种审计标识,但应说明其含义,并保持前后一致。以下是注册会计师在审计工作底稿中列明标识并说明其含义的例子,供参考。在实务中,注册会计师也可以依据实际情况运用更多的审计标识。

∧:纵加核对

＜:横加核对

B:与上年结转数核对一致

T:与原始凭证核对一致

G:与总分类账核对一致

S:与明细账核对一致

T/B:与试算平衡表核对一致

C:已发询证函

C＼:已收回询证函

▶ 5. 索引号及编号

通常,审计工作底稿需要注明索引号及顺序编号,相关审计工作底稿之间需要保持清晰的钩稽关系。为了汇总及便于交叉索引和复核,每个事务所都会制定特定的审计工作底稿归档流程。因此,每张表或记录都应有一个索引号,以说明其在审计工作底稿中的放置位置。在实务中,注册会计师可以按照所记录的审计工作的内容层次进行编号。例如,固定资产汇总表的编号为 C1，按类别列示的固定资产明细表的编号为 C1-1，房屋建筑物的编号为 C1-1-1，机器设备的编号为 C1-1-2，运输工具的编号为 C1-1-3，其他设备的编号为 C1-1-4。

当工作底稿中表格的信息与其他工作底稿之间存在钩稽关系时，将相关的信息进行交叉索引，例如，现金盘点表应当与列示所有现金余额的导表进行交叉索引。又如，固定资产的原值、累计折旧及净值的总额应分别与固定资产明细表的数字互相钩稽，相关的工作底稿之间就可以进行交叉索引。同样，评估的固有风险或控制风险可以与针对特定风险领域设计的相关审计程序进行交叉索引。

以下是从固定资产汇总表工作底稿（见表 6-1）及固定资产明细表工作底稿（见表 6-2）中节选的部分，可以作为相互索引的示范。

表 6-1　固定资产汇总表（工作底稿索引号：C1）（节选）

工作底稿索引号	固定资产	20×2 年 12 月 31 日	20×1 年 12 月 31 日
C1-1	原值	×××G	×××
C1-1	累计折旧	×××G	×××
	净值	×××T/B∧	×××B∧

表 6-2　固定资产明细表（工作底稿索引号：C1-1）（节选）

工作底稿索引号	固定资产	期初余额	本期增加	本期减少	期末余额
	原值				
C1-1-1	1. 房屋建筑物	×××		×××	×××S
C1-1-2	2. 机器设备	×××	×××		×××S
C1-1-3	3. 运输工具	×××			×××S
C1-1-4	4. 其他设备	×××			×××S
	小计	×××B∧	×××∧	×××∧	×××<C1∧
	累计折旧				
C1-1-1	1. 房屋建筑物	×××			×××S
C1-1-2	2. 机器设备	×××	×××		×××S
C1-1-3	3. 运输工具	×××			×××S
C1-1-4	4. 其他设备	×××			×××S
	小计	×××B∧	×××∧	×××∧	×××<C1∧
	净值	×××B∧			×××C1∧

注："∧"纵加核对相符；"<"横加核对相符。

利用计算机编制工作底稿时，可以采用电子索引和链接。随着审计工作的推进，链接表还可予以自动更新。例如，审计调整表可以链接到试算平衡表，当新的调整分录编制完后，计算机会自动更新试算平衡表，为相关调整分录插入索引号。

▶ 6. 编制人员和复核人员及执行日期

为了明确责任，在各自完成与特定工作底稿相关的任务之后，编制者和复核者都应在工作底稿上签名并注明编制日期和复核日期。在记录已实施审计程序的性质、时间安排和范围时，注册会计师应当记录：

(1) 测试的具体项目或事项的识别特征；

(2) 审计工作的执行人员及完成审计工作的日期；

(3) 审计工作的复核人员及复核的日期和范围。

在需要项目质量控制复核的情况下，还需要注明项目质量控制复核人员及复核的日期。

通常，需要在每一张审计工作底稿上注明执行审计工作的人员和复核人员、完成该项审计工作的日期以及完成复核的日期。但是，如果若干页的审计工作底稿记录同一性质的具体审计程序或事项，并且编制在同一个索引号中，此时可以仅在审计工作底稿的第一页上记录审计工作的执行人员和复核人员并注明日期。例如，应收账款函证核对表的索引号为 L3-1-1/21，相对应的询证函回函共有 20 份，每一份应收账款询证函回函索引号以 L3-1-2/21，L3-1-3/21……L3-1-21/21 表示，对于这种情况，就可以仅在应收账款函证核对表上记录审计工作的执行人员和复核人员并注明日期。

四、审计工作底稿举例（控制测试的审计抽样）

控制测试审计抽样

被审计单位：甲公司	索引号：CGL-3
项目：采购订单授权	编制：王大虎
控制编号：CGKZ-1	日期：2019/01/10
控制的性质：人工控制	复核：张小牛
财务报表截止日/期间：2018 年度	日期：2019/01/28

控制测试的时间安排：计划在 2018 年 1 月进行期末测试

控制测试的类型：检查会计记录

（一）样本设计

▶ 1. 确定测试目标

拟测试的控制：甲公司 2018 年所有采购订单按照公司要求需要经总经理李镐或其授权人汪风签字确认

测试目标：确认在本期间内该项控制的运行是有效的

相关交易和账户与认定：存货、应付账款、预付账款等账户的存在认定

初步评估的控制运行有效性：有效

初步评估的重大错报风险：低

▶ 2. 定义总体与抽样单元

总体：2018 年发生的所有采购业务

代表总体的实物：2018 年签订的所有采购订单

抽样单元：每份采购订单

▶ 3. 定义偏差

采购订单上没有总经理李镐或其授权人汪风的签字

（二）选取样本并实施审计程序

▶ 1. 确定样本规模

总体规模：500

样本规模：25

▶ 2. 选取样本

选样方法：系统选样

计算选样间距（总体规模/样本规模）：20

确定样本起点（在 1 到选样间距之间选择）：10

样本编号列表：10，30，50，70，90，110，130，150，170，190，210，230，250，270，290，…

▶ 3. 实施审计程序

工作底稿索引号：CGL-3

样本中发现控制偏差数量：1

（三）评价样本结果

▶ 1. 分析控制偏差的原因和性质

原因：总经理李镐无意中漏签

性质：偶然偏差，不构成控制重大缺陷和舞弊

▶ 2. 得出总体结论

样本结果是否支持初步风险评估结果：否

控制是否运行有效：无效

修订后的重大错报风险评估水平：中

是否需要增加样本规模：否

工作底稿索引号：CGL-3-1

是否需要增加对相关账户的实质性程序：是

工作底稿索引号：CGL-4-1

第 三 节　审计工作底稿的管理

一、审计档案

▶ 1. 审计档案定义

对每项具体审计业务，注册会计师应当将审计工作底稿归整为审计档案。审计档案，是指一个或多个文件夹或其他存储介质，以实物或电子形式存储构成某项具体业务的审计工作底稿的记录。

▶ 2. 审计档案的结构

以下是典型的审计档案结构。

（1）沟通和报告相关工作底稿。

① 审计报告和经审计的财务报表。

② 与主审注册会计师的沟通和报告。

③ 与治理层的沟通和报告。

④ 与管理层的沟通和报告。

⑤ 管理建议书。

（2）审计完成阶段工作底稿。

① 审计工作完成情况核对表。

② 管理层声明书原件。

③ 重大事项概要。

④ 错报汇总表。

⑤ 被审计单位财务报表和试算平衡表。

⑥ 有关列报的工作底稿（如现金流量表、关联方和关联交易的披露等）。

⑦ 财务报表所属期间的董事会会议纪要。

⑧ 总结会会议纪要。

（3）审计计划阶段工作底稿。

① 总体审计策略和具体审计计划。

② 对内部审计职能的评价。

③ 对外部专家的评价。

④ 对服务机构的评价。

⑤ 被审计单位提交资料清单。

⑥ 主审注册会计师的指示。

⑦ 前期审计报告和经审的财务报表。

⑧ 预备会会议纪要。

（4）特定项目审计程序表。

① 舞弊。

② 持续经营。

③ 对法律法规的考虑。

④ 关联方。

（5）进一步审计程序工作底稿。

① 有关控制测试工作底稿。

② 有关实质性程序工作底稿（包括实质性分析程序和细节测试）。

二、审计工作底稿的归档工作

▶ 1. 审计工作底稿归档工作的性质

在出具审计报告前，注册会计师应完成所有必要的审计程序，取得充分、适当的审计证据并得出适当的审计结论。因此，在审计报告日后将审计工作底稿归整为最终审计档案是一项事务性的工作，不涉及实施新的审计程序或得出新的结论。

▶ 2. 业务工作底稿的归档要求

（1）遵守及时性原则。会计师事务所在出具业务报告后，及时将工作底稿归整为最终业务档案，不仅有利于保证业务工作底稿的安全完整性，还便于使用和检索业务工作底稿。为此，会计师事务所应当制定政策和程序，以使项目组在出具业务报告后及时将工作底稿归整为最终业务档案。

（2）确定适当的归档期限。在遵循及时性原则的前提下，会计师事务所应当根据业务的具体情况，确定适当的业务工作底稿归档期限。

（3）针对客户的同一财务信息执行不同业务时的归档要求。如果针对客户的同一财务信息执行不同的委托业务，出具两个或多个不同的报告，会计师事务所应当将其视为不同的业务，根据制定的政策和程序，在规定的归档期限内分别将业务工作底稿归整为最终业务档案。

▶ 3. 归档期间对审计工作底稿的变动

在归档期间对审计工作底稿做出的变动只能是事务性的，主要包括。

（1）删除或废弃被取代的审计工作底稿。

（2）对审计工作底稿进行分类、整理和交叉索引。

（3）对审计档案归整工作的完成核对表签字认可。

（4）记录在审计报告日前获取的、与项目组相关成员进行讨论并达成一致意见的审计证据。

▶ 4. 审计工作底稿归档期限

（1）审计工作底稿的归档期限为审计报告日后 60 天内。

（2）如果注册会计师未能完成审计业务，审计工作底稿的归档期限为审计业务中止后的 60 天内。

（3）如果针对客户的同一财务信息执行不同的委托业务，出具两个或多个不同的报告，会计师事务所应当将其视为不同的业务，根据会计师事务所内部制定的政策和程序，在规定的归档期限内分别将审计工作底稿归整为最终审计档案。

三、审计工作底稿归档期后的变动

▶ **1. 需要变动审计工作底稿的情形**

一般情况下，在审计报告归档之后不需要对审计工作底稿进行修改或增加，有必要修改现有审计工作底稿或增加新的审计工作底稿的情形主要有以下两种。

（1）注册会计师已实施了必要的审计程序，取得了充分、适当的审计证据并得出了恰当的审计结论，但审计工作底稿的记录不够充分。

（2）审计报告日后，发现例外情况要求注册会计师实施新的或追加审计程序，或导致注册会计师得出新的结论。例外情况主要是指审计报告日后发现与已审计财务信息相关，且在审计报告日已经存在的事实，该事实如果被注册会计师在审计报告日前获知，可能影响审计报告。例如，注册会计师在审计报告日后才获知法院在审计报告日前已对被审计单位的诉讼、索赔事项作出最终判决结果。例外情况可能在审计报告日后发现，也可能在财务报表报出日后发现，注册会计师应当按照相关规定对例外事项实施新的或追加的审计程序。

▶ **2. 归档期后变动审计工作底稿时应当记录的内容**

在完成最终审计档案的归整工作后，如果发现有必要修改现有审计工作底稿或增加新的审计工作底稿，无论修改或增加的性质如何，注册会计师均应当记录下列事项：

（1）修改或增加审计工作底稿的理由。

（2）修改或增加审计工作底稿的时间和人员，以及复核的时间和人员。

四、审计工作底稿的保存

▶ **1. 审计工作底稿保存的基本要求**

无论审计工作底稿存在于纸质、电子还是其他介质，会计师事务所都应当针对审计工作底稿设计和实施适当的控制，以实现下列目的。

（1）使业务工作底稿清晰地显示其生成、修改及复核的时间和人员。

（2）在业务的所有阶段，尤其是在项目组成员共享信息或通过互联网将信息传递给其他人员时，保护信息的完整性。

（3）防止未经授权改动业务工作底稿。

（4）仅允许项目组和其他经授权的人员为适当履行职责而接触业务工作底稿。

▶ **2. 原纸质记录以电子形式保存的要求**

如果原纸质记录经电子扫描后存入业务档案，会计师事务所应当实施适当的控制程序，以保证：

（1）生成与原纸质记录的形式和内容完全相同的扫描复制件，包括人工签名、交叉索引和有关注释。

（2）将扫描复制件，包括必要时对扫描复制件的索引和签字，归整到业务档案中。

（3）能够检索和打印扫描复制件。

（4）会计师事务所应当保留已扫描的原纸质记录。

▶ 3. 审计工作底稿的保存期限

会计师事务所应当自审计报告日起，对审计工作底稿至少保存 10 年。如果注册会计师未能完成审计业务，会计师事务所应当自审计业务中止日起，对审计工作底稿至少保存 10 年。值得注意的是，对于连续审计的情况，当期归整的永久性档案可能包括以前年度获取的资料（有可能是 10 年以前）。这些资料虽然是在以前年度获取，但由于其作为本期档案的一部分，并作为支持审计结论的基础，因此，注册会计师对于这些对当期有效的档案，应视为当期取得并保存 10 年。如果这些资料在某一个审计期间被替换，被替换资料应当从被替换的年度起至少保存 10 年。

在完成最终审计档案的归整工作后，注册会计师不应在规定的保存期届满前删除或废弃任何性质的审计工作底稿。

五、审计工作底稿的保密

审计工作底稿的所有权属于会计师事务所。会计师事务所可自主决定是否允许客户获取审计工作底稿部分内容，或摘录部分工作底稿，但是，会计师事务所应当在确保遵守相关职业道德要求、业务准则和质量控制制度规定的前提下，考虑具体业务的特点和分析客户要求的合理性，谨慎决定是否满足客户的要求。

除特定的例外情况外，会计师事务所应当对业务工作底稿包含的信息予以保密。这些例外情况有。

（1）取得客户的授权。未经客户的许可，除下述的第 2 种和第 3 种情况外，会计师事务所及其人员不得泄露客户的信息给他人或利用客户信息谋取私利，否则将承担相应的法律后果。

（2）根据法律法规的规定，会计师事务所为法律诉讼准备文件或提供证据，以及向监管机构报告发现的违反法规行为。

（3）接受注册会计师协会和监管机构依法进行的质量检查。

练习题

下　编　审计业务流程

第七章
审 计 计 划

本章重点

1. 初步业务活动的目的和内容。

2. 总体审计策略的内容。

3. 具体审计计划的内容。

第 一 节 接受业务委托

一、业务承接的前提条件

（一）基本要求

接受与保持客户关系和具体业务是注册会计师开展业务活动的第一个环节，也是防范业务风险的重要环节。许多事实证明，会计师事务所接受一个错误的客户带来的损失会远远高于来源于这个客户的收费。由于客户原因导致的审计失败，会使得会计师事务所陷于诉讼和声誉下降，由此带来的无形损失难以估算和无法弥补。因此，会计师事务所要加强在客户承接和保持上的管理，不轻易接受不符合条件的客户。

只有当注册会计师认为符合独立性和专业胜任能力等相关职业道德要求，并且拟承接的业务符合基本的前提条件时，注册会计师才能将其作为审计业务予以承接。审计的前提条件是，管理层在编制财务报表时采用可接受的财务报告编制基础，管理层认可并理解其责任（包括对财务报表的责任和对审计业务的责任）。

（二）管理层在编制财务报表时采用可接受的财务报告编制基础

承接鉴证业务的条件之一是，管理层在编制财务报表时采用可接受的财务报告编制基础，且该编制基础能够为预期使用者获取。如果不存在可接受的财务报告编制基础，管理层就不具有编制财务报表的恰当基础，注册会计师也不具有对财务报表进行审计的适当标准。有关如何判断财务报告编制基础是否可接受的讨论，参见本书第二章第二节。

在承接审计业务后，注册会计师可能发现，适用的财务报告编制基础存在的缺陷表明该编制基础是不可接受的。在这种情况下，注册会计师应根据不同情况作不同的处理。

（1）如果法律法规未规定采用该财务报告编制基础，管理层可能决定采用另一种可接受的财务报告编制基础。在这种情况下，注册会计师可能需要调整业务约定条款的内容，并与管理层就新的审计业务约定条款达成一致意见，以反映财务报告编制基础的变更。

（2）如果法律法规规定采用该财务报告编制基础，则需要同时满足下列所有条件，注册会计师才能承接该项审计业务：

① 管理层同意在财务报表中作出额外披露，以避免财务报表产生误导。

② 在审计业务约定条款中明确，注册会计师在审计报告中增加强调事项段，以提醒使用者关注额外披露；注册会计师在对财务报表发表的审计意见中不使用"财务报表在所有重大方面按照［适用的财务报告编制基础］编制，公允反映了……"等措辞，除非法律法规另有规定。

（3）如果不具备上述条件，但相关部门要求注册会计师承接该项审计业务，注册会计师应当。

① 评价财务报表误导的性质对审计报告的影响。

② 在审计业务约定条款中适当提及该事项。

（三）管理层认可并理解其责任

管理层认可并理解其责任，这一前提对执行独立审计工作是至关重要的。管理层先承担其对财务报表的责任，注册会计师再承担对财务报表的审计责任。有关管理层责任的具体内容，参见本书第一章第二节。如果管理层或治理层不认可其责任，例如在拟议的审计业务约定条款中对审计工作的范围施加限制，以致注册会计师认为这种限制将导致其对财务报表发表无法表示意见，注册会计师不应承接该项业务，除非法律法规另有规定。

注册会计师应当要求管理层就其已履行的某些责任提供书面声明。因此，注册会计师需要获取针对管理层责任的书面声明、其他审计准则要求的书面声明，以及在必要时需要获取用于支持其他审计证据（用以支持财务报表中的一项或多项具体认定）的书面声明。注册会计师需要使管理层意识到这一点。

如果管理层不认可其责任，或不同意提供书面声明，注册会计师将不能获取充分、适当的审计证据。在这种情况下，注册会计师承接此类审计业务是不恰当的，除非法律法规另有规定。如果法律法规要求承接此类审计业务，注册会计师可能需要向管理层解释这种情况的重要性及其对审计报告的影响。

二、初步业务活动

（一）初步业务活动的含义

会计师事务所应当制定有关客户关系和具体业务接受与保持的政策和程序，以合理保证业务质量和控制业务风险,这些程序即初步业务活动。注册会计师在计划审计工作前,需要开展初步业务活动,确保审计所需要的条件都得到了满足。

有时,对潜在客户进行充分了解是非常困难的,需要投入时间和精力,并且需要较高的职业判断能力,以及高度的职业敏感性和丰富的执业经验,因此,会计师事务所应当安排较资深的人士执行此类工作。

初步业务活动的内容具体包括:评价客户诚信、考虑自身条件和考虑双方对审计业务的共识并考虑其他相关事项的影响。

(二)评价客户诚信

客户的诚信问题虽然不会必然导致财务报表产生重大错报,但绝大多数的审计问题都来源于不诚信的客户。因此,注册会计师应当评价客户诚信,确认不存在因管理层诚信问题而可能影响注册会计师保持该项业务的意愿的事项。对于不诚信的客户,应当拒绝其业务以降低业务风险。

1. 针对有关客户的诚信,会计师事务所应当考虑的主要事项

(1)客户主要股东、关键管理人员及治理层的身份和商业信誉。

(2)客户的经营性质,包括其业务。

(3)有关客户主要股东、关键管理人员及治理层对内部控制环境和会计准则等的态度的信息。

(4)客户是否过分考虑将会计师事务所的收费维持在尽可能低的水平。

(5)工作范围受到不适当限制的迹象。

(6)客户可能涉嫌洗钱或其他刑事犯罪行为的迹象。

(7)变更会计师事务所的理由。

(8)关联方的名称、特征和商业信誉。

2. 会计师事务所在评价客户诚信情况时,获取与客户诚信相关的信息的途径

(1)与为客户提供专业会计服务的现任或前任人员进行沟通,并与其他第三方讨论。这种沟通包括询问是否存在与客户意见不一致的事项及该事项的性质,客户是否有人为地、错误地影响注册会计师出具恰当的报告的情形及其证据等。

(2)询问会计师事务所其他人员或金融机构、法律顾问和客户的同行等第三方。询问可以涵盖客户管理层对于遵守法律法规要求的态度。

(3)从相关数据库中搜索客户的背景信息。例如,通过客户的年报、中期财务报表、向监管机构提交的报告等,获取相关信息。

(4)如果通过上述途径无法充分获取与客户相关的信息,或这些信息可能显示客户不够诚信,会计师事务所应当评估其对业务风险的影响。如认为必要,会计师事务所可以考虑利用调查机构对客户的经营情况、管理人员及其他有问题的人员进行背景检查,并评价获取的与客户诚信相关的信息。

会计师事务所对客户诚信的了解程度,通常随着与该客户关系的持续发展而增加。

(三)考虑自身条件

自身条件包括会计师事务所执行业务的必要素质、专业胜任能力、时间和资源,以及

能否遵守相关职业道德要求。会计师事务所在接受新业务前，必须评价自身的执业能力和独立性，不得承接不能胜任和无法完成的业务，也不得承接独立性存在严重缺陷的业务。

在确定是否具有接受新业务所需的必要素质、专业胜任能力、时间和资源时，需要分别从会计师事务所的条件和项目组成员的能力两个方面加以考虑。

▶ 1. 事务所的条件

会计师事务所应当考虑下列事项，以评价新业务的特定要求和所有相关级别的现有人员的基本情况：

① 会计师事务所是否拥有足够的具有必要素质和专业胜任能力的人员完成审计业务；

② 在需要时，能否得到专家的帮助；

③ 如果需要项目质量控制复核，是否具备（或者能够聘请到）符合标准和资格要求的项目质量控制复核人员；

④ 会计师事务所能否在提交报告的最后期限内完成业务。

▶ 2. 项目组成员的能力

在确定项目组成员是否具备对特定业务的胜任能力时，项目合伙人需要考虑下列事项：

① 对业务对象和相关行业（适用时）的了解；

② 对适用于该业务的职业准则、法律法规、相关监管要求或报告要求的了解；

③ 会计、审计知识和行业知识，以及运用职业判断的能力；

④ 对会计师事务所质量控制制度的了解。

▶ 3. 考虑能否遵守相关职业道德要求

在确定是否接受或保持某项业务，或者某一特定人员能否作为审计项目组成员时，会计师事务所应当识别和评价各种对独立性的不利影响。

如果不利影响超出可接受的水平，在确定是否接受某项业务或某一特定人员能否作为审计项目组成员时，会计师事务所应当确定能否采取防范措施以消除不利影响或将其降低至可接受的水平。

如果无法采取适当的防范措施消除不利影响或将其降低至可接受的水平，注册会计师应当消除产生不利影响的情形，或者拒绝接受审计业务委托或终止审计业务。

（四）考虑双方对审计业务的共识

在接受新客户的业务前，或决定是否保持现有业务或考虑接受现有客户的新业务时，注册会计师应当确保与被审计单位之间不存在对业务约定条款的误解，也就是就审计业务约定条款与被审计单位达成一致意见。

（五）考虑其他事项的影响

▶ 1. 考虑本期或以前业务执行过程中发现的重大事项的影响

在确定是否保持客户关系时，会计师事务所应当考虑在本期或以前业务执行过程中发现的重大事项，及其对保持客户关系可能造成的影响。如果在本期或以前业务执行过程中发现客户守法经营意识淡薄或内部控制环境恶劣，或者对业务范围施加重大限制，或者存在其他严重影响业务执行的情形等，会计师事务所应当考虑其对保持客户关系可能造成的影响。必要时，可以考虑终止该客户关系。

▶ 2. 考虑接受业务后获知重要信息的影响

会计师事务所在接受业务后可能获知了某项信息，而该信息若在接受业务前获知，可能导致会计师事务所拒绝该项业务。在这种情况下，事务所应考虑以下内容。

（1）相关的职业责任和法律责任，包括是否要求会计师事务所向委托人报告或在某些情况下向监管机构报告。

（2）解除业务约定或同时解除该项业务约定和客户关系的可能性。

▶ 3. 解除业务约定或客户关系时的考虑

会计师事务所针对解除业务约定或同时解除业务约定及客户关系时，制定的政策和程序应当包括下列要求。

（1）与客户适当级别的管理层和治理层讨论会计师事务所根据有关事实和情况可能采取的适当行动。

（2）如果确定解除业务约定或同时解除业务约定及其客户关系是适当的，会计师事务所应当就解除的情况及原因，与客户适当级别的管理层和治理层讨论。

（3）考虑是否存在职业准则或法律法规的规定，要求会计师事务所保持现有的客户关系，或向监管机构报告解除的情况及原因。

（4）记录重大事项及其咨询情况、咨询结论和得出结论的依据。

在接受新客户的业务前，或决定是否保持现有业务或考虑接受现有客户的新业务时，会计师事务所应当根据具体情况获取上述信息。如果识别出存在问题，会计师事务所确定接受该业务是否适当；当识别出问题而又决定接受或保持客户关系或具体业务时，会计师事务所应当记录这些问题如何解决。

三、审计业务约定书

审计业务约定书是指会计师事务所与被审计单位签订的，用以记录和确认审计业务的委托与受托关系、审计目标和范围、双方的责任以及报告的格式等事项的书面协议。形成书面的业务约定书，有助于将对业务的性质、范围和局限性产生误解的风险降至最低。会计师事务所承接任何审计业务，都应与被审计单位签订审计业务约定书。

（一）审计业务约定书的作用

签订审计业务约定书的目的是明确委托人与受托人的责任与义务，敦促双方遵守约定事项并加强合作，以保护会计师事务所和被审计单位双方的利益。在独立审计实务中，签订审计业务约定书具有以下几方面作用。

（1）增进了解，加强合作。为了签订审计业务约定书会计师事务所与委托人和被审计单位之间必然要就业务本身的情况进行谈判，也必然涉及相互讨论各自所处的环境和应当承担的责任。一方面，会计师事务所要对委托目的、被审计单位基本概况等方面进行全面了解才能确定自己需要完成的工作；另一方面，被审计单位也要对审计目的、审计范围、审计依据、审计责任等进行了解。因此，签订审计业务约定书的过程，就是业务双方相互了解的过程，有利于加强双方的合作。在审计工作开始前，注册会计师向被审计单位致送审计业务约定书，有助于避免管理层对审计产生误解。

（2）明确义务，划分责任。审计约定书应对双方的责任和义务做出明确的规定，以求尽可能减少双方的误解，减少审计业务中涉及处理事项的互相推诿现象。如果出现法律诉讼，审计业务约定书是确定会计师事务所和委托人双方应负责任的重要依据。

（3）为检查业绩提供依据。利用审计业务约定书可以鉴定审计业务的完成情况，也可以用于检查双方义务的履行情况。

（二）审计业务约定书的基本内容

审计业务约定书的具体内容和格式可能因被审计单位的不同而不同，但应当包括以下主要内容。

（1）财务报表审计的目标与范围。

（2）注册会计师的责任。

（3）管理层的责任。

（4）指出用于编制财务报表所适用的财务报告编制基础。

（5）提及注册会计师拟出具的审计报告的预期形式和内容，以及对在特定情况下出具的审计报告可能不同于预期形式和内容的说明。

（三）审计业务约定书的特殊考虑

▶ 1. 考虑特定需要

如果情况需要，注册会计师还应当考虑在审计业务约定书中列明下列内容。

（1）详细说明审计工作的范围，包括提及适用的法律法规、审计准则，以及注册会计师协会发布的职业道德守则和其他公告。

（2）对审计业务结果的其他沟通形式。

（3）关于注册会计师按照规定在审计报告中沟通关键审计事项的要求。

（4）说明由于审计和内部控制的固有限制，即使审计工作按照审计准则的规定得到恰当的计划和执行，仍不可避免地存在某些重大错报未被发现的风险。

（5）计划和执行审计工作的安排，包括审计项目组的构成。

（6）管理层确认将提供书面声明。

（7）管理层同意向注册会计师及时提供财务报表草稿和其他所有附带信息，使注册会计师能够按照预定的时间表完成审计工作。

（8）管理层同意告知注册会计师在审计报告日至财务报表报出日之间注意到的可能影响财务报表的事实。

（9）收费的计算基础和收费安排。

（10）管理层确认收到审计业务约定书并同意其中的条款。

（11）在某些方面对利用其他注册会计师和专家工作的安排。

（12）对审计涉及的内部审计人员和被审计单位其他员工工作的安排。

（13）在首次审计的情况下，与前任注册会计师（如存在）沟通的安排。

（14）说明对注册会计师责任可能存在的限制。

（15）注册会计师与被审计单位之间需要达成进一步协议的事项。

（16）向其他机构或人员提供审计工作底稿的义务。

▶ **2. 组成部分的审计**

如果母公司的注册会计师同时也是组成部分注册会计师，需要考虑下列因素，决定是否向组成部分单独致送审计业务约定书。

（1）组成部分注册会计师的委托人。

（2）是否对组成部分单独出具审计报告。

（3）与审计委托相关的法律法规的规定。

（4）母公司占组成部分的所有权份额。

（5）组成部分管理层相对于母公司的独立程度。

▶ **3. 连续审计**

对于连续审计，注册会计师应当根据具体情况评估是否需要对审计业务约定条款做出修改，以及是否需要提醒被审计单位注意现有的条款。

如果审计业务条款不需要修改，则注册会计师可以决定不在每期都致送新的审计业务约定书或其他书面协议。然而，下列因素可能导致注册会计师修改审计业务约定条款或提醒被审计单位注意现有业务约定条款。

（1）有迹象表明被审计单位误解审计目标和范围。

（2）需要修改约定条款或增加特别条款。

（3）被审计单位高级管理人员近期发生变动。

（4）被审计单位所有权发生重大变动。

（5）被审计单位业务的性质或规模发生重大变化。

（6）法律法规的规定发生变化。

（7）编制财务报表采用的财务报告编制基础发生变更。

（8）其他报告要求发生变化。

四、审计业务变更

（一）审计业务内容的变更

▶ **1. 导致被审计单位变更业务的情形**

下列原因可能导致被审计单位要求变更业务。

（1）环境变化对审计服务的需求产生影响。

（2）对原来要求的审计业务的性质存在误解。

（3）无论是管理层施加的还是其他情况引起的审计范围受到限制。

上述第（1）项和第（2）项通常被认为是变更业务的合理理由，但如果有迹象表明该变更要求与错误的、不完整的或者不能令人满意的信息有关，则不应认为该变更是合理的。例如，如果注册会计师不能就应收款项获取充分、适当的审计证据，而被审计单位要求将审计业务变更为审阅业务，以避免注册会计师发表保留意见或无法表示意见，则该变更是不合理的。

▶ **2. 审计业务内容变更的处理**

如果被审计单位或委托人在完成审计业务前要求变更审计业务的内容，使得业务的保证程度降低的业务，注册会计师应当确定是否存在合理理由予以变更。如果没有合理的理由，注册会计师不应同意变更业务。

如果注册会计师不同意变更审计业务约定条款，而管理层又不允许继续执行原审计业务，注册会计师应当。

(1) 在适用的法律法规允许的情况下，解除审计业务约定。

(2) 确定是否有约定义务或其他义务向治理层、所有者或监管机构等报告该事项。

（二）变更为审阅业务或相关服务业务的要求

在同意将审计业务变更为审阅业务或相关服务业务前，接受委托按照审计准则执行审计工作的注册会计师，除考虑在前述（一）中提及的事项外，还需要评估变更业务对法律责任或业务约定的影响；

如果注册会计师认为将审计业务变更为审阅业务或相关服务业务具有合理理由，截至变更日已执行的审计工作可能与变更后的业务相关，相应地，注册会计师需要执行的工作和出具的报告会适用于变更后的业务。

为避免引起报告使用者的误解，对相关服务业务出具的报告不应提及原审计业务和在原审计业务中已执行的程序，因为审计活动与相关服务的要求可能不一致。只有将审计业务变更为执行商定程序业务，注册会计师才可在报告中提及已执行的程序，因为商定程序本身可能涉及对相关项目的审计活动。

五、项目组成员的委派

会计师事务所承接的每项业务都是委派给项目组具体办理的。委派项目组是否得当，直接关系到业务完成的质量。审计项目组成员，包括项目合伙人与项目组其他成员。

▶ **1. 项目合伙人的委派**

事务所应当对每项业务委派至少一名项目合伙人，并且明确以下要求。

(1) 将项目合伙人的身份和作用告知客户管理层和治理层的关键成员。

(2) 明确要求项目合伙人具有履行职责所必要的素质、专业胜任能力、权限和时间。

(3) 清楚界定项目合伙人的职责，并告知该项目合伙人。

(4) 监控项目合伙人连续服务同一客户的期限及胜任情况。

(5) 监控项目合伙人的工作负荷及可供调配的项目合伙人数量，确认项目合伙人有足够的时间履行其职责。

对于高风险的审计项目，会计师事务所可以规定委派具有丰富经验的审计人员担任第二项目合伙人或质量控制复核负责人以加强风险控制。

▶ 2. 项目组其他成员的委派

会计师事务所应委派具有必要素质、专业胜任能力和时间的员工。委派项目组成员时应考虑：

（1）业务类型、规模、重要程度、复杂性和风险。

（2）需要具备的经验、专业知识和技能。

（3）对人员的需求，以及在需要时能否获得具备相应素质的人员。

（4）拟执行工作的时间。

（5）人员的连续性和轮换要求。

（6）在职培训的机会。

（7）需要考虑独立性和客观性的情形。

对于复杂或规模大、风险高的项目，会计师事务所应当保证其有足够的人员执行业务。

第二节 计划审计工作

一、计划审计工作概述

计划审计工作是指注册会计师为了完成各项实际业务，达到预期的审计目标，在执行具体审计程序之前进行的计划工作。

审计计划分为总体审计策略和具体审计计划两个层次。图 7-1 列示了计划审计工作的两个层次。值得注意的是，虽然制定总体审计策略的过程通常在具体审计计划之前，但是两项计划具有内在紧密联系，对其中一项的决定可能会影响甚至改变对另外一项的决定。例如，注册会计师在了解被审计单位及其环境的过程中，注意到被审计单位对主要业务的处理依赖复杂的自动化信息系统，因此计算机信息系统的可靠性及有效性对其经营、管理、决策以及编制可靠的财务报告具有重大影响。对此，注册会计师可能会在具体审计计划中制定相应的审计程序，并相应调整总体审计策略的内容，做出利用信息风险管理专家的工作的决定，如图 7-1 所示。

计划审计工作不是审计业务的一个孤立阶段，而是一个持续的、不断修正的过程，贯穿于整个审计过程的始终。随着审计过程的展开，可能需要不断修订。

二、总体审计策略

（一）制定总体审计策略的基本内容

注册会计师制定总体审计策略的目的是用以确定审计工作的范围、时间安排和方向，并指导具体审计计划的制订。注册会计师在制定总体审计策略时，应当考虑以下主要

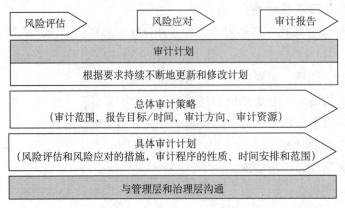

图 7-1   审计计划的两个层次

事项。

(1) 确定审计范围，即审计业务涉及的工作范围。

(2) 审计报告目标、时间安排及所需沟通的性质。

(3) 确定审计方向，即审计业务主要针对的对象，包括初步识别可能存在较高的重大错报风险的领域和重要的组成部分和账户余额，评价是否需要针对内部控制的有效性获取审计证据，识别被审计单位、所处行业、财务报告要求及其他相关方面最近发生的重大变化等。

(4) 所需要的审计资源。

(二) 确定审计工作的范围需要考虑的事项

(1) 编制拟审计的财务信息所依据的财务报告编制基础。

(2) 特定行业的报告要求，如某些行业监管机构要求提交的报告。

(3) 审计业务约定的审计工作涵盖的范围，包括应涵盖的组成部分的数量及所在地点。

(4) 母公司和集团组成部分之间存在的控制关系的性质，以确定如何编制合并财务报表。

(5) 由组成部分注册会计师审计组成部分的范围。

(6) 拟审计的经营分部的性质，包括是否需要具备专门知识。

(7) 外币折算，包括外币交易的会计处理、外币财务报表的折算和相关信息的披露。

(8) 除为合并目的执行的审计工作之外，对个别财务报表进行法定审计的需求。

(9) 内部审计工作的可获得性及注册会计师拟信赖内部审计工作的程度。

(10) 被审计单位使用服务机构的情况，及注册会计师如何取得有关服务机构内部控制设计和运行有效性的证据。

(11) 对利用在以前审计工作中获取的审计证据(如获取的与风险评估程序和控制测试相关的审计证据)的预期。

(12) 信息技术对审计程序的影响，包括数据的可获得性和对使用计算机辅助审计技术的预期。

（13）协调审计工作与中期财务信息审阅的预期涵盖范围和时间安排，以及中期审阅所获取的信息对审计工作的影响。

（14）与被审计单位人员的时间协调和相关数据的可获得性。

（三）确定审计工作的时间安排及所需沟通的性质

（1）被审计单位对外报告的时间表，包括中间阶段和最终阶段。

（2）与管理层和治理层举行会谈和讨论的时间安排（讨论的内容包括审计工作的内容及其预期进展、拟出具的审计报告、管理建议书和向治理层通报的其他事项）。

（3）项目组成员之间沟通的预期的性质和时间安排，包括项目组会议的性质和时间安排，以及复核已执行工作的时间安排。

（4）与组成部分注册会计师沟通的时间安排，沟通的内容包括拟出具的报告的类型和与组成部分审计相关的其他事项。

（5）预期是否需要和第三方进行其他沟通，包括与审计相关的法定或约定的报告责任。

（四）确定审计方向需要考虑的事项

▶ **1. 重要的审计领域**

性质重要或者余额超过实际执行的重要性水平，确定重要审计领域时需要考虑的问题包括。

（1）为计划目的确定重要性。

（2）为组成部分确定重要性且与组成部分的注册会计师沟通。

（3）在审计过程中重新考虑重要性。

（4）识别重要的组成部分和账户余额。

▶ **2. 重大错报风险较高的审计领域**

（1）应收账款存在认定。

（2）应收账款计价和分摊认定。

（3）营业收入发生认定。

（4）资产减值损失完整性认定。

（5）存货存在认定、计价和分摊认定等。

▶ **3. 主要方向的工作安排**

（1）更多的指导、监督和复核。

（2）项目组人员的选择（在必要时包括项目质量控制复核人员）和工作分工，包括向重大错报风险较高的审计领域分派具备适当经验的人员。

（3）项目预算，包括考虑为重大错报风险较高的审计领域分配适当的工作时间。

（4）向项目组成员强调在收集和评价审计证据过程中保持职业怀疑的必要性。

▶ **4. 需要考虑的其他问题**

（1）以往审计中对内部控制运行有效性评价的结果，包括所识别的控制缺陷的性质及应对措施。

（2）管理层重视设计和实施健全的内部控制的相关证据，包括这些内部控制得以适当记录的证据。

（3）业务交易量规模，以基于审计效率的考虑确定是否依赖内部控制。

（4）影响被审计单位经营的重大发展变化，包括信息技术和业务流程的变化，关键管理人员变化，以及收购、兼并和分立。

（5）重大的行业发展情况，如行业法规变化和新的报告规定。

（6）会计准则及会计制度的变化。

（7）其他重大变化，如影响被审计单位的法律环境的变化。

（五）对审计资源的考虑

（1）向具体审计领域调配的资源，包括向高风险领域分派有适当经验的项目组成员，就复杂的问题利用专家工作等。

（2）向具体审计领域分配资源的多少，包括分派到重要地点监盘存货的项目组成员的人数，在集团审计中复核组成部分注册会计师工作的范围，向高风险领域分配的审计时间预算等。

（3）何时调配这些资源，包括是在期中审计阶段还是在关键的截止日期调配资源等。

（4）如何管理、指导、监督这些资源，包括预期何时召开项目组预备会和总结会，预期项目合伙人和经理如何进行复核，是否需要实施项目质量控制复核等。

三、具体审计计划

（一）制订具体审计计划的目的

具体审计计划比总体审计策略更加详细，其内容包括为获取充分、适当的审计证据以将审计风险降至可接受的低水平，项目组成员拟实施的审计程序的性质、时间和范围。具体审计计划应当包括风险评估程序、计划实施的进一步审计程序和其他审计程序。

（二）具体审计计划的内容

具体审计计划包括以下三大部分。

▶ 1. 风险评估

风险评估是为了识别和评估财务报表重大错报风险，注册会计师计划实施的风险评估程序的性质、时间安排和范围。

▶ 2. 风险应对

风险应对是指针对评估的认定层次的重大错报风险，注册会计师计划实施的进一步审计程序的性质、时间安排和范围。进一步审计程序包括控制测试和实质性程序。

通常，注册会计师计划的进一步审计程序可以分为进一步审计程序的总体方案和拟实施的具体审计程序（包括进一步审计程序的具体性质、时间安排和范围）两个层次。

进一步审计程序的总体方案主要是指注册会计师针对各类交易、账户余额和披露决定采用的总体方案，包括实质性方案或综合性方案。实质性方案是指注册会计师实施的进一步审计程序以实质性程序为主；综合性方案是指注册会计师在实施进一步审计程序时，将控制测试与实质性程序结合使用。无论选用实质性方案还是综合性方案，都应当对所有重大类别的交易、账户余额披露设计和实施实质性程序。

具体审计程序是对进一步审计程序的总体方案的延伸和细化，它通常包括控制测试和实质性程序的性质、时间安排和范围。在实务中，注册会计师通常单独制定一套包括这些具体程序的"进一步审计程序表"，待具体实施审计程序时，注册会计师将基于所计划的具体审计程序，进一步记录所实施的审计程序及结果，并最终形成有关进一步审计程序的审计工作底稿。

另外，完整、详细的进一步审计程序的计划包括对各类交易、账户余额和披露实施的具体审计程序的性质、时间安排和范围，包括抽取的样本量等。在实务中，注册会计师可以统筹安排进一步审计程序的先后顺序，如果对某类交易、账户余额或披露已经做出计划，则可以安排先行开展工作，与此同时再制定其他交易、账户余额和披露的进一步审计程序。

▶ 3. 对财务报表项目之外的特殊事项实施的其他审计程序

计划的其他审计程序可以包括上述进一步程序的计划中没有涵盖的、根据其他审计准则的要求注册会计师应当执行的既定程序。其他审计程序可以包括根据其他审计准则的要求而应当执行的既定程序。如：

① 针对舞弊的考虑而实施的审计程序。

② 为证实持续经营假设合理性而实施的审计程序。

③ 针对法律法规的考虑而实施的审计程序。

④ 针对关联方及其交易实施的审计程序。

⑤ 针对环境事项、电子商务等实施的审计程序。

由于被审计单位所处行业、环境各不相同，特别项目可能也有所不同，注册会计师应根据被审计单位的具体情况确定特定项目并执行相应的审计程序。

四、与被审计单位治理层沟通审计计划

（一）沟通的作用

就计划的审计范围和时间与被审计单位治理层进行沟通可以：

（1）帮助注册会计师向治理层获取与审计相关的信息，例如，治理层可以帮助注册会计师了解被审计单位及其环境，或者提供有关具体交易或事项的信息。

（2）帮助治理层更好地了解注册会计师的工作过程和工作结果，从而建立建设性的合作关系。例如，治理层与注册会计师讨论风险问题和重要性的概念，以及识别可能需要注册会计师追加审计程序的领域。

（二）沟通的事项

▶ 1. 沟通的主要事项

在与治理层就计划的审计范围和时间安排进行沟通时，尤其是在治理层部分或全部成员参与管理被审计单位的情况下，注册会计师需要保持职业谨慎，避免损害审计的有效

性。例如，沟通具体审计程序的性质和时间安排，可以因这些程序易于被预见而降低其有效性。沟通的事项可能包括：

(1) 注册会计师拟如何应对由于舞弊或错误导致的特别风险；

(2) 注册会计师对相关内部控制采取的方案；

(3) 在审计中对重要性概念的运用(注意不是重要性水平或界限)。

▶ 2. 沟通的其他事项

(1) 如果被审计单位设有内部审计，注册会计师拟利用内部审计工作的程度，以及注册会计师和内部审计人员如何以建设性和互补的方式更好地协调和配合工作。

(2) 治理层对下列问题的看法。

① 与被审计单位治理结构中的哪些适当人员沟通。

② 治理层和管理层之间的责任分配。

③ 被审计单位的目标和战略，以及可能导致重大错报的相关经营风险。

④ 治理层认为审计过程中需要特别关注的事项，以及治理层要求注册会计师追加审计程序的领域。

⑤ 与监管机构的重要沟通。

⑥ 治理层认为可能会影响财务报表审计的其他事项。

(3) 治理层对下列问题的态度、认识和措施。

① 被审计单位的内部控制及其在被审计单位中的重要性，包括治理层如何监督内部控制的有效性。

② 舞弊发生的可能性或如何发现舞弊。

(4) 治理层应对会计准则、公司治理实务、交易所上市规则和相关事项变化的措施。

(5) 治理层对以前与注册会计师沟通做出的反应。

尽管与治理层的沟通可以帮助注册会计师计划审计的范围和时间安排，但并不改变注册会计师独自承担制定总体审计策略和具体审计计划(包括获取充分、适当的审计证据所需程序的性质、时间安排和范围)的责任。

五、审计过程中对审计计划的更改

由于未预期事项、条件的变化或在实施审计程序中获取的审计证据等原因，在审计过程中，注册会计师应当在必要时对总体审计策略和具体审计计划做出更新和修改。

审计过程可以分为不同阶段，通常前面阶段的工作结果会对后面阶段的工作计划产生一定的影响，而后面阶段的工作过程中又可能发现需要对已制订的相关计划进行相应的更新和修改。这些更新和修改通常涉及比较重要的事项。例如，对重要性水平的修改，对某类交易、账户余额和披露的重大错报风险的评估和进一步审计程序(包括总体方案和拟实施的具体审计程序)的更新和修改等。一旦计划被更新和修改，审计工作也需要进行相应的修正。

例如，如果在制订审计计划时，注册会计师基于对材料采购交易的相关控制的设计和执行获取的审计证据，认为相关控制设计合理并得以执行，因此未将其评价为高风险领域并且计划执行控制测试。但是在执行控制测试时获得的审计证据与审计计划阶段获得的审计证据相矛盾，注册会计师认为该类交易的控制没有得到有效执行，此时，注册会计师可能需要修正对该类交易的风险评估，并基于修正的评估风险修改计划的审计方案，如采用实质性方案。

 练习题

附7.1 审计业务约定书参考格式

审计业务约定书

甲方：ABC 股份有限公司

乙方：××会计师事务所

兹由甲方委托乙方对 20×1 年度财务报表进行审计，经双方协商，达成以下约定：

一、审计的目标和范围

1. 乙方接受甲方委托，对甲方按照企业会计准则编制的 20×1 年 12 月 31 日的资产负债表，20×1 年度的利润表、现金流量表、所有者权益（或股东权益）变动表以及相关财务报表附注（以下统称财务报表）进行审计。

2. 乙方审计工作的目标是对财务报表整体是否不存在由于舞弊或错误导致的重大错报获取合理保证，并出具包含审计意见的审计报告。合理保证是高水平的保证，但并不能保证按照审计准则执行的审计在某一重大错报存在时总能发现。错报可能由于舞弊或错误导致，如果合理预期错报单独或汇总起来可能影响财务报表使用者依据财务报表作出的经济决策，则通常认为错报是重大的。

3. 乙方通过执行审计工作，对财务报表的下列方面发表审计意见：（1）财务报表是否在所有重大方面按照企业会计准则的规定编制；（2）财务报表是否在所有重大方面公允反映了甲方 20×1 年 12 月 31 日的财务状况以及 20×1 年度的经营成果和现金流量。

二、甲方的责任

1. 根据《中华人民共和国会计法》及《企业财务会计报告条例》，甲方及甲方负责人有责任保证会计资料的真实性和完整性。因此，甲方管理层有责任妥善保存和提供会计记录（包括但不限于会计凭证、会计账簿及其他会计资料），这些记录必须真实、完整地反映甲方的财务状况、经营成果和现金流量。

2. 按照企业会计准则的规定编制和公允列报财务报表是甲方管理层的责任，这种责

任包括：（1）按照企业会计准则的规定编制财务报表，并使其实现公允反映；（2）设计、执行和维护必要的内部控制，以使财务报表不存在由于舞弊或错误导致的重大错报。

3. 在编制财务报表时，甲方管理层负责评估甲方的持续经营能力，必要时披露与持续经营相关的事项，并运用持续经营假设，除非管理层计划清算、终止运营或别无其他现实的选择。甲方治理层负责监督甲方的财务报告过程。

4. 及时为乙方的审计工作提供与审计有关的所有记录、文件和所需的其他的信息（在20×2年×月×日之前提供审计所需的全部资料，如果在审计过程中需要补充资料，亦应及时提供），并保证所提供资料的真实性和完整性。

5. 确保乙方不受限制地接触其认为必要的甲方内部人员和其他相关人员。

[下段适用于集团财务报表审计业务，使用时需根据客户/约定项目的特定情况修改，如果加入此段，应相应修改本约定书第一项关于业务范围的表述，并调整下面其他条款的编号。]

[备注：为满足乙方对甲方合并财务报表发表审计意见的需要，甲方须确保：

乙方和对组成部分财务信息执行相关工作的组成部分注册会计师之间的沟通不受任何限制。

乙方及时获悉组成部分注册会计师与组成部分治理层和管理层之间的重要沟通（包括就值得关注的内部控制缺陷进行的沟通）。

乙方及时获悉组成部分治理层和管理层与监管机构就与财务信息有关的事项进行的重要沟通。

在乙方认为必要时，允许乙方接触组成部分的信息、组成部分管理层或组成部分注册会计师（包括组成部分注册会计师的工作底稿），并允许乙方对组成部分的财务信息执行相关工作。]

6. 甲方管理层对其作出的与审计有关的声明予以书面确认。

7. 为乙方派出的有关工作人员提供必要的工作条件和协助，乙方将于外勤工作开始前提供主要事项清单。

8. 按照本约定书的约定及时足额支付审计费用以及乙方人员在审计期间的交通、食宿和其他相关费用。

9. 乙方的审计不能减轻甲方及甲方管理层的责任。

三、乙方的责任

1. 乙方按照中国注册会计师审计准则（以下简称审计准则）的规定执行审计工作。审计准则要求注册会计师遵守中国注册会计师职业道德守则。在执行审计的过程中，乙方需要运用职业判断，保持职业怀疑。

2. 乙方识别和评估由于舞弊或错误导致的财务报表重大错报风险，设计和实施审计程序以应对这些风险，并获取充分、适当的审计证据，作为发表审计意见的基础。由于舞弊可能涉及串通、伪造、故意遗漏、虚假陈述或凌驾于内部控制之上，未能发现由于舞弊导致的重大错报的风险高于未能发现由于错误导致的重大错报的风险。

3. 乙方了解与审计相关的内部控制，以设计恰当的审计程序，但目的并非对内部控制的有效性发表意见。

〔如果注册会计师结合财务报表审计对内部控制的有效性发表意见，应当删除"但目的并非对内部控制的有效性发表意见"的措辞。〕

4. 乙方评价管理层选用会计政策的恰当性和作出会计估计及相关披露的合理性。

5. 乙方对甲方管理层使用持续经营假设的恰当性得出结论。同时，根据获取的审计证据，可能导致对甲方持续经营能力产生重大疑虑的事项或情况是否存在重大不确定性得出结论。如果乙方得出结论认为存在重大不确定性，应当在审计报告中提请报表使用者注意财务报表中的相关披露；如果披露不充分，乙方应当发表非无保留意见。乙方的结论基于截至审计报告日可获得的信息。然而，未来的事项或情况可能导致甲方不能持续经营。

6. 乙方评价财务报表的总体列报、结构和内容（包括披露），并评价财务报表是否公允反映相关交易和事项。

〔下段适用于集团财务报表审计业务，使用时需根据客户/约定项目的特定情况修改，如果加入此段，应相应修改本约定书第一项关于业务范围的表述，并调整下面其他条款的编号。〕

〔7. 对不由乙方执行相关工作的组成部分财务信息，乙方不单独出具报告；有关的责任由对该组成部分执行相关工作的组成部分注册会计师及其所在的会计师事务所承担。〕

7. 乙方从与甲方治理层沟通过的事项中，确定对本期财务报表审计最为重要的事项（关键审计事项），并在审计报告中描述这些事项（如适用）。这些事项的应对以对财务报表整体进行审计并形成审计意见为背景，乙方不对这些事项单独发表意见。

8. 在审计过程中，乙方若发现甲方存在乙方认为值得关注的内部控制缺陷，应以书面形式向甲方治理层或管理层通报。但乙方通报的各种事项，并不代表已全面说明所有可能存在的缺陷或已提出所有可行的改进建议。甲方在实施乙方提出的改进建议前应全面评估其影响。未经乙方书面许可，甲方不得向任何第三方提供乙方出具的沟通文件，除非法律法规另有要求。

9. 由于审计和内部控制的固有限制，即使按照审计准则的规定适当地计划和执行审计工作，仍无法避免财务报表的某些重大错报可能未被乙方发现的风险。

10. 按照约定时间完成审计工作，出具审计报告。乙方应于20××年×月×日前出具审计报告。

11. 除下列情况外，乙方应当对执行业务过程中知悉的甲方信息予以保密：（1）法律法规允许披露，并取得甲方的授权；（2）根据法律法规的要求，为法律诉讼、仲裁准备文件或提供证据，以及向监管机构报告发现的违法行为；（3）在法律法规允许的情况下，在法律诉讼、仲裁中维护自己的合法权益；（4）接受注册会计师协会或监管机构的执业质量检查，答复其询问和调查；（5）法律法规、执业准则和职业道德规范规定的其他情形。

四、审计收费

1. 本次审计服务的收费是以乙方各级别工作人员在本次工作中所耗费的时间为基础

计算的。乙方预计本次审计服务的费用总额为人民币×万元。

2. 甲方应于本约定书签署之日起×日内支付×%的审计费用，其余款项于[审计报告草稿完成日]结清。

3. 如果由于无法预见的原因，致使乙方从事本约定书所涉及的审计服务实际时间较本约定书签订时预计的时间有明显增加或减少时，甲乙双方应通过协商，相应调整本部分第1段所述的审计费用。

4. 如果由于无法预见的原因，致使乙方人员抵达甲方的工作现场后，本约定书所涉及的审计服务中止，甲方不得要求退还预付的审计费用；如上述情况发生于乙方人员完成现场审计工作，并离开甲方的工作现场之后，甲方应另行向乙方支付人民币×元的补偿费，该补偿费应于甲方收到乙方的收款通知之日起×日内支付。

5. 与本次审计有关的其他费用（包括交通费、食宿费等）由甲方承担。

五、审计报告和审计报告的使用

1. 乙方按照中国注册会计师审计准则规定的格式和类型出具审计报告。

2. 乙方向甲方致送审计报告一式×份。

3. 甲方在提交或对外公布乙方出具的审计报告及其后附的已审计财务报表时，不得对其进行修改。当甲方认为有必要修改会计数据、报表附注和所作的说明时，应当事先通知乙方，乙方将考虑有关的修改对审计报告的影响，必要时，将重新出具审计报告。

六、本约定书的有效期间

本约定书自签署之日起生效，并在双方履行完毕本约定书约定的所有义务后终止。但其中第三项第11段、第四、第五、第七、第八、第九、第十项并不因本约定书终止而失效。

七、约定事项的变更

如果出现不可预见的情况，影响审计工作如期完成，或需要提前出具审计报告，甲、乙双方均可要求变更约定事项，但应及时通知对方，并由双方协商解决。

八、终止条款

1. 如果根据乙方的职业道德及其他有关专业职责、适用的法律法规或其他任何法定的要求，乙方认为已不适宜继续为甲方提供本约定书约定的审计服务，乙方可以采取向甲方提出合理通知的方式终止履行本约定书。

2. 在本约定书终止的情况下，乙方有权就其于终止之日前对约定的审计服务项目所做的工作收取合理的费用。

九、违约责任

甲、乙双方按照《中华人民共和国合同法》的规定承担违约责任。

十、适用法律和争议解决

本约定书的所有方面均应适用中华人民共和国法律进行解释并受其约束。本约定书履行地为乙方出具审计报告所在地，因本约定书引起的或与本约定书有关的任何纠纷或争议（包括关于本约定书条款的存在、效力或终止，或无效之后果），双方协商确定采取以下第____种方式予以解决：

（1）向有管辖权的人民法院提起诉讼；

（2）提交×仲裁委员会仲裁。

十一、双方对其他有关事项的约定

本约定书一式两份，甲、乙双方各执一份，具有同等法律效力。

甲方　ABC 股份有限公司（盖章）　　　　　　乙方　××会计师事务所（盖章）
　　　授权代表：（签名并盖章）　　　　　　　　　授权代表：（签名并盖章）
　　　20××年×月×日　　　　　　　　　　　　20××年×月×日

第八章
了解被审计单位及其环境

本章重点

1. 被审计单位的外部环境、经营环境及财务环境的内容及其对财务报表的影响。
2. 内部控制的含义和要素。
3. 内部控制对财务报表的影响。

第 一 节　了解被审计单位及其环境的基本框架

一、了解被审计单位及其环境的作用

了解被审计单位及其环境为风险识别和评估提供了基础和前提,注册会计师应当在了解被审计单位及其环境的同时识别和评估财务报表的重大错报风险。除此之外,了解被审计单位及其环境是注册会计师在许多关键环节作出职业判断的重要基础。

(1) 确定重要性水平,并随着审计工作的进程评估对重要性水平的判断是否仍然适当。

(2) 考虑会计政策的选择和运用是否恰当,以及财务报表的列报是否适当。

(3) 识别需要特别考虑的领域,包括关联方交易、管理层运用持续经营假设的合理性,或交易是否具有合理的商业目的等。

(4) 确定在实施分析程序时所使用的预期值。

(5) 设计和实施进一步审计程序,以将审计风险降至可接受的低水平。

(6) 评价所获取审计证据的充分性和适当性。

二、了解被审计单位及其环境的内容

注册会计师应当从下列方面了解被审计单位及其环境。

（1）行业状况、法律环境与监管环境以及其他外部因素。

（2）被审计单位的性质。

（3）被审计单位的目标、战略以及相关经营风险。

（4）被审计单位对会计政策的选择和运用。

（5）对被审计单位财务业绩的衡量和评价。

（6）被审计单位的内部控制。

上述各项内容均与被审计单位财务报表的重大错报风险相关，其中第（1）～（5）项与固有风险相关，而第（6）项与控制风险相关。

值得注意的是，被审计单位及其环境的各个方面可能会互相影响。例如，被审计单位的行业状况、法律环境与监管环境以及其他外部因素可能影响到被审计单位的目标、战略以及相关经营风险，而被审计单位的性质、目标、战略以及相关经营风险可能影响到被审计单位对会计政策的选择和运用，以及内部控制的设计和执行。因此，在对被审计单位及其环境的各个方面进行了解和评估时，应当考虑各因素之间的相互关系。

三、了解被审计单位及其环境的审计程序

由于注册会计师在了解被审计单位及其环境的同时识别和评估财务报表的重大错报风险，因此为了解上述六个方面的信息所实施的审计程序就是风险评估程序。所实施的审计程序的性质、时间安排和范围取决于审计业务的具体情况，包括：

（1）被审计单位的规模和复杂程度。

（2）注册会计师的相关审计经验，包括以前对被审计单位提供审计和相关服务的经验以及对类似行业、类似企业的审计经验。

（3）被审计单位及其环境在上述各方面与以前期间相比发生的重大变化。

第 二 节　与固有风险相关的信息

一、了解被审计单位的外部环境

（一）行业状况

注册会计师应当了解被审计单位的行业状况，主要包括以下几个方面。

（1）行业的总体发展趋势和所处的发展阶段。

（2）行业的市场规模和需求状况。

（3）行业的市场竞争状况以及被审计单位在行业中的竞争力。

(4) 生产经营的季节性和周期性。

(5) 产品生产技术，包括技术发展对行业的影响和行业内生产技术的最新变化。

(6) 能源和其他生产要素的供应与成本。

(7) 行业的关键指标和统计数据。

(二) 法律环境和监管环境

法律环境与监管环境可能对被审计单位经营活动有重大影响，比如规定了被审计单位某些方面的责任和义务(如环保法规等)，或者决定了被审计单位需要遵循的行业惯例和核算要求，因此注册会计师应当了解被审计单位的法律环境和监管环境，主要包括：

(1) 会计原则和行业特定惯例。

(2) 受管制行业的法规框架，包括影响行业和被审计单位经营活动的环保要求。

(3) 对被审计单位经营活动产生重大影响的法律法规，包括直接的监管活动。

(4) 对被审计单位开展经营活动产生影响的政府政策，如货币政策(包括外汇管制)、财政政策(包括税收政策和补贴政策)、关税或贸易限制政策等。

(三) 其他外部因素

(1) 总体经济情况。

(2) 具体经济环境，比如利率水平及其变动情况、融资的可获得性、通货膨胀水平或币值变动等。

(3) 汇率波动或全球市场力量的影响。

(四) 了解的重点和程度

注册会计师对外部因素了解的范围和程度会因被审计单位所处行业、规模以及其他因素(如在市场中的地位)的不同而不同。例如，对从事计算机硬件制造的被审计单位，注册会计师可能更关心市场和竞争以及技术进步的情况；对金融机构，注册会计师可能更关心宏观经济走势以及货币、财政等方面的宏观经济政策；对化工等产生污染的行业，注册会计师可能更关心相关环保法规。注册会计师应当考虑将了解的重点放在对被审计单位的经营活动可能产生重要影响的关键外部因素以及与前期相比发生的重大变化上。

注册会计师应当考虑被审计单位所在行业的业务性质或监管程度是否可能导致特定的重大错报风险，考虑项目组是否配备了具有相关知识和经验的成员。例如，建筑行业长期合同涉及收入和成本的重大估计，可能导致重大错报风险；银行监管机构对商业银行的资本充足率有专门规定，不能满足这一监管要求的商业银行可能有操纵财务报表的动机和压力。

二、了解被审计单位的经营环境

(一) 被审计单位的总体业务环境

▶ 1. 所有权结构

对所有权结构的了解有助于注册会计师识别关联方关系并了解被审计单位的决策过程。

注册会计师应当了解所有权结构以及所有者与其他人员或实体之间的关系，考虑关联方关系是否已经得到识别，以及关联方交易是否得到恰当核算。例如，注册会计师应当了解被审计单位是属于国有企业、外商投资企业、民营企业，还是属于其他类型的企业。还应当了解其直接控股母公司、间接控股母公司、最终控股母公司和其他股东的构成，以及所有者与其他人员或实体(如控股母公司控制的其他企业)之间的关系。

同时，注册会计师可能需要对其控股母公司(股东)的情况作进一步的了解，包括控股母公司的所有权性质、管理风格及其对被审计单位经营活动及财务报表可能产生的影响；控股母公司与被审计单位在资产、业务、人员、机构、财务等方面是否分开，是否存在占用资金等情况；控股母公司是否施加压力，要求被审计单位达到其设定的财务业绩目标。

▶ 2. 治理结构

良好的治理结构可以对被审计单位的经营和财务运作实施有效的监督，从而降低财务报表发生重大错报的风险。注册会计师应当了解被审计单位的治理结构。例如，董事会的构成情况、董事会内部是否有独立董事；治理结构中是否设有审计委员会或监事会及其运作情况。注册会计师应当考虑治理层是否能够在独立于管理层的情况下对被审计单位事务(包括财务报告)作出客观判断。

▶ 3. 组织结构

复杂的组织结构可能导致某些特定的重大错报风险。注册会计师应当了解被审计单位的组织结构，考虑复杂组织结构可能导致的重大错报风险，包括财务报表合并、商誉减值以及长期股权投资核算等问题。

例如，对于在多个地区拥有子公司、合营企业、联营企业或其他成员机构，或者存在多个业务分部和地区分部的被审计单位，不仅编制合并财务报表的难度增加，还存在其他可能导致重大错报风险的复杂事项，包括对子公司、合营企业、联营企业和其他股权投资类别的判断及其会计处理等。

(二)被审计单位的具体业务活动

▶ 1. 经营活动

了解被审计单位经营活动有助于注册会计师识别预期在财务报表中反映的主要交易类别、重要账户余额和列报。了解经营活动的内容主要包括：

① 主营业务的性质。是销售商品还是提供服务？是制造还是商品批发？是银行还是保险？是交通运输还是提供技术服务？

② 与生产相关的市场信息。付款条件、市场份额、定价政策、营销策略和目标等。

③ 业务开展情况。业务分部的设立、产品和服务的交付、经营的衰退或扩张的详情。

④ 联盟、合营与外包情况。

⑤ 从事电子商务的情况。是否通过互联网销售产品和提供服务以及从事营销活动。

⑥ 地区与行业分布。是否涉及跨地区经营和多种经营。

⑦ 生产设施、仓库的地理位置及办公地点。

⑧ 关键客户。少量的大客户还是众多的小客户？是否订立了不寻常的销售条款或

条件。

⑨ 重要供应商。原材料供应的可靠性和稳定性，是否受重大价格变动的影响。

⑩ 劳动用工情况。劳动力供应情况、工薪水平、劳动用工事项相关的政府法规。

⑪ 研究与开发活动及其支出。

⑫ 关联方交易。对关联方和非关联方是否采用不同的销售和采购条款。

▶ **2. 投资活动**

了解投资活动有助于注册会计师关注被审计单位在经营策略和方向上的重大变化。了解投资活动的主要内容包括：

① 近期拟实施或已实施的并购活动与资产处置情况：业务重组或某些业务终止。

② 证券投资、委托贷款的发生与处置。

③ 资本性投资活动：固定和无形资产投资，将要发生的变动，重大资本承诺。

④ 不纳入合并范围的投资：联营、合营或其他投资，近期计划的投资项目。

▶ **3. 筹资活动**

了解被审计单位筹资活动有助于注册会计师评估被审计单位在融资方面的压力，并进一步考虑被审计单位在可预见未来的持续经营能力。了解筹资运动的主要内容包括：

① 债务结构和相关条款，包括资产负债表外融资和租赁安排。

② 主要子公司和联营企业（无论是否处于合并范围内）的重要融资安排。

③ 实际受益方（实际受益方是国内的还是国外的，其商业声誉和经验可能对被审计单位产生的影响）及关联方。

④ 衍生金融工具的使用。

▶ **4. 财务报告**

① 会计政策和行业特定惯例，包括特定行业的重要活动（如银行业的贷款和投资、医药行业的研究与开发活动）。

② 收入确认惯例。

③ 公允价值会计核算。

④ 外币资产、负债与交易。

⑤ 异常或复杂交易（包括有争议的或新兴领域的交易）的会计处理（如对股份支付的会计处理）。

（三）被审计单位的目标、战略以及相关经营风险

▶ **1. 目标、战略与经营风险的含义**

（1）目标是企业经营活动的指针。它体现了公司经营希望达到的结果，也是用以衡量工作成绩的标准。

（2）战略是管理层为实现经营目标采用的方法。为了实现某一既定的经营目标，企业可能有多个可行战略。例如，如果目标是在某一特定期间内进入一个新的市场，那么可行的战略可能包括收购该市场内的现有企业、与该市场内的其他企业合资经营或自行开发进入该市场。

（3）经营风险是指可能对被审计单位实现目标和实施战略的能力产生不利影响的重要状况、事项、情况、作为（或不作为）所导致的风险，或由于制定不恰当的目标和战略而导致的风险。

▶ 2. 了解被审计单位的目标、战略以及相关经营风险的内容

注册会计师应当了解被审计单位是否存在与下列方面有关的目标和战略，并考虑相应的经营风险。

（1）行业发展（潜在的相关经营风险可能是被审计单位不具备足以应对行业变化的人力资源和业务专长）。

（2）开发新产品或提供新服务（潜在的相关经营风险可能是被审计单位产品责任增加）。

（3）业务扩张（潜在的相关经营风险可能是被审计单位对市场需求的估计不准确）。

（4）新的会计要求（潜在的相关经营风险可能是被审计单位不当执行相关会计要求，或会计处理成本增加）。

（5）监管要求（潜在的相关经营风险可能是被审计单位法律责任增加）。

（6）本期及未来的融资条件（潜在的相关经营风险可能是被审计单位由于无法满足融资条件而失去融资机会）。

（7）信息技术的运用（潜在的相关经营风险可能是被审计单位信息系统与业务流程难以融合）。

（8）实施战略的影响，特别是由此产生的需要运用新的会计要求的影响。

▶ 3. 经营风险对重大错报风险的影响

经营风险与财务报表重大错报风险是既有联系又相互区别的两个概念。多数经营风险最终都会产生财务后果，从而影响财务报表，因此了解被审计单位的经营风险有助于其识别财务报表重大错报风险。但并非所有的经营风险都与财务报表相关，注册会计师没有责任识别或评估对财务报表没有重大影响的经营风险。

经营风险可对某类交易、账户余额和披露的认定层次重大错报风险或财务报表层次重大错报风险产生直接影响。例如，贷款客户的企业合并导致银行客户群减少，使银行信贷风险集中，由此产生的经营风险可能增加与贷款计价认定有关的重大错报风险。同样的风险，在经济紧缩时，可能具有更为长期的后果，注册会计师在评估持续经营假设的适当性时需要考虑这一问题。

目标、战略、经营风险和重大错报风险之间的相互联系可举例予以说明。例如，企业当前的目标是在某一特定期间内进入某一新的海外市场，企业选择的战略是在当地成立合资公司。从该战略本身来看，是可以实现这一目标的。但是，成立合资公司可能会带来很多的经营风险，例如，企业如何与当地合资方在经营活动、企业文化等各方面协调，是否在合资公司中获得控制权或共同控制权，当地市场情况是否会发生变化，当地对合资公司的税收和外汇管理方面的政策是否稳定，合资公司的利润是否可以汇回，是否存在汇率风险等。这些经营风险反映到财务报表中，可能会因涉及对合资公司是属于子公司、合营企业或联营企业的判断问题，投资核算问题，包括是否存在减值问题、对当地税收规定的理解是否充分的问题，以及外币折算等问题，而导致财务报表出现重大错报风险。

三、了解被审计单位的财务环境

（一）被审计单位对会计政策的选择和运用

（1）重大和异常交易的会计处理方法。例如，本期发生的企业合并的会计处理方法。某些被审计单位可能存在与其所处行业相关的重大交易，例如，银行向客户发放贷款、证券公司对外投资、医药企业的研究与开发活动等。注册会计师应当考虑对重大的和不经常发生的交易的会计处理方法是否适当。

（2）在缺乏权威性标准或共识、有争议的或新兴领域采用重要的会计政策产生的影响。

（3）会计政策的变更。如果被审计单位变更了重要的会计政策，注册会计师应当考虑变更的原因及其适当性，即考虑：

① 会计政策变更是否符合法律、行政法规或者适用的会计准则和相关会计制度要求。

② 会计政策变更是否能够提供更可靠、更相关的会计信息。

③ 会计政策的变更是否得到恰当处理和充分披露。

（4）新颁布的财务报告准则、法律法规，以及被审计单位何时采用、如何采用这些规定等。

例如，当新的企业会计准则颁布施行时，注册会计师应考虑被审计的单位是否应采用新颁布的会计准则，如果采用，是否已按照新会计准则的要求做好衔接调整工作，并收集执行新会计准则需要的信息资料。

（5）支持会计政策的资源。为支持某些特定的会计政策，企业应当拥有足够的资源，如人力资源及培训、信息技术的采用、数据和信息的采集等，企业的财务人员是否拥有足够的运用会计准则的知识、经验和能力。注册会计师应该对相关的情况予以关注。

除此之外，注册会计师应当考虑，被审计单位是否按照适用的会计准则和相关会计制度的规定恰当地进行了列报，并披露了重要事项。列报和披露的主要内容包括：财务报表及其附注的格式、结构安排、内容，财务报表项目使用的术语，披露信息的明细程度，项目在财务报表中的分类以及列报信息的来源等。

（二）被审计单位对财务业绩的衡量和评价

被审计单位管理层经常会衡量和评价关键业绩指标（包括财务的和非财务的）、预算及差异分析、分部信息和分支机构、部门或其他层次的业绩报告以及与竞争对手的业绩比较。此外，外部机构也会衡量和评价被审计单位的财务业绩，如分析师的报告和信用评级机构的报告。了解被审计单位对财务业绩衡量与评价，有助于考虑管理层是否面临实现某些关键财务业绩指标的压力，并深入了解被审计单位的目标和战略。

▶ **1. 了解的主要方面**

在了解被审计单位财务业绩衡量和评价情况时，注册会计师应当关注下列信息。

（1）关键业绩指标、关键比率、趋势和经营统计数据。

（2）同期财务业绩比较分析。

（3）预算、预测、差异分析，分部信息与分部、部门或其他不同层次的业绩报告。

（4）员工业绩考核与激励性报酬政策。

（5）被审计单位与竞争对手的业绩比较。

▶ 2. 关注内部财务业绩衡量的结果

与内部财务业绩衡量相关的信息可能显示财务报表存在错报风险，尤其是当内部财务业绩衡量显示出未预期到的结果或趋势时。例如，内部财务业绩衡量可能显示被审计单位与同行业其他单位相比具有异常快的增长率或盈利水平，此类信息如果与业绩奖金或激励性报酬等因素结合起来考虑，可能显示管理层在编制财务报表时存在某种倾向的错报风险。因此，注册会计师应当关注被审计单位内部财务业绩衡量所显示的未预期到的结果或趋势、管理层的调查结果和纠正措施，以及相关信息是否显示财务报表可能存在重大错报。

▶ 3. 考虑财务业绩衡量指标的可靠性

如果拟利用被审计单位内部信息系统生成的财务业绩衡量指标，注册会计师应当考虑相关信息是否可靠，以及利用这些信息是否足以实现审计目标。许多财务业绩衡量中使用的信息可能由被审计单位的信息系统生成。如果被审计单位管理层在没有合理基础的情况下，认为内部生成的衡量财务业绩的信息是准确的，而实际上信息有误，那么根据有误的信息得出的结论也可能是错误的。如果注册会计师计划在审计中（如在实施分析程序时）利用财务业绩指标，应当考虑相关信息是否可靠，以及在实施审计程序时利用这些信息是否足以发现重大错报。

第三节 与控制风险相关的信息：内部控制

一、内部控制概述

（一）内部控制的含义和目标

内部控制是被审计单位为了合理保证财务报告的可靠性、经营的效率和效果以及对法律法规的遵守，由治理层、管理层和其他人员设计与执行的政策及程序。

可以从以下几方面理解内部控制。

（1）内部控制的目标是合理保证。

① 财务报告的可靠性，这一目标与管理层履行财务报告编制责任密切相关。

② 经营的效率和效果，即经济有效地使用企业资源，以最优方式实现企业的目标。

③ 遵守适用的法律法规的要求，即在法律法规的框架下从事经营活动。

（2）内部控制的主体。设计和实施内部控制的责任主体是治理层、管理层和其他人员，组织中的每一个人都对内部控制负有责任。

（3）实现内部控制目标的手段是设计和执行控制政策及程序。

（二）与审计相关的控制

如前所述，内部控制的目标旨在合理保证财务报告的可靠性、经营的效率和效果以及对法律法规的遵守。然而，注册会计师审计的目标是对财务报表是否不存在重大错报发表审计意见，而不包括对被审计单位内部控制的有效性发表意见。因此，注册会计师需要了解和评价的内部控制只是与财务报表审计相关的内部控制，而不是被审计单位所有的内部控制。

与财务报告的可靠性相关的控制通常都与审计相关，因为在设计和实施进一步审计程序时通常需要利用被审计单位内部生成的信息，此时针对该信息完整性和准确性的控制可能与审计相关。与经营和合规目标相关的控制也可能与审计相关，尤其是当这类控制与注册会计师实施审计程序时评价或使用的数据相关时更是如此。例如，用以防止未经授权购买、使用或处置资产的内部控制，可能包括与财务报告和经营目标相关的控制。注册会计师对这些控制的考虑通常仅限于与财务报告可靠性相关的控制。

被审计单位通常有一些与自身经营目标相关但与审计无关的控制，注册会计师无须对其加以考虑。例如，被审计单位可能依靠某一复杂的自动化控制提高经营活动的效率和效果（如航空公司用于维护航班时间表的自动化控制系统），这些控制通常与审计无关。另一方面，与经营和合规目标相关的控制也可能与审计相关。例如，如果在设计和实施进一步审计程序时拟评价或使用被审计单位内部生成的信息，而与经营和合规目标相关的控制可能与该信息的完整性和准确性相关，则这类控制可能与审计相关。

二、内部控制的要素

内部控制包括下列要素。

（1）控制环境。

（2）风险评估过程。

（3）与财务报告相关的信息系统和沟通。

（4）控制活动。

（5）对控制的监督。

需要指出的是，虽然内部控制的五要素分析框架由 COSO① 发布并得到广泛运用，但是被审计单位可能并不一定采用这种分类方式来设计和执行内部控制，被审计单位设计、执行和维护内部控制的方式会因被审计单位的规模和复杂程度的不同而不同。针对被审计单位的具体情况，会计师可以使用不同的框架和术语描述内部控制的不同方面，但是，分析框架必须涵盖上述内部控制五个要素所涉及的各个方面，并且也有助于识别财务报表中

---

① COSO(The Committee of Sponsoring Organizations of the Treadway Commission)是美国五个职业团体(美国会计学会、美国注册会计师协会、财务总监协会、内部审计师协会和管理会计师协会)在1985年联合发起设立的一个民间组织，当时成立的主要动机是资助"财务报告舞弊研究全国委员会"。"财务报告舞弊研究全国委员会"负责研究导致财务报告舞弊的因素，并对公众公司、会计师事务所、证监会及其他监督机构提出建议。现在COSO致力于通过倡导良好的企业道德和有效的内部控制与公司治理，改进财务报告的质量。

存在的重大错报。也就是说，在了解和评价内部控制时，采用的具体分析框架及控制要素的分类可能并不唯一，重要的是控制能否实现控制目标。

（一）控制环境

控制环境包括治理职能和管理职能，以及治理层和管理层对内部控制及其重要性的态度、认识和措施。控制环境设定了被审计单位的内部控制基调，影响员工对内部控制的意识。良好的控制环境是实施有效内部控制的基础。在评价控制环境的设计和实施情况时，注册会计师应当了解管理层在治理层的监督下，是否营造并保持了诚实守信和合乎道德的文化，以及是否建立了防止或发现并纠正舞弊和错误的恰当控制。实际上，在审计业务承接阶段，注册会计师就需要对控制环境作出初步了解和评价。

需要注意的是，控制环境的某些要素对重大错报风险评估具有广泛影响，但是其本身并不能防止或发现并纠正各类交易、账户余额和披露认定层次的重大错报，注册会计师在评估重大错报风险时，应当将控制环境连同其他内部控制要素产生的影响一并考虑。

具体而言，控制环境包括以下方面。

▶ **1. 管理层的理念和经营风格**

管理层负责企业的运作以及经营策略和程序的制定、执行与监督。控制环境的各个方面在很大程度上都受管理层采取的措施和作出决策的影响，或在某些情况下受管理层不采取某些措施或不作出某种决策的影响。在有效的控制环境中，管理层的理念和经营风格可以创造一个积极的氛围，促进业务流程和内部控制的有效运行，同时创造一个减少错报发生可能性的环境。

管理层的理念和经营风格会对控制环境产生何种影响，取决于以下要素。

① 管理层是否对内部控制，包括信息技术的控制，给予了适当的关注。

② 管理层是否由一个或几个人所控制，董事会、审计委员会或类似机构对其是否实施了有效监督。

③ 管理层在承担和监控经营风险方面是风险偏好者还是风险规避者。

④ 管理层在选择会计政策和作出会计估计时是倾向于激进还是保守。

⑤ 管理层对于信息管理人员以及财务人员是否给予了适当关注。

⑥ 对于重大的内部控制和会计事项，管理层是否征询注册会计师的意见，或者经常在这些方面与注册会计师存在不同意见。

▶ **2. 对诚信和道德价值观念的沟通与落实**

对诚信和道德价值观念的沟通与落实，既包括管理层如何处理不诚实、非法或不道德行为，也包括在被审计单位内部，通过行为规范以及高层管理人员的身体力行，对诚信和道德价值观念的营造和保持。

例如，管理层在行为规范中指出，员工不允许从供货商那里获得超过一定金额的礼品，超过部分都须报告和退回。尽管该行为规范本身并不能绝对保证员工都照此执行，但至少意味着管理层已对此进行明示，它连同其他程序，可能构成一个有效的预防机制。

注册会计师在了解和评估被审计单位诚信和道德价值观念的沟通与落实时，考虑的主要因素可能包括：

① 被审计单位是否有书面的行为规范并向所有员工传达。

② 被审计单位的企业文化是否强调诚信和道德价值观念的重要性。

③ 管理层是否身体力行，高级管理人员是否起表率作用。

④ 对违反有关政策和行为规范的情况，管理层是否采取适当的惩罚措施。

▶ 3. 对胜任能力的重视

胜任能力是指具备完成某一职位的工作所应有的知识和能力。管理层对胜任能力的重视包括对于特定工作所需的胜任能力水平的设定，以及对达到该水平所必需的知识和能力的要求。

注册会计师应当考虑主要管理人员和其他相关人员是否能够胜任承担的工作和职责，考虑的主要因素可能包括：

① 财务人员以及信息管理人员是否具备与被审计单位业务性质和复杂程度相称的足够的胜任能力和培训，在发生错误时，是否通过调整人员或系统来加以处理。

② 管理层是否配备足够的财务人员以适应业务发展和有关方面的需要。

③ 财务人员是否具备理解和运用会计准则所需的技能。

▶ 4. 人力资源政策与实务

人力资源政策与实务涉及招聘、培训、考核、咨询、晋升和薪酬等方面。被审计单位是否有能力雇用并保留一定数量既有能力又有责任心的员工，在很大程度上取决于其人事政策与实务。例如，如果招聘录用标准要求录用最合适的员工，包括强调员工的学历、经验、诚信和道德，这表明被审计单位希望录用有能力并值得信赖的人员。被审计单位有关培训方面的政策应显示员工应达到的工作表现和业绩水准，通过定期考核的晋升政策表明被审计单位希望具备相应资格的人员承担更多的职责。

人力资源政策与实务会对控制环境产生何种影响，取决于以下要素。

① 被审计单位在招聘、培训、考核、咨询、晋升、薪酬、补救措施等方面是否都有适当的政策和实务(特别是在会计、财务和信息系统方面)。

② 是否有书面的员工岗位职责手册，或者在没有书面文件的情况下，对于工作职责和期望是否做了适当的沟通和交流。

③ 人力资源政策与实务是否清晰，并且定期发布和更新。

▶ 5. 组织结构及职权与责任的分配

被审计单位的组织结构为计划、运作、控制及监督经营活动提供了一个整体框架。通过集权或分权决策，可在不同部门间进行适当的职责划分，建立适当层次的报告体系。组织结构将影响权力、责任和工作任务在组织成员中的分配。

组织结构及职权与责任的分配会对控制环境产生何种影响，取决于以下要素。

① 在被审计单位内部是否有明确的职责划分，是否将业务授权、业务记录、资产保管和维护以及业务执行的责任尽可能地分离。

② 数据处理和管理的职责划分是否合理。

③ 是否已针对授权交易建立适当的政策和程序。

▶ 6. 治理层的参与程度

治理层包括董事会、审计委员会或类似机构，其职责应在被审计单位的章程和政策中予以规定。治理层通常通过其自身的活动监督被审计单位的财务报告政策和程序，他们应关注被审计单位的财务报告，并监督被审计单位的会计政策以及内部、外部的审计工作和结果。治理层的职责还包括监督用于复核内部控制有效性的政策和程序设计是否合理，执行是否有效。一般而言，治理层有效地参与对公司的治理活动，有助于塑造良好的内部控制环境。

治理层是否能对控制环境产生足够的影响，取决于以下要素。

① 治理层结构，比如董事会是否建立了审计委员会或类似机构。

② 治理层相对于管理层的独立性。

③ 治理层成员的经验、品德和资质。

④ 治理层参与被审计单位经营的程度和收到的信息及其对经营活动的详细检查，以及是否对经营风险的监控有足够的关注。

⑤ 董事会、审计委员会或类似机构是否充分地参与了监督编制财务报告的过程。

⑥ 治理层举行会议的数量和时间是否与被审计单位的规模和业务复杂程度相匹配。

⑦ 董事会成员的相对稳定性。

⑧ 治理层与内部审计人员和注册会计师的联系和沟通，包括性质以及频率是否与被审计单位的规模和业务复杂程度相匹配。

(二) 被审计单位的风险评估过程

风险评估过程的作用是识别、评估和管理影响被审计单位实现经营目标能力的各种风险。被审计单位的风险评估过程为管理层确定需要管理的风险提供了基础。如果这一过程对于具体情况(包括被审计单位的性质、规模和复杂程度)是适当的，则有助于注册会计师识别重大错报风险。被审计单位的风险评估过程对于具体情况是否适当属于职业判断。

针对识别出的风险，管理层可能会制订计划、执行程序或采取措施以解决特定风险，或者出于成本或其他考虑决定接受风险。

被审计单位的风险评估过程是否有效，取决于以下因素。

① 被审计单位是否已建立并沟通其整体目标，并辅以具体策略和业务流程层面的计划。

② 被审计单位是否已建立风险评估过程，包括识别风险、估计风险的重大性、评估风险发生的可能性以及确定需要采取的应对措施。

③ 被审计单位是否已建立某种机制，识别和应对可能对被审计单位产生重大且普遍影响的变化，如在金融机构中建立资产负债管理委员会，在制造型企业中建立期货交易风险管理组等。

④ 会计部门是否建立了某种流程，以识别会计准则的重大变化。

⑤ 当被审计单位业务操作发生变化并影响交易记录的流程时，是否存在沟通渠道以通知会计部门。

⑥ 风险管理部门是否建立了某种流程，以识别经营环境包括监管环境发生的重大变化。

注册会计师可以通过了解被审计单位及其环境的其他方面信息，评价被审计单位风险评估过程的有效性。例如，在了解被审计单位的业务情况时，发现了某些经营风险，注册会计师应当了解管理层是否也意识到这些风险以及如何应对该风险。如果被审计单位未能识别，应当考虑被审计单位的风险评估过程是否存在缺陷。

(三) 信息系统与沟通

与财务报告相关的信息系统，包括用以生成、记录、处理和报告交易、事项、情况以及对相关资产、负债和所有者权益履行经营管理责任的程序和记录。与财务报告相关的信息系统应当与业务流程相适应。与财务报告相关的信息系统所生成信息的质量，对管理层能否作出恰当的经营管理决策以及编制可靠的财务报告具有重大影响。

与财务报告相关的沟通包括使员工了解各自在与财务报告有关的内部控制方面的角色和职责，员工之间的工作联系，以及向适当级别的管理层报告例外事项的方式。沟通可以采用政策手册、会计和财务报告手册及备忘录等形式进行，也可以通过发送电子邮件、口头沟通和管理层的行动来进行。

(四) 控制活动

控制活动是指有助于确保管理层的指令得以执行的政策和程序。包括与授权、业绩评价、信息处理、实物控制和职责分离等相关的活动。

(1) 授权。授权的目的在于保证交易在管理层授权范围内进行。与授权有关的控制活动包括一般授权和特别授权。一般授权是指管理层制定的要求组织内部遵守的普遍适用于某类交易或活动的政策。特别授权是指管理层针对特定类别的交易或活动逐一设置的授权，如重大资本支出和股票发行等。特别授权也可能用于超过一般授权限制的常规交易。例如，因某些特别原因，同意对某个不符合一般信用条件的客户赊销商品。

(2) 业绩评价。与业绩评价有关的控制活动主要包括被审计单位分析评价实际业绩与预算(或预测、前期业绩)的差异，综合分析财务数据与经营数据的内在关系，将内部数据与外部信息来源相比较，评价职能部门、分支机构或项目活动的业绩(如银行客户信贷经理复核各分行、地区和各种贷款类型的审批和收回)，以及对发现的异常差异或关系采取必要的调查与纠正措施。

通过调查非预期的结果和非正常的趋势，管理层可以识别可能影响经营目标实现的情形。管理层对业绩信息的使用(如将这些信息用于经营决策，用于对财务报告系统报告的非预期结果进行追踪)，决定了业绩指标的分析是只用于经营目的还是同时用于财务报告目的。

(3) 信息处理。与信息处理有关的控制活动主要是被审计单位执行的用于检查各种类型信息处理环境下的交易的准确性、完整性和授权的措施。信息处理控制可以是人工的、自动化的，或是基于自动流程的人工控制。

信息处理控制分为两类，即信息技术一般控制和应用控制。信息技术一般控制是指与多个应用系统有关的政策和程序，有助于保证信息系统持续恰当地运行(包括信息的完整性和数据的安全性），支持应用控制作用的有效发挥，通常包括数据中心和网络运行控制，系统软件的购置、修改及维护控制，接触或访问权限控制，应用系统的购置、开发及维护控制。信息技术应用控制是指主要在业务流程层面运行的人工或自动化程序，与用于生成、记录、处理、报告交易或其他财务数据的程序相关，通常包括检查数据计算的准确性，审核账户和试算平衡表，设置对输入数据和数字序号的自动检查，以及对例外报告进行人工干预。

（4）实物控制。实物控制主要包括对资产和记录采取适当的安全保护措施，对访问计算机程序和数据文件设置授权，以及定期盘点并将盘点记录与会计记录相核对。例如，现金、有价证券和存货的定期盘点控制。实物控制的效果影响资产的安全，从而对财务报表的可靠性及审计产生影响。

（5）职责分离。职责分离主要包括被审计单位如何将交易授权、交易记录以及资产保管等职责分配给不同员工，以防范同一员工在履行多项职责时可能发生的舞弊或错误。当信息技术运用于信息系统时，职责分离可以通过设置安全控制来实现。

（五）对控制的监督

监督是由适当的人员，在适当、及时的基础上，评估控制的设计和运行情况的过程。对控制的监督是指被审计单位评价内部控制在一段时间内运行有效性的过程。对控制的监督涉及及时评估控制的有效性并采取必要的补救措施。例如，管理层对是否定期编制银行存款余额调节表进行复核，内部审计人员评价销售人员是否遵守公司关于销售合同条款的政策，法律部门定期监控公司的道德规范和商务行为准则是否得以遵守等。假如没有对银行存款余额调节表是否得到及时和准确的编制进行监督，该项控制可能无法得到持续的执行。

通常，管理层通过持续的监督活动、单独的评价活动或两者相结合实现对控制的监督。持续的监督活动通常贯穿于被审计单位日常重复的活动中，包括常规管理和监督工作。例如，管理层在履行其日常管理活动时，取得内部控制持续发挥功能的信息。当业务报告、财务报告与他们获取的信息有较大差异时，会对有重大差异的报告提出疑问，并做必要的追踪调查和处理。

被审计单位可能使用内部审计人员或具有类似职能的人员对内部控制的设计和执行进行专门的评价，以找出内部控制的优点和不足，并提出改进建议。被审计单位也可能利用与外部有关各方沟通或交流所获取的信息监督相关的控制活动。例如，客户通过付款来表示其同意发票金额，或者认为发票金额有误而不付款。监管机构（如银行监管机构）可能会对影响内部控制运行的问题与被审计单位沟通。管理层可能也会考虑与注册会计师就内部控制进行沟通。

值得注意的是，上述用于监督活动的很多信息都由被审计单位的信息系统产生，这些信息可能会存在错报，从而导致管理层从监督活动中得出错误的结论。因此，注册会计师应当了解与被审计单位监督活动相关的信息来源，以及管理层认为信息具有可靠性的依据。如果拟利用被审计单位监督活动使用的信息（包括内部审计报告），注册会计师应当考虑该信息是否具有可靠的基础，是否足以实现审计目标。

三、内部控制的人工和自动化成分

(一) 考虑内部控制的人工和自动化特征及其影响

大多数被审计单位出于编制财务报告和实现经营目标的需要使用信息技术。然而,即使信息技术得到广泛使用,人工因素仍然会存在于这些系统之中。不同的被审计单位采用的控制系统中人工控制和自动化控制的比例是不同的。在一些小型的、生产经营不太复杂的被审计单位,可能以人工控制为主;而在另外一些单位,可能以自动化控制为主。内部控制可能既包括人工成分,又包括自动化成分,在风险评估以及设计和实施进一步审计程序时,注册会计师应当考虑内部控制的人工和自动化特征及其影响。

内部控制采用人工系统还是自动化系统,将影响交易生成、记录、处理和报告的方式。

(1) 在以人工为主的系统中,内部控制一般包括批准和复核业务活动,编制调节表并对调节项目进行跟踪。

(2) 当采用信息技术系统生成、记录、处理和报告交易时,交易的记录形式(如订购单、发票、装运单及相关的会计记录)可能是电子文档而不是纸质文件。

(3) 信息技术系统中的控制可能既有自动控制(如嵌入计算机程序的控制),又有人工控制。人工控制可能独立于信息技术系统,利用信息技术系统生成的信息,也可能用于监督信息技术系统和自动控制的有效运行或者处理例外事项。如果采用信息技术系统处理交易和其他数据,系统和程序可能包括与财务报表重大账户认定相关的控制,或可能对依赖于信息技术的人工控制的有效运行非常关键。被审计单位的性质和经营的复杂程度会对采用人工控制和自动化控制的成分组合产生影响。

(二) 信息技术的优势及相关内部控制风险

▶ **1. 信息技术的优势**

信息技术通常在下列方面提高被审计单位内部控制的效率和效果。

(1) 在处理大量的交易或数据时,一贯运用事先确定的业务规则,并进行复杂运算。

(2) 提高信息的及时性、可获得性及准确性。

(3) 促进对信息的深入分析。

(4) 提高对被审计单位的经营业绩及其政策和程序执行情况进行监督的能力。

(5) 降低控制被规避的风险。

(6) 通过对应用程序系统、数据库系统和操作系统执行安全控制,提高不兼容职务分离的有效性。

▶ **2. 信息技术的特定风险**

注册会计师应当从以下方面了解信息技术对内部控制产生的特定风险。

(1) 所依赖的系统或程序不能正确处理数据,或处理了不正确的数据,或两种情况并存。

(2) 未经授权访问数据,可能导致数据的毁损或对数据不恰当地修改,包括记录未经授权或不存在的交易，或不正确地记录了交易，多个用户同时访问同一数据库可能会造成特定风险。

（3）信息技术人员可能获得超越其职责范围的数据访问权限，因此，破坏了系统应有的职责分工。

（4）未经授权改变主文档的数据。

（5）未经授权改变系统或程序。

（6）未能对系统或程序作出必要的修改。

（7）不恰当的人为干预。

（8）可能丢失数据或不能访问所需要的数据。

（三）人工控制的适用范围及相关内部控制风险

▶ 1. 人工控制的适用范围

内部控制的人工成分在处理下列需要主观判断或酌情处理的情形时可能更为适当。

（1）存在大额、异常或偶发的交易。

（2）存在难以界定、预计或预测的错误的情况。

（3）针对变化的情况，需要对现有的自动化控制进行人工干预。

（4）监督自动化控制的有效性。

相对于自动化控制，人工控制的可靠性较低。为此，注册会计师应当考虑人工控制在下列情形中可能是不适当的。

（1）存在大量或重复发生的交易。

（2）事先可预计或预测的错误能够通过自动化控制参数得以防止或发现并纠正。

（3）用特定方法实施控制的控制活动可得到适当设计和自动化处理。

▶ 2. 人工控制相关内部控制风险

由于人工控制由人执行，受人为因素的影响，也产生了特定风险，注册会计师应当从以下方面了解人工控制产生的特定风险。

（1）人工控制可能更容易被规避、忽视或凌驾。

（2）人工控制可能不具有一贯性。

（3）人工控制可能更容易产生简单错误或失误。

四、预防性控制和检查性控制

业务流程层面的控制包括预防性控制和检查性控制。

▶ 1. 预防性控制

预防性控制属于事前控制，目的是防止错报的发生。预防性控制通常用于正常业务流程的每一项交易，以防止错报的发生。在流程中防止错报是信息系统的重要目标。

例如，赊销须经审批，以防止发生坏账；在更新采购档案之前必须先有收货报告，以防止记录了未收到购货的情况；出纳员不得登记债权、债务、收入、费用明细账，以防其贪污或挪用款项。

▶ 2. 检查性控制

检查性控制属于事后控制，目的是发现流程中可能发生的错报。被审计单位通过检查性控制，监督其流程和相应的预防性控制能否有效地发挥作用。

例如，定期编制银行存款余额调节表和跟踪调查挂账的项目，以发现错报和未达账项；计算机每天比较运出货物的数量和开票数量，如果发现差异，产生报告，由开票主管复核和追查，用于查找没有开票和记录的出库货物，以及与真实发货无关的发票。

▶ 3. 两种控制的关系

两种控制相辅相成：缺乏有效的预防性控制导致重大错报风险上升，需要更为敏感的检查性控制。相对来说，被审计单位更重视预防性控制，注册会计师更重视检查性控制。

如注册会计师确信存在以下情况，可将检查性控制作为主要手段，来合理保证某特定认定发生重大错报的可能性较小。

① 控制所检查的数据是完整、可靠的。

② 控制对于发现重大错报足够敏感。

③ 发现的所有重大错报都将被纠正。

注册会计师在识别检查性控制的同时，也记录重要的预防性控制。

五、内部控制的局限性

内部控制无论如何有效，都只能为被审计单位实现财务报告目标提供合理保证。内部控制实现目标的可能性受其固有限制的影响。这些限制包括：

（1）在决策时人为判断可能出现错误和因人为失误而导致内部控制失效。控制的设计和修改可能存在失误，控制的运行也可能无效，例如，由于负责复核信息的人员不了解复核的目的或没有采取适当的措施，内部控制生成的信息（如例外报告）没有得到有效使用。

（2）控制可能由于两个或更多的人员串通或管理层不当地凌驾于内部控制之上而被规避。例如，管理层可能与客户签订"背后协议"，修改标准的销售合同条款和条件，从而导致不适当的收入确认。再如，软件中的编辑控制旨在识别和报告超过赊销信用额度的交易，但这一控制可能被凌驾或不能得到执行。

（3）人员素质不适应岗位。如果被审计单位内部行使控制职能的人员素质不适应岗位要求，也会影响内部控制功能的正常发挥。

（4）成本效益考虑。被审计单位实施内部控制的成本效益问题也会影响其效能，当实施某项控制成本大于控制效果而发生损失时，就没有必要设置该控制环节或控制措施。

（5）不经常发生或未预计到的业务。内部控制一般都是针对经常而重复发生的业务设置的，如果出现不经常发生或未预计到的业务，原有控制就可能不适用。

（6）小型被审计单位的问题。小型被审计单位拥有的员工通常较少，限制了其职责分离的程度。但是，在业主管理的小型被审计单位，业主兼经理可以实施比大型被审计单位更有效的监督。这种监督可以弥补职责分离有限的局限性。另外，由于内部控制系统较为简单，业主兼经理更有可能凌驾于控制之上。注册会计师在识别由于舞弊导致的重大错报风险时需要考虑这一问题。

六、与审计相关的控制

被审计单位内部控制的目标可能与保证财务报告的可靠性、经营的效率和效果以及对法律法规的遵守有关。但这些目标和控制并非都与注册会计师的风险评估相关。注册会计师审计的目标是对财务报表是否不存在重大错报发表审计意见，之所以要求注册会计师在财务报表审计中考虑与审计相关的内部控制，目的是在财务报表审计中改进审计效果和提高审计效率，而不是对被审计单位内部控制的有效性发表意见。因此，注册会计师需要了解和评价的内部控制只是与财务报表审计相关的内部控制，并非被审计单位所有的内部控制。

如果在计划审计过程中利用被审计单位内部生成的信息，则针对该信息完整性和准确性的控制可能与审计相关。如果与经营和合规目标相关的控制与注册会计师实施审计程序时评价或使用的数据相关，则这些控制也可能与审计相关。

被审计单位的某些内部控制可能与多项目标相关。例如，用以防止未经授权购买、使用或处置资产的内部控制，可能包括与财务报告和经营目标相关的控制。注册会计师对这些控制的考虑通常仅限于与财务报告可靠性相关的控制。

被审计单位通常有一些与目标相关但与审计无关的控制，注册会计师无须对其加以考虑。例如，被审计单位可能依靠某一复杂的自动化控制提高经营活动的效率和效果（如航空公司用于维护航班时间表的自动化控制系统），但此控制通常与审计无关。进一步而言，虽然内部控制应用于整个被审计单位或所有经营部门或业务流程，但是了解与每个经营部门和业务流程相关的内部控制，可能与审计无关。

 练习题

第九章
审计风险评估

本章重点

1. 风险评估的内容。
2. 特别风险的界定。
3. 风险评估的审计程序。
4. 舞弊风险的评估。

第 一 节 风险评估相关理论

一、风险评估的含义和要求

风险评估程序是指注册会计师为了解被审计单位及其环境，以识别和评估财务报表层次和认定层次的重大错报风险（无论该错报是由于舞弊或错误导致）而实施的审计程序。其中，风险识别是指找出财务报表层次和认定层次的重大错报风险，根据对被审计单位信息的了解来判断哪些方面可能存在重大错报风险；风险评估是指对重大错报发生的可能性和后果严重程度进行评估，包括确定识别的重大错报风险是与特定的认定相关，还是与财务报表整体广泛相关。

一般来说，实施风险评估程序的主要工作包括：了解被审计单位及其环境；识别和评估财务报表层次以及各类交易、账户余额和披露认定层次的重大错报风险，包括确定需要特别考虑的重大错报风险（即特别风险）以及仅通过实施实质性程序无法应对的重大错报风险等。

风险评估程序是必要的审计程序。具体来说，审计准则对风险评估作出了以下要求。

146

（1）注册会计师必须了解被审计单位及其环境。注册会计师通过了解被审计单位及其环境，包括了解内部控制，为识别财务报表层次以及各类交易、账户余额和披露认定层次重大错报风险提供更好的基础。

（2）注册会计师要通过恰当的风险评估程序来评估重大错报风险。注册会计师应当利用实施风险评估程序获取的信息，包括在评价控制设计和确定其是否得到执行时获取的审计证据，作为支持风险评估结果的审计证据，不得未经风险评估直接将相关风险设定为高水平。

（3）注册会计师应当将识别和评估的风险与实施的审计程序挂钩。在设计和实施进一步审计程序（控制测试和实质性程序）时，注册会计师应当将审计程序的性质、时间安排和范围与识别、评估的风险相联系，以防止机械地利用程序表从形式上迎合审计准则对程序的要求。

（4）注册会计师应当将识别、评估和应对风险的关键程序形成审计工作记录，以保证执业质量，明确执业责任。

二、风险评估的内容

（1）已识别的风险是什么原因导致的。在了解被审计单位及其环境（包括与风险相关的控制）的整个过程中，注册会计师应当结合对财务报表中各类交易、账户余额和披露的考虑，识别哪些原因可能导致风险。

例如，被审计单位因相关环境法规的实施需要更新设备，可能面临原有设备闲置或贬值的风险；宏观经济的低迷可能预示应收账款的回收存在问题；竞争者开发的新产品上市，可能导致被审计单位的主要产品在短期内过时，预示将出现存货跌价和长期资产（如固定资产等）的减值。

（2）错报可能发生的规模（金额）以及影响的范围有多大。注册会计师应当确定潜在错报的重大程度是否足以导致重大错报，并结合对拟测试的相关控制的考虑，确定识别的重大错报风险是与特定的认定相关，还是与财务报表整体广泛相关，进而影响多项认定。

某些重大错报风险可能与特定的某类交易、账户余额和披露的认定相关。例如，被审计单位存在复杂的联营或合资，这一事项表明长期股权投资账户的认定可能存在重大错报风险；销售困难使产品的市场价格下降，可能导致年末存货成本高于其可变现净值而需要计提存货跌价准备，这显示存货的计价认定可能发生错报；存在重大的关联方交易，表明关联方及关联方交易的披露认定可能存在重大错报风险；重要客户流失、融资能力受到限制等，可能导致对被审计单位的持续经营能力产生重大疑虑。

财务报表层次重大错报风险与财务报表整体存在广泛联系，可能影响多项认定，但难以界定具体认定。例如，在经济不稳定的国家和地区开展业务、资产的流动性出现问题、重要客户流失、融资能力受到限制等，可能导致注册会计师对被审计单位的持续经营能力产生重大疑虑。又如，管理层缺乏诚信或承受异常的压力可能引发舞弊风险，这些风险与财务报表整体相关。

（3）错报发生的可能性（包括发生多项错报的可能性）有多大。表9-1列示了影响错报风险事件发生的可能性的常见因素。

表 9-1　影响错报风险事件发生的可能性的常见因素

财务报表层次	(1)来自高层的基调 (2)管理层风险管理的方法 (3)采用的政策和程序设计 (4)以往经验
认定层次	(1)相关的内部控制活动 (2)以往经验

三、内部控制对风险评估的影响

在评估重大错报风险时，除了考虑企业的经营环境外，还要考虑控制对风险的抵消和遏制作用。有效的控制会减少错报发生的可能性，而控制不当或缺乏控制，错报就会由可能变成现实。

薄弱的控制环境带来的风险可能对财务报表产生广泛影响，难以限于某类交易、账户余额和披露，因此会导致财务报表层次的重大错报风险。例如，被审计单位治理层、管理层对内部控制的重要性缺乏认识，没有建立必要的制度和程序；或管理层经营理念偏于激进，又缺乏实现激进目标的人力资源等，这些内部控制环境方面的缺陷可能对财务报表产生广泛影响。注册会计师应当针对这些内部控制缺陷采取总体应对措施。

内部控制也会对评估认定层次重大错报风险产生影响，因为良好的控制有助于防止或发现并纠正认定层次的重大错报。注册会计师可能识别出有助于防止或发现并纠正特定认定层次发生重大错报的控制。在确定这些控制是否能够实现上述目标时，应当将控制活动和其他要素综合考虑，因为单个的控制活动本身通常并不足以控制重大错报风险。如将销售和收款的控制(如将发货单与销售发票相核对)置于其所在的流程和系统中考虑，以确定其能否实现控制目标。

当然，也有某些控制活动可能专门针对某类交易或账户余额的个别认定。例如，被审计单位建立的、以确保盘点工作人员能够正确地盘点和记录存货的控制活动，直接与存货账户余额的存在性和完整性认定相关。注册会计师只需要对盘点过程和程序进行了解，就可以确定控制是否能够实现目标。

控制可能与某一认定直接相关，也可能与某一认定间接相关。关系越间接，控制在防止或发现并纠正认定中错报的作用越小。例如，销售经理对分地区的销售网点的销售情况进行复核，与销售收入完整性的认定只是间接相关。相应地，该项控制在降低销售收入完整性认定中的错报风险方面的效果，要比与该认定直接相关的控制(例如，将发货单与开具的销售发票相核对)的效果差。

四、需要特别考虑的重大错报风险

(一)特别风险的含义

特别风险，是指注册会计师识别和评估的、根据判断认为需要特别考虑的重大错报风险。

在确定哪些风险是特别风险时，注册会计师应当在考虑识别出的控制对相关风险的抵消效果前，根据风险的性质、潜在错报的重要程度（包括该风险是否可能导致多项错报）和发生的可能性，判断风险是否属于特别风险。

（二）特别风险的产生原因

日常的、不复杂的、经正规处理的交易不太可能产生特别风险。特别风险通常与重大的非常规交易和判断事项有关。

▶ 1. 非常规交易导致的特别风险

非常规交易是指由于金额或性质异常而不经常发生的交易。例如，企业购并、债务重组、重大或有事项等。由于非常规交易具有下列特征，与重大非常规交易相关的特别风险可能导致更高的重大错报风险。

（1）管理层更多地干预会计处理。

（2）数据收集和处理进行更多的人工干预。

（3）复杂的计算或会计处理方法。

（4）非常规交易的性质可能使被审计单位难以对由此产生的特别风险实施有效控制。

▶ 2. 判断事项导致的特别风险

判断事项通常包括做出的会计估计（具有计量的重大不确定性）。如资产减值准备金额的估计、需要运用复杂估值技术确定的公允价值计量等。由于下列原因，与重大判断事项相关的特别风险可能导致更高的重大错报风险：

（1）对涉及会计估计、收入确认等方面的会计原则存在不同的理解。

（2）所要求的判断可能是主观和复杂的，或需要对未来事项做出假设。

（三）确定特别风险时应考虑的事项

在确定风险的性质时，注册会计师应当考虑下列事项。

（1）风险是否属于舞弊风险。

（2）风险是否与近期经济环境、会计处理方法或其他方面的重大变化相关，因而需要特别关注。

（3）交易的复杂程度。

（4）风险是否涉及重大的关联方交易。

（5）财务信息计量的主观程度，特别是计量结果是否具有高度不确定性。

（6）风险是否涉及异常或超出正常经营过程的重大交易。

（四）考虑与特别风险相关的控制

无论是与重大非常规交易还是判断事项相关的风险，通常都很少受到日常控制的约束，因此注册会计师应当了解被审计单位是否针对该特别风险设计，并确定其是否已经得到执行。

例如，做出会计估计所依据的假设是否由管理层或专家进行复核，是否建立做出会计估计的正规程序，重大会计估计结果是否由治理层批准等。再如，管理层在收到重大诉讼事项的通知时采取的措施，包括这类事项是否提交适当的专家（如内部或外部的法律顾问）处理、是否对该事项的潜在影响做出评估、是否确定该事项在财务报表中的披露问题以及如何确定等。

如果管理层未能实施控制以恰当应对特别风险，注册会计师应当认为内部控制存在重大缺陷，并考虑其对风险评估的影响。在此情况下，注册会计师应当就此类事项与治理层沟通。

此外，如果计划测试旨在减轻特别风险的控制运行的有效性，不应依赖以前审计获取的关于内部控制运行有效性的审计证据。注册会计师应当专门针对识别的风险实施实质性程序，由于实质性分析程序单独并不足以应对特别风险，应当实施细节测试，或将实质性分析程序与细节测试结合运用。

五、仅通过实质性程序无法应对的重大错报风险

作为风险评估的一部分，如果认为仅通过实质性程序获取的审计证据无法将认定层次的重大错报风险降至可接受的低水平，注册会计师应当评价被审计单位针对这些风险设计的控制，并确定其执行情况。

在被审计单位对日常交易采用高度自动化处理的情况下，审计证据可能仅以电子形式存在，其充分性和适当性通常取决于自动化信息系统相关控制的有效性，注册会计师应当考虑仅通过实施实质性程序不能获取充分、适当审计证据的可能性。

例如，某企业通过高度自动化的系统确定采购品种和数量，生成采购订购单，并通过系统中设定的收货确认和付款条件进行付款。除了系统中的相关信息以外，该企业没有其他有关订购单和收货的记录。在这种情况下，如果认为仅通过实施实质性程序不能获取充分、适当的审计证据，注册会计师应当考虑依赖的相关控制的有效性，并对其进行了解、评估和测试。

第 二 节　风险评估的程序和方法

一、风险评估的审计程序

注册会计师应当实施下列风险评估程序，以了解被审计单位及其环境。

(1)询问管理层和被审计单位内部其他人员。

(2)分析程序。

(3)观察和检查。

注册会计师在审计过程中应当实施上述审计程序，但是在了解被审计单位及其环境的每一方面时无须实施上述所有程序。

（一）询问管理层和被审计单位内部其他人员

询问管理层和被审计单位内部其他人员是注册会计师了解被审计单位及其环境的一个重要信息来源。

▶ 1. 询问管理层和财务负责人

注册会计师通过询问获取的大部分信息来自于管理层和负责财务报告的人员。注册会计师可以考虑向管理层和财务负责人询问下列事项。

（1）管理层所关注的主要问题。如新的竞争对手、主要客户和供应商的流失、新的税收法规的实施以及经营目标或战略的变化等。

（2）被审计单位最近的财务状况、经营成果和现金流量。

（3）可能影响财务报告的交易和事项，或者目前发生的重大会计处理问题。如重大的并购事宜等。

（4）被审计单位发生的其他重要变化。如所有权结构、组织结构的变化，以及内部控制的变化等。

▶ 2. 询问被审计单位其他人员

通过询问管理层所取得的信息虽然内容广泛，但是针对某些具体事项可能会缺乏细节。注册会计师也可以通过询问被审计单位内部的其他不同层级的人员获取进一步的信息，或为识别重大错报风险提供不同的视角。例如：

（1）直接询问治理层，可能有助于注册会计师了解编制财务报表的环境。

（2）直接询问内部审计人员，可能有助于了解被审计单位在本年度针对内部控制设计和运行有效性而实施的内部审计程序，以及管理层是否根据实施这些程序的结果采取了适当的应对措施。

（3）询问参与生成、处理或记录复杂或异常交易的员工，可能有助于注册会计师评价被审计单位选择和运用某项会计政策的恰当性。

（4）直接询问内部法律顾问，可能有助于注册会计师了解有关信息，如诉讼、遵守法律法规的情况、影响被审计单位的舞弊或舞弊嫌疑、产品保证、售后责任、与业务合作伙伴的安排（如合营企业）和合同条款的含义等。

（5）直接询问营销或销售人员，可能有助于注册会计师了解被审计单位营销策略的变化、销售趋势或与客户的合同安排。

总的来说，只要注册会计师认为被审计单位的某些人员了解相关信息，而这些信息又有助于评估财务报表重大错报风险，就可以对这些人员实施询问程序。

（二）观察和检查

观察和检查程序可以支持对管理层和其他相关人员的询问结果，并可以提供有关被审计单位及其环境的信息。注册会计师应当实施下列观察和检查程序。

（1）检查记录和文件。例如，检查被审计单位的经营计划、策略、章程，股东大会、董事会会议、高级管理层会议的会议记录或纪要，与其他单位签订的合同、协议等，了解被审计单位组织结构和业务开展情况。

（2）检查内部控制手册。通过检查各业务流程操作指引和内部控制手册等，了解被审计单位内部控制制度的建立健全情况。

（3）阅读由管理层和治理层编制的报告。例如，阅读被审计单位年度和中期财务报告，管理层的讨论和分析资料，对重要经营环节和外部因素的评价，被审计单位内部管理报告以及其他特殊目的的报告（如新投资项目的可行性分析报告）。

（4）实地察看被审计单位的生产经营场所和厂房设备。通过现场访问和实地察看被审计单位的生产经营场所和厂房设备，可以帮助注册会计师了解被审计单位的性质及其经营活动。在实地察看被审计单位的厂房和办公场所的过程中，注册会计师有机会与被审计单位管理层和担任不同职责的员工进行交流，可以增强注册会计师对被审计单位的经营活动及其重大影响因素的了解。

（5）观察被审计单位的经营活动。例如，观察被审计单位人员正在从事的生产活动和内部控制活动，增加注册会计师对被审计单位人员如何进行生产经营活动及实施内部控制的了解。

（6）追踪交易在财务报告信息系统中处理过程（穿行测试）。通过追踪某笔或某几笔交易在业务流程中如何生成、记录、处理和报告，以及相关控制如何执行，注册会计师可以确定被审计单位的交易流程和相关控制是否与之前通过其他程序所获得的了解一致，并确定相关控制是否得到执行。

（三）实施分析程序

▶ 1. 用作风险评估程序的分析程序的总体要求

注册会计师在实施风险评估程序时，应当运用分析程序。实施分析程序有助于识别异常的交易或事项，以及对财务报表和审计产生影响的金额、比率和趋势。在实施分析程序时，注册会计师应当预期可能存在的合理关系，并与被审计单位记录的金额，依据记录金额计算的比率或趋势相比较；如果发现未预期到的关系，注册会计师应当在识别重大错报风险时考虑这些比较结果。

▶ 2. 用作风险评估程序的分析程序的具体要求

注册会计师通常将分析程序与询问、检查和观察程序结合运用，因为分析程序所需要的信息通常需要通过这些程序来获取。

注册会计师应重点关注关键的账户余额、趋势和财务比率关系等方面，对其形成一个合理的预期，并与被审计单位记录的金额、依据记录金额计算的比率或趋势相比较。如果分析程序的结果显示的比率、比例或趋势与注册会计师对被审计单位及其环境的了解不一致，并且被审计单位管理层无法做出合理的解释，或者无法取得相关的支持性文件证据，注册会计师应当考虑其是否表明被审计单位的财务报表存在重大错报风险。

例如，注册会计师根据对被审计单位及其环境的了解，得知本期在生产成本中占较大比重的原材料成本大幅上升。因此，注册会计师预期在销售收入未有较大变化的情况下，由于销售成本的上升，毛利率应相应下降。但是，注册会计师通过分析程序发现，本期与上期的毛利率变化不大。注册会计师可能据此认为销售成本存在重大错报风险，应对其给予足够的关注。

需要注意的是，分析程序的使用与否与计划评估的风险性质有关，注册会计师无须在了解被审计单位及其环境的每一方面时都实施分析程序。例如，在对内部控制的了解中，注册会计师一般不会运用分析程序。

▶ 3. 用作风险评估程序的分析程序的特点

风险评估程序中运用的分析程序主要目的在于识别那些可能表明财务报表存在重大错报风险的异常变化，因此所使用的数据汇总性比较强，其对象主要是财务报表中账户余额及其相互之间的关系。相应地，所进行比较的性质、预期值的精确程度，以及所进行的分析和调查的范围都并不足以提供很高的保证水平。将分析程序的结果与识别重大风险时获取的其他信息一并考虑，可以帮助注册会计师了解并评价分析程序的结果。

例如，被审计单位存在很多产品系列，各个产品系列的毛利率存在一定差异。对总体毛利率实施分析程序的结果可能仅初步显示销售成本存在重大错报，注册会计师需要实施更为详细的分析程序。比如，对每一产品系列进行毛利率分析，或者将总体毛利率分析的结果连同其他信息一并考虑。

二、外部和其他信息来源

（一）外部信息来源

除了采用上述程序从被审计单位内部获取信息以外，如果根据职业判断认为从被审计单位外部获取的信息有助于识别重大错报风险，注册会计师应当实施其他审计程序以获取这些信息。例如，询问被审计单位聘请的外部法律顾问、专业评估师、投资顾问和财务顾问等。

阅读外部信息也可能有助于注册会计师了解被审计单位及其环境。外部信息包括证券分析师、银行、评级机构出具的有关被审计单位及其所处行业的经济或市场环境等状况的报告，贸易与经济方面的报纸期刊，法规或金融出版物，以及政府部门或民间组织发布的行业报告和统计数据等。

（二）其他信息来源

注册会计师应当考虑在客户接受或保持过程中获取的信息是否与识别重大错报风险相关。通常，对新的审计业务，注册会计师应在业务承接阶段对被审计单位及其环境有一个初步的了解，以确定是否承接该业务。而对连续审计业务，也应在每年的续约过程中对上年审计作总体评价，并更新对被审计单位的了解和风险评估结果，以确定是否续约。注册会计师还应当考虑向被审计单位提供其他服务(如执行中期财务报表审阅业务)所获得的经验是否有助于识别重大错报风险。

对于连续审计业务，如果拟利用以往与被审计单位交往的经验和以前审计中实施审计程序获取的信息，注册会计师应当确定被审计单位及其环境在与以往的审计时相比是否已发生变化，进而可能影响这些信息对本期审计的相关性。例如，通过前期审计获取的有关被审计单位组织结构、生产经营活动和内部控制的审计证据，以及有关以往的错报和错报是否得到及时更正的信息,可以帮助注册会计师评估本期财务报表的重大错报风险。但值得注意的是,被审计单位或其环境的变化可能导致此类信息在本期审计中已不具有相关性。例如,注册会计师前期已经了解了内部控制的设计和执行情况,但被审计单位及其环境可能在本期发生变化,导致内部控制也发生相应变化。在这种情况下,注册会计师需要实施询问和其他适当的审计程序(如穿行测试),以确定该变化是否可能影响此类信息在本期审计中的相关性。

根据审计准则的要求,注册会计师应当从注册会计师应当从本书第八章第一节、第二节所列示的六个方面了解被审计单位及其环境。需要说明的是,注册会计师无须在了解每个方面时都实施以上所有的风险评估程序。例如,在了解内部控制时通常不用分析程序。但是,对被审计单位及其环境获取了解的整个过程中,注册会计师通常会实施上述所有的风险评估程序。

三、控制风险的评估

(一) 评估控制风险的内容

评估控制风险的内容是了解被审计单位内部控制,具体包括评价其控制的设计,并确定这些控制是否得到执行。具体包括:

(1) 评价控制的设计,涉及考虑该控制单独或连同其他控制,是否能够有效防止或发现并纠正重大错报。设计不当的控制可能表明存在值得关注的内部控制缺陷。

(2) 确定控制是否得到执行,是指确定某项控制存在且被正在审计单位使用。

(二) 评估控制风险的审计程序

注册会计师通常实施下列风险评估程序,以获取有关控制设计和执行的审计证据。

(1) 询问被审计单位人员。

(2) 观察特定控制的运用。

(3) 检查文件和报告。

(4) 追踪交易在财务报告信息系统中的处理过程(穿行测试)。

(三) 控制风险的评估流程

▶ 1. 确定重要业务流程和重要交易类别

(1) 划分重要的业务循环

通常,制造业企业的业务可以划分为销售与收款循环、采购与付款循环、生产与存货循环、人力资源与工薪循环、投资与筹资循环等。如果企业的经营活动的性质不同,则所划分的业务循环也不同。例如,对于银行,就没有生产与存货循环,而有发放贷款循环、吸收存款循环。对于某些被审计单位,固定资产的采购和维护可能很重要,也可以将固定资产单独作为一个业务循环。

(2) 确定重要交易类别

重要交易类别是指可能对被审计单位财务报表产生重大影响的各类交易。例如,对于一般制造业企业,销售收入和应收账款通常是重大账户,销售和收款都是重要交易类别;

计提资产的折旧或摊销，考虑应收款项的可回收性和计提坏账准备都属于具有重大影响的事项和情况。

▶ 2. 了解重要交易流程，并进行记录

（1）了解重要交易流程，即了解每一类重要交易在信息技术或人工系统中生成、记录、处理及在财务报表中报告的程序。这是确定在哪些环节可能发生错报的基础。

（2）了解重要交易流程时，要记录以下信息。

① 输入信息的来源。

② 所使用的重要数据档案，如客户清单及价格信息记录。

③ 重要的处理程序（包括在线输入和更新处理）。

④ 重要的输入文件、报告和记录。

⑤ 基本的职责划分，即列示各部门所负责的处理程序。

▶ 3. 确定可能发生错报的环节

注册会计师需要确认和了解被审计单位应在哪些环节设置控制，以防止或发现并纠正各重要业务流程可能发生的错报。注册会计师所关注的控制，是那些能通过防止错报的发生，或者通过发现和纠正已有错报，从而确保每个流程中业务活动具体流程（从交易的发生到记录于账目）能够顺利运转的人工或自动化控制程序。

尽管不同的被审计单位会为确保会计信息的可靠性而对业务流程设计和实施不同的控制，但设计控制的目的是为实现某些控制目标（见表9-2）。实际上，这些控制目标与财务报表重大账户的相关认定相联系。但注册会计师在此时通常不考虑列报认定，而在审计财务报告流程时将考虑该认定。

表 9-2　控 制 目 标

控 制 目 标	解　　释
完整性：所有的有效交易都已记录	必须有程序确保没有漏记实际发生的交易
存在和发生：每项已记录的交易都是真实的	必须有程序确保会计记录中没有虚构的或重复入账的项目
计价：适当计量交易	必须有程序确保交易以适当的金额入账
截止：恰当确定交易生产的会计期间	必须有程序确保交易在适当的会计期间内入账（例如，月、季度、年等）
分类：恰当分类	必须有程序确保将交易记入正确的总分类账，必要时，记入相应的明细账内
正确汇总和过账	必须有程序确保所有作为账簿记录中的借贷方余额都正确地归集（加总），确保加总后的金额正确进入总账和明细分类账

▶ 4. 识别和了解相关控制

（1）确定是否有必要进一步了解在业务流程层面的内部控制

通过对被审计单位的了解包括在被审计单位整体层面对内部控制各要素的了解，以及在上述程序中对重要业务流程的了解，注册会计师可以确定是否有必要进一步了解在业务流程层面的控制。注册会计师之前的了解可能表明被审计单位在业务流程层面针对某些重要交易流程所设计的控制是无效的，或者注册会计师并不打算信赖控制，这时注册会计师没有必要进一步了解在业务流程层面的控制。

特别需要注意的是，如果认为仅通过实质性程序无法将认定层次的检查风险降至可接受的水平，或者针对特别风险，注册会计师应当了解和评估相关的控制活动。

（2）应当了解的内容

如果注册会计师计划对业务流程层面的有关控制进行进一步的了解和评价，那么针对业务流程中容易发生错报的环节，注册会计师应当确定以下内容。

① 被审计单位是否建立了有效的控制，以防止或发现并纠正这些错报。

② 被审计单位是否遗漏了必要的控制。

③ 是否识别了可以最有效测试的控制。

（3）特殊问题

注册会计师并不需要了解与每一控制目标相关的所有控制活动。在了解控制活动时，应当重点考虑一项控制活动单独或连同其他控制活动，是否能够以及如何防止或发现并纠正各类交易、账户余额和披露存在的重大错报。如果多项控制活动能够实现同一目标，注册会计师不必了解与该目标相关的每项控制活动。

当然，如果在之后的穿行测试和评价中发现已识别的控制实际并未得到执行，则应当重新针对该项控制目标识别是否存在其他的控制。

▶ **5. 执行穿行测试，证实对交易流程和相关控制的了解**

1）穿行测试的含义

穿行测试是指追踪交易在财务报告信息系统中的处理过程。穿行测试用少量事实验证了解形成的结论，目的是确认各类重要交易在业务流程中发生、处理和记录的过程。

2）穿行测试的目的

执行穿行测试可获得下列方面的证据。

① 确认对业务流程的了解。

② 确认对重要交易的了解是完整的，即在交易流程中所有与财务报表认定相关的可能发生错报的环节都已识别。

③ 确认所获取的有关流程中的预防性控制和检查性控制信息的准确性。

④ 评估控制设计的有效性。

⑤ 确认控制是否得到执行。

⑥ 确认之前所做的书面记录的准确性。

3）穿行测试的要求

① 即使不打算信赖控制，仍需要执行穿行测试以确认以前对业务流程及可能发生错报环节了解的准确性和完整性。

② 对于重要的业务流程，不管是人工控制还是自动化控制，注册会计师都要对整个流程执行穿行测试，涵盖交易从发生到记账的整个过程。

③ 当某重要业务流程有显著变化时，注册会计师应当根据变化的性质，及其对相关

账户发生重大错报的影响程度，考虑是否需要对变化前后的业务都执行穿行测试。

4）穿行测试举例

例如，某项控制要求某员工（复核人）在文件上签名以证明已经执行复核。针对此项控制注册会计师应当实施的穿行测试程序包括：

① 询问复核的性质（对什么进行复核和复核的要点）。

② 检查有关文件是否签过字。

③ 复核签字人是否是该员工，并且询问该员工，如果复核过程中发现了文件的错误或其他差异，按规定应如何处理。

④ 如果可能，检查发现过错误的文件。

▶ 6. 进行初步评价和风险评估

（1）对控制的初步评价。对控制的评价结论可能是：

① 所设计的控制单独或连同其他控制能够防止或发现并纠正重大错报，并得到执行。

② 控制的设计是合理的，但没有得到执行。

③ 控制的设计是无效的或缺乏必要的控制。

（2）控制风险评估需考虑的因素。

① 账户特征及已识别的重大错报风险。如果已识别的重大错报风险水平为高（例如，复杂的发票计算或计价过程增加了开票错报的风险；经营的季节性特征增加了在旺季发生错报的风险），相关的控制应有较高的敏感度，即在错报率较低的情况下也能防止或发现并纠正错报。

相反，如果已发现的重大错报风险水平为低（例如，在一个较小的、劳动力相对稳定的公司员工中薪酬的会计处理未能实现恰当准确性目标的风险），相关的控制就无须具有像重大错报风险较高时那样的敏感性。

② 对被审计单位整体层面控制的评价。

注册会计师应将对整体层面获得的了解和结论，同在业务流程层面获得的有关重大交易流程及其控制的证据结合起来考虑。

比如，在评价业务流程层面的控制要素时，考虑的影响因素可能包括：

a）管理层及执行控制的员工表现出来的胜任能力及诚信度。

b）员工受监督的程度及员工流动的频繁程度。

c）管理层凌驾于控制之上的潜在可能性。

d）缺乏职责划分，包括信息技术系统中自动化的职责划分的情况。

e）所审计期间内部审计人员或其他监督人员测试控制运行情况的程度。

f）业务流程变更产生的影响，如变更期间控制程序的有效性是否受到了削弱。

g）在被审计单位的风险评估过程中，所识别的与某项控制运行相关的风险，以及对于该控制是否有进一步的监督。

③ 除非存在某些可以使控制得到一贯运行的自动化控制，注册会计师对控制的了解和评价并不能够代替对控制运行有效性的测试。

例如，注册会计师获得了某一人工控制在某一时点得到执行的审计证据，但这并不能证明该控制在被审计期间内的其他时点也得到有效执行。

四、项目组内部讨论

▶ 1. 项目组内部讨论的实质

（1）项目组内部讨论是对注册会计师的专业工作的要求。注册会计师通过了解被审计单位及其环境，获取审计证据以评估重大错报风险，根据评估的重大错报风险制定和实施审计程序，在这个过程中应当开展项目组内部讨论。

（2）项目组内部讨论的目的是整合项目组内部资源，保持项目组成员的职业谨慎，在确保审计报告质量的同时提高审计效率。

▶ 2. 项目组内部讨论的目的

实施项目组讨论的目的在于明确以下方面。

（1）了解在各自负责的领域中，由于舞弊或错误导致财务报表重大错报的可能性。

（2）了解各自实施审计程序的结果如何影响审计的其他方面，包括对确定进一步审计程序的性质、时间安排和范围的影响。

▶ 3. 项目组内部讨论的内容

项目组应当讨论被审计单位面临的经营风险、财务报表容易发生错报的领域以及发生错报的方式，特别是由于舞弊导致重大错报的可能性。

讨论的内容和范围受项目组成员的职位、经验和所需要的信息的影响，常见的内容见表9-3所示。

表9-3　项目组内部讨论的内容

讨论的主要领域	讨论的主要内容
分享了解的信息	1. 被审计单位的性质、管理层对内部控制的态度、从以往审计业务中获得的经验，重大经营风险因素。 2. 已了解的可能表明被审计单位存在舞弊行为的因素，在沟通文件中予以列明。例如： （1）识别警示信号，并予以追踪； （2）一个不重要的金额（如增长的费用）可能表明存在很大的问题，例如管理层诚信。 3. 确定财务报表哪些项目易于发生重大错报，表明管理层倾向于高估或低估收入的迹象
分享审计思路和方法	1. 设想的可能发生的舞弊场景，例如： （1）出于个人目的侵占或挪用被审计单位的资产行为如何发生； （2）管理层可能如何编报和隐藏虚假财务报告，例如管理层凌驾于内部控制之上； （3）管理层进行高估/低估账目的方法。 2. 用于应对评估风险可能的审计程序/方法，例如决定如何增加拟实施审计程序的性质、时间安排和范围的不可预见性
指明审计方向	1. 强调在审计过程中保持职业怀疑态度的重要性。既应当认为管理层是完全诚实的，也不应将其作为罪犯对待。 2. 总体考虑：每个项目组成员拟执行的审计工作部分、需要的审计方法、特殊考虑、时间、记录要求，如果出现问题应联系的人员，审计工作底稿复核，以及其他预期事项。 3. 强调对表明管理层不诚实的迹象保持警觉的重要性

▶ 4. 参与项目组内部讨论的人员

注册会计师应当运用职业判断确定项目组内部参与讨论的成员。项目组的关键成员应当参与讨论，如果项目组需要拥有信息技术或其他特殊技能的专家，这些专家也应参与讨论。

参与讨论人员的范围受项目组成员的职责经验和信息需要的影响，例如，在跨地区审计中，每个重要地区项目组的关键成员应该参加讨论，但不要求所有成员每次都参与项目组的讨论。

▶ 5. 项目组内部讨论的时间

项目组应当根据审计的具体情况，在整个审计过程中持续交换有关财务报表发生重大错报可能性的信息。

▶ 6. 项目组内部讨论的方式

项目组在讨论时应当强调在整个审计过程中保持职业怀疑，警惕可能发生重大错报的迹象，并对这些迹象进行严格追踪。

五、对风险评估的修正

风险评估是一个连续和动态地收集、更新与分析信息的过程，贯穿于整个审计过程的始终（相应地，相关工作底稿要保留修改轨迹，不能删除修改前的工作底稿）。注册会计师对认定层次重大错报风险的评估应以获取的审计证据为基础，并可能随着不断获取审计证据而做出相应的变化。

对重大错报风险的评估，一般会经历三个阶段。

（1）根据对被审计单位及其环境的了解，初步评估重大错风险。

（2）根据控制测试的结果，再次评价重大错报风险。

（3）在实施实质性程序之后，根据实际发现的错报进行最终评价。

例如，在了解内部控制后，注册会计师可能认为内部控制设计合理且得到执行，即相关控制可以防止或发现并纠正认定层次的重大错报。但在测试控制运行的有效性时，注册会计师获取的证据可能表明相关控制在被审计期间并未有效运行。

同样，在实施实质性程序后，注册会计师可能发现错报的金额和频率比在风险评估时预计的金额和频率要高。因此，如果通过实施进一步审计程序获取的审计证据与初始评估获取的审计证据相矛盾，注册会计师应当修正风险评估结果，并相应修改原计划实施的进一步审计程序。

第 三 节　舞弊风险的评估

一、舞弊的含义

舞弊是指被审计单位的管理层、治理层、员工或第三方使用欺骗手段获取不当或非法利益的故意行为。

舞弊是一个宽泛的法律概念，但在财务报表审计中，注册会计师关注的是导致财务报表发生重大错报的舞弊。与财务报表审计相关的故意错报，包括编制虚假财务报告导致的错报和侵占资产导致的错报。

（一）编制虚假财务报告导致的错报

编制虚假财务报告涉及为欺骗财务报表使用者而作出的故意错报（包括对财务报表金额或披露的遗漏）。这可能是由于管理层通过操纵利润来影响财务报表使用者对被审计单位业绩和盈利能力的看法而造成的。由于承受迎合市场预期的压力或追求以业绩为基础的个人报酬最大化，管理层可能故意通过编制存在重大错报的财务报表而导致虚假财务报告。除此之外，在某些被审计单位，管理层可能有动机大幅降低利润以降低税负，或虚增利润以向银行融资。

管理层可能通过以下方式编制虚假财务报告。

（1）对编制财务报表所依据的会计记录或支持性文件进行操纵、弄虚作假（包括伪造）或篡改。

（2）编制虚假会计分录，特别是在临近会计期末时。

（3）不恰当地调整对账户余额作出估计时使用的假设和判断。

（4）错误表达、故意漏记或在不正确的时间确认事项、交易或其他重要信息。

（5）隐瞒可能影响财务报表金额的事实。

（6）构造复杂交易，以歪曲财务状况或经营成果。

（7）滥用或随意变更会计政策。

（8）不恰当地作出会计估计，包括采用不恰当的假设及不恰当地调整之前作出的判断。

（9）故意地错误使用与金额、分类、列报或披露相关的会计准则。

（二）侵占资产导致的错报

侵占资产主要是指盗窃被审计单位资产，通常的情况是员工盗窃金额相对较小且不重要的资产，但是也可能涉及管理层，他们通常更能够通过难以发现的手段掩饰或隐瞒侵占资产的行为。侵占资产可以通过以下方式实现。

（1）贪污收到的款项。例如，侵占收到的应收账款或将与已注销账户相关的收款转移至个人银行账户。

（2）盗窃实物资产或无形资产。例如，盗窃存货以自用或出售、盗窃废料以再销售、通过向被审计单位竞争者泄露技术资料与其串通以获取回报。

（3）使被审计单位对未收到的商品或未接受的劳务付款。例如，向虚构的供应商支付款项、供应商向采购人员提供回扣以作为其提高采购价格的回报、向虚构的员工支付工资。

（4）将被审计单位资产挪为私用。例如，将被审计单位资产作为个人贷款的抵押。

侵占资产通常伴随着虚假或误导性的记录或文件，其目的是隐瞒资产丢失或未经适当授权而被抵押的事实。

二、与舞弊相关的责任

（一）治理层、管理层的责任

被审计单位对防止或发现舞弊负有主要责任。管理层应当在治理层的监督下，高度重视对舞弊的防范和遏制。治理层有责任监督管理层建立和维护这方面的内部控制；管理层需要营造诚实守信和合乎道德的文化，并在治理层的有效监督下得到强化。

对舞弊进行防范可以减少舞弊发生的机会；对舞弊进行遏制，即发现和惩罚舞弊行为，能够警示被审计单位人员不要实施舞弊。具体而言，三方面的行动有助于防范舞弊的发生。

（1）营造和保持讲诚信，讲道德的文化。

（2）评估舞弊风险并实施方案以控制、化解风险。

（3）建立适当的舞弊监督程序，如由审计委员会监督内部控制和财务报告。

治理层的监督包括考虑管理层凌驾于控制之上或对财务报告过程施加其他不当影响的可能性，例如，管理层为了影响分析师对被审计单位业绩和盈利能力的看法而操纵利润。

（二）注册会计师的责任

注册会计师对舞弊的责任可以从正反两个方面界定。

一方面，注册会计师有责任对财务报表整体是否不存在由于舞弊或错误导致的重大错报获取合理保证。这是因为，编制虚假财务报告直接导致财务报表产生错报，侵占资产通常伴随着虚假或误导性的文件记录。

另一方面，由于审计的固有限制，即使注册会计师按照审计准则的规定恰当计划和执行了审计工作，也不可避免地存在财务报表中的某些重大错报未被发现的风险。在舞弊导致错报的情况下，固有限制的潜在影响尤其重大，舞弊比错误导致的重大错报更难发现，这是因为舞弊可能涉及精心策划和蓄意实施以进行隐瞒（如伪造证明或故意漏记交易）。如果涉及串通舞弊，注册会计师可能更加难以发现蓄意隐瞒的企图，因为串通舞弊可能导致原本虚假的审计证据被注册会计师误认为具有说服力。因此，管理层舞弊通常比员工舞弊导致的重大错报更难发现。综合上述原因，完成审计工作后发现舞弊导致的财务报表重大错报，特别是串通舞弊或伪造文件记录导致的重大错报，并不必然表明注册会计师没有遵守审计准则。

（三）识别和评估由于舞弊导致的重大错报风险

舞弊导致的重大错报风险属于需要注册会计师特别考虑的重大错报风险，即特别风险。注册会计师实施舞弊风险评估程序的目的在于识别因舞弊导致的重大错报风险。因此，在识别和评估财务报表层次以及各类交易、账户余额、披露的认定层次的重大错报风险时，注册会计师应当识别和评估舞弊导致的重大错报风险。

一般而言，在评估舞弊导致的重大错报风险时，注册会计师应当特别关注被审计单位收入确认方面的舞弊风险。收入是利润的来源，直接关系到企业的财务状况和经营成果。有些企业为了达到粉饰财务报表的目的而采用虚增（发生认定）或隐瞒收入（完整性认定）等方式实施舞弊。在财务报表舞弊案件中，涉及收入确认的舞弊占有很大比例，收入确认已成为注册会计师审计的高风险领域。因此，注册会计师在识别和评估由于舞弊导致的重大错报风险时，应当基于收入确认存在舞弊风险的假定，评价哪些类型的收入或认定导致舞弊风险。如果根据业务的具体情况认为收入确认存在舞弊风险的假定不适用，从而未将收入确认作为由于舞弊导致的重大错报风险领域，注册会计师应当在审计工作底稿中记录得出该结论的理由。

三、舞弊风险因素

在舞弊发生时，通常存在某些特定的舞弊风险因素。存在舞弊风险因素并不必然表明发生了舞弊，但在舞弊发生时通常存在舞弊风险因素，因此舞弊风险因素可能表明存在由于舞弊导致的重大错报风险。

根据舞弊存在时通常伴随着的三种情况，这些风险因素可以分为以下三类（这三类风险因素也被称为"舞弊三角"），即：实施舞弊的动机或压力；实施舞弊的机会；为舞弊行为寻找借口的能力。

（一）实施舞弊的动机或压力

舞弊者具有舞弊的动机是舞弊发生的首要条件。以与编制虚假财务报告相关的舞弊风险因素为例，实施舞弊的动机或压力可能包括以下方面。

（1）财务稳定性或盈利能力受到经济环境、行业状况或自身经营情况的威胁，例如，

① 竞争激烈或市场饱和，且伴随着利润率的下降。

② 难以应对技术变革、产品过时、利率调整等因素的急剧变化。

③ 客户需求大幅下降，所在行业或总体经济环境中经营失败的情况增多。

④ 经营亏损使被审计单位可能破产、丧失抵押品赎回权或遭恶意收购。

⑤ 在财务报表显示盈利或利润增长的情况下，经营活动产生的现金流量经常出现负数，或经营活动不能产生现金流入。

⑥ 高速增长或具有异常的盈利能力，特别是在与同行业其他企业相比时。

⑦ 新发布的会计准则、法律法规或监管要求。

（2）管理层为满足第三方要求或预期而承受过度的压力，例如，

① 投资分析师、机构投资者、重要债权人或其他外部人士对盈利能力或增长趋势存在预期（特别是过分激进的或不切实际的预期），包括管理层在过于乐观的新闻报道和年报信息中作出的预期。

② 需要进行额外的举债或权益融资以保持竞争力，包括为重大研发项目或资本性支出融资。

③ 满足交易所的上市要求、偿债要求或其他债务合同要求的能力较弱。

④ 报告较差财务成果将对正在进行的重大交易（如企业合并或签订合同）产生可察觉的或实际的不利影响。

（3）管理层或治理层的个人财务状况受到被审计单位财务业绩的影响，例如，

① 在被审计单位中拥有重大经济利益。

② 其报酬中有相当一部分(如奖金、股票期权、基于盈利能力的支付计划)取决于被审计单位能否实现激进的目标(如在股价、经营成果、财务状况或现金流量方面)。

③ 个人为被审计单位的债务提供了担保。

(4) 管理层或经营者受到更高级管理层或治理层对财务或经营指标过高要求的压力,比如治理层为管理层设定了过高的销售业绩或盈利能力等激励指标。

(二) 实施舞弊的机会

舞弊者需要具有舞弊的机会,舞弊才可能成功。舞弊的机会一般源于内部控制在设计和运行上的缺陷,如公司对资产管理松懈,公司管理层能够凌驾于内部控制之上可以随意操纵会计记录等。以与编制虚假财务报告相关的舞弊风险因素为例,实施舞弊的机会可能包括以下方面。

(1) 被审计单位所在行业或其业务的性质为编制虚假财务报告提供了机会,例如,

① 从事超出正常经营过程的重大关联方交易,或者与未经审计或由其他会计师事务所审计的关联企业进行重大交易。

② 被审计单位具有强大的财务实力或能力,使其在特定行业中处于主导地位,能够对与供应商或客户签订的条款或条件作出强制规定,从而可能导致不适当或不公允的交易。

③ 资产、负债、收入或费用建立在重大估计的基础上,这些估计涉及主观判断或不确定性,难以印证。

④ 从事重大、异常或高度复杂的交易(特别是临近期末发生的复杂交易,对该交易是否按照"实质重于形式"原则处理存在疑问)。

⑤ 在经济环境及文化背景不同的国家或地区从事重大经营或重大跨境经营。

⑥ 利用商业中介,而此项安排似乎不具有明确的商业理由。

⑦ 在属于"避税天堂"的国家或地区开立重要银行账户或者设立子公司或分公司进行经营,而此类安排似乎不具有明确的商业理由。

(2) 组织结构复杂或不稳定,例如,

① 难以确定对被审计单位持有控制性权益的组织或个人。

② 组织结构过于复杂,存在异常的法律实体或管理层级。

③ 高级管理人员,法律顾问或治理层频繁更换。

(3) 对管理层的监督由于以下原因失效,例如,

① 管理层由一人或少数人控制(在非业主管理的实体中),且缺乏补偿性控制。

② 治理层对财务报告过程和内部控制实施的监督无效。

(4) 内部控制要素由于以下原因存在缺陷,例如,

① 对控制的监督不充分,包括自动化控制以及针对中期财务报告(如要求对外报告)的控制。

② 由于会计人员、内部审计人员或信息技术人员不能胜任而频繁更换。

③ 会计系统和信息系统无效,包括内部控制存在值得关注的缺陷的情况。

（三）实施舞弊的态度或借口

借口是指存在某种态度、性格或价值观念，使得管理层或雇员能够做出不诚实的行为。或者管理层或雇员所处的环境促使其能够将舞弊行为予以合理化。借口是舞弊发生的重要条件之一。只有舞弊者能够对舞弊行为予以合理化，舞弊者才可能做出舞弊行为，舞弊行为发生后才能心安理得。例如，侵占资产的员工可能认为单位对自身的待遇不公，编制虚假财务报告者可能认为造假不是出于个人私利而是出于公司集体利益。以与编制虚假财务报告相关的舞弊风险因素为例，实施舞弊的态度或借口可能包括以下方面。

▶ 1. 管理层态度不端或缺乏诚信

（1）管理层未能有效地传递、执行、支持或贯彻被审计单位的价值观或道德标准，或传递了不适当的价值观或道德标准。

（2）非财务管理人员过度参与或过于关注会计政策的选择或重大会计估计的确定。

（3）被审计单位、高级管理人员或治理层存在违反证券法或其他法律法规的历史记录，或由于舞弊或违反法律法规而被指控。

（4）管理层过于关注保持或提高被审计单位的股票价格或利润趋势。

（5）管理层向分析师、债权人或其他第三方承诺实现激进的或不切实际的预期。

（6）管理层未能及时纠正发现的值得关注的内部控制缺陷。

（7）为了避税的目的，管理层表现出有意通过使用不适当的方法使报告利润最小化。

（8）高级管理人员缺乏士气。

（9）业主兼经理未对个人事务与公司业务进行区分。

（10）股东人数有限的被审计单位股东之间存在争议。

（11）管理层总是试图基于重要性原则解释处于临界水平的或不适当的会计处理。

▶ 2. 管理层与现任或前任注册会计师之间的关系紧张

（1）在会计、审计或报告事项上经常与现任或前任注册会计师产生争议。

（2）对注册会计师提出不合理的要求，如对完成审计工作或出具审计报告提出不合理的时间限制。

（3）对注册会计师接触某些人员、信息或与治理层进行有效沟通施加不适当的限制。

（4）管理层对注册会计师表现出盛气凌人的态度，特别是试图影响注册会计师的工作范围，或者影响对执行审计业务的人员或被咨询人员的选择和保持。

需要注意的是，尽管以上列示的风险因素涵盖了多种情形，但它们只是一些举例，注册会计师可能识别出其他不同的风险因素。这些举例并非在所有情况下都相关，对于不同规模、不同所有权特征或情况的被审计单位而言，风险因素的重要性可能不同。此外，风险因素示例的列示顺序并不反映它们的相对重要性或发生的可能性。

四、风险评估程序和相关活动

（一）询问

▶ 1. 询问对象

注册会计师应当询问治理层、管理层、内部审计人员，以确定其是否知悉任何舞弊事实、舞弊嫌疑或舞弊指控。

注册会计师询问管理层有时可以获取有关员工舞弊导致的财务报表重大错报风险的有用信息。然而，这种询问通常难以获取有关管理层舞弊导致的财务报表重大错报风险的有用信息。因此，注册会计师还应当询问被审计单位内部的其他相关人员，为这些人员提供机会，使他们能够向注册会计师传递一些信息，而这些信息是他们本没有机会与其他人沟通的。

注册会计师应当考虑向被审计单位内部的下列人员询问。

（1）不直接参与财务报告过程的业务人员。

（2）拥有不同级别权限的人员。

（3）参与生成、处理或记录复杂或异常交易的人员及对其监督的人员。

（4）内部法律顾问。

（5）负责道德事务的主管人员或承担类似职责的人员。

（6）负责处理舞弊指控的人员。

▶ 2. 询问内容

在了解被审计单位及其环境时，注册会计师应当向管理层询问下列事项。

（1）管理层对财务报表可能存在由于舞弊导致的重大错报风险的评估，包括评估的性质、范围和频率等。

（2）管理层对舞弊风险的识别和应对过程，包括管理层识别出的或注意到的特定舞弊风险，或可能存在舞弊风险的各类交易、账户余额或披露。

（3）管理层就其对舞弊风险的识别和应对过程向治理层的通报。

（4）管理层就其经营理念和道德观念向员工的通报。

除非治理层全部成员参与管理被审计单位，注册会计师应当了解治理层如何监督管理层对舞弊风险的识别和应对过程，以及为降低舞弊风险而建立的内部控制；应当询问治理层，以确定其是否知悉任何影响被审计单位的舞弊事实、舞弊嫌疑或舞弊指控。治理层对这些询问的答复，还可在一定程度上作为管理层答复的佐证信息。注册会计师可通过参加相关会议、阅读会议纪要或询问治理层等审计程序了解有关情况。

如果被审计单位设有内部审计，注册会计师应当询问内部审计人员，以确定其是否知悉任何影响被审计单位的舞弊事实、舞弊嫌疑或舞弊指控，并获取这些人员对舞弊风险的看法。

（二）分析程序

注册会计师应当评价在实施分析程序时识别出的异常或偏离预期的关系（包括与收入账户有关的关系），是否表明存在由于舞弊导致的重大错报风险。

（1）临近会计期末发生异常交易，并产生大额非常规收入。

（2）收入与经营活动产生的现金流量的趋势不一致。

（3）被审计单位的盈利能力与行业趋势不一致或偏离预期。

（4）会计部门记录的销售量与营运部门生产数据统计相比较，存在偏离预期或无法解释的关系。

（三）考虑其他信息

注册会计师应当考虑获取的其他信息是否表明存在由于舞弊导致的重大错报风险。其他信息可能来源于项目组内部的讨论、客户承接或续约过程以及向被审计单位提供其他服务所获得的经验。

注册会计师获取的其他信息包括：

(1) 获取的有关被审计单位及其环境的信息。

(2) 项目组成员间的讨论。

(3) 在客户接受和保持过程中获取的信息。

(4) 为被审计单位提供其他服务所获取的经验(如中期财务信息审阅)。

(四) 组织项目组讨论

▶ 1. 项目组内部讨论的重点内容

针对舞弊导致财务报表发生重大错报的风险，项目组内部讨论的重点内容是财务报表易于发生由于舞弊导致的重大错报的方式和领域，以及舞弊可能如何发生等。

▶ 2. 项目组内部讨论的目的

项目组就由于舞弊导致财务报表发生重大错报的可能性进行的讨论可以达到以下目的：

(1) 具有较多经验的项目组成员有机会与其他成员分享关于财务报表易于发生由于舞弊导致的重大错报的方式和领域的见解。

(2) 针对财务报表易于发生由于舞弊导致的重大错报的方式和领域考虑适当的应对措施，并确定分派哪些项目组成员实施特定的审计程序。

(3) 确定如何在项目组成员中共享实施审计程序的结果，以及如何处理可能引起注册会计师注意的舞弊指控。

▶ 3. 项目组内部讨论的内容

针对舞弊导致财务报表发生重大错报的风险，项目组内部讨论的内容可能包括：

(1) 项目组成员认为财务报表易于发生由于舞弊导致的重大错报的方式和领域、管理层可能编制和隐瞒虚假财务报告的方式以及侵占资产的方式等。

(2) 可能表明管理层操纵利润的迹象，以及管理层可能采取的导致虚假财务报告的利润操纵手段。

(3) 已知悉的对被审计单位产生影响的外部和内部因素，这些因素可能产生动机或压力使管理层或其他人员实施舞弊、可能提供实施舞弊的机会、可能表明存在为舞弊行为寻找借口的文化或环境。

(4) 对接触现金或其他易被侵占资产的员工，管理层对其实施监督的情况。

(5) 注意到的管理层或员工在行为或生活方式方法上出现的异常或无法解释的变化。

(6) 强调在整个审计过程中对由于舞弊的可能性保持适当关注的重要性。

(7) 遇到的哪些情形可能表明存在舞弊。

(8) 如何在拟实施审计程序的性质、时间安排和范围中增加不可预见性。

(9) 为应对由于舞弊导致财务报表发生重大错报的可能性而选择实施的审计程序，以及特定类型的审计程序是否比其他审计程序更为有效。

(10) 注册会计师注意到舞弊指控。

（11）管理层凌驾于控制之上的风险。

▶ **4. 项目组内部讨论的方式**

审计项目组应当考虑持续交换可能影响舞弊风险评估及其应对程序的信息。

 练习题

第十章
审计风险应对

本章重点

1. 总体应对措施，尤其是增加审计程序不可预见性的方法。
2. 进一步审计程序的性质、时间安排和范围。
3. 控制测试的适用范围和实施要求。
4. 实质性分析程序的适用范围和实施要求。
5. 细节测试的适用范围和实施要求。

第 一 节　风险应对概述

一、风险应对的含义和总体框架

▶ 1. 风险应对的含义

风险应对是指注册会计师通过一定的措施降低检查风险，从而使得检查风险与评估的重大错报风险共同形成的审计风险降低到可接受水平。也就是说，注册会计师在评估财务报表重大错报风险后，应当运用职业判断，针对评估的财务报表层次重大错报风险确定总体应对措施，并针对评估的认定层次重大错报风险设计和实施进一步审计程序，以将审计风险降至可接受的低水平。进一步审计程序包括实施控制测试（必要时或决定测试时）和实质性程序。

在设计和实施风险应对程序时，注册会计师应当将审计程序的性质、时间安排和范围与识别、评估的风险相联系，而不是机械地利用程序表从形式上迎合审计准则对程序的要求。

▶ 2. 风险应对的总体框架

风险应对的总体框架如图 10-1 所示。

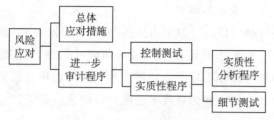

图 10-1 风险应对的总体框架

二、总体应对措施

（一）总体应对措施的主要内容

注册会计师应当针对评估的财务报表层次重大错报风险确定总体应对措施，包括：

（1）向项目组强调保持职业怀疑的必要性。

（2）指派更有经验或具有特殊技能的审计人员，或利用专家的工作。由于各行业在经营业务、经营风险、财务报告、法规要求等方面具有特殊性，审计人员的专业分工细化成为一种趋势。审计项目组成员中应有一定比例的人员曾经参与过被审计单位以前年度的审计，或具有被审计单位所处特定行业的相关审计经验。必要时，要考虑利用信息技术、税务、评估、精算等方面的专家的工作。

（3）提供更多的督导。对于财务报表层次重大错报风险较高的审计项目，审计项目组的高级别成员，如项目合伙人、项目经理等经验较丰富的人员，要对其他成员提供更详细、更经常、更及时的指导和监督并加强项目质量复核。

（4）在选择拟实施的进一步审计程序时融入更多的不可预见的因素。被审计单位人员，尤其是管理层，如果熟悉注册会计师的审计思路和方法，就可能采取种种规避手段，掩盖财务报告中的舞弊行为。因此，在设计拟实施审计程序的性质、时间安排和范围时，为了避免既定思维对审计方案的限制，避免对审计效果的人为干涉，使得针对重大错报风险的进一步审计程序更加有效，注册会计师要考虑使某些程序不被审计单位管理层预见或事先了解。

（5）对拟实施审计程序的性质、时间安排或范围做出总体修改。如果评估的财务报表层次的重大错报风险处于高水平，注册会计师应该对拟实施审计程序的性质、时间安排和范围做出总体修改，具体应当考虑以下几个方面。

① 在期末而非期中实施更多的审计程序。期中获得的审计证据，可信赖程度通常相对较低，难以为高风险的财务报表是否不存在重大错报提供可靠的证据。

② 更多地依赖实施实质性程序以获取更广泛的审计证据。财务报表层次的重大错报风险很可能源于薄弱的控制环境。相应地，控制环境存在缺陷通常会削弱其他控制要素的作用，导致注册会计师可能无法信赖内部控制，而主要依赖实施实质性程序获取审计证据。

③ 增加拟纳入审计范围的经营地点的数量。

（二）增加审计程序不可预见性的方法

▶ 1. 增加审计程序不可预见性的方法

在实务中，注册会计师可以通过以下方式提高审计程序的不可预见性。

（1）对某些未测试过的低于重要性水平或风险较小的账户余额和认定实施实质性程序。例如，函证某些对销售额较不重要、以前未曾关注的销售交易的交易条款，或者测试以前未曾函证的账户余额，如金额为负或零的账户，或余额低于以前设定的重要性水平的账户。

（2）调整实施审计程序的时间，使被审计单位不可预期。例如，如果注册会计师在以前年度的大多数审计工作都围绕着 12 月或在年底前后进行，那么被审计单位就会了解注册会计师这一审计习惯，因此可能会把一些不适当的会计调整放在年度的 9 月、10 月或 11 月等，以避免引起注册会计师的注意。因此，注册会计师可以考虑调整实施审计程序时测试项目的时间，从测试 12 月的项目调整到测试 9 月、10 月或 11 月的项目。

（3）选取不同的地点实施审计程序，或预先不告知被审计单位所选定的测试地点。例如，在存货监盘程序中，在不事先通知被审计单位的情况下选择一些以前未曾到过的盘点地点进行存货监盘，使被审计单位没有机会事先清理现场，隐藏一些不想让注册会计师知道的情况。

（4）向以前审计过程中接触不多的被审计单位员工获取信息。例如，审计存货项目时，不仅向仓库部门的人员获取信息，还向采购、销售、生产人员等询问。

（5）采取不同的审计抽样方法，使当期抽取的测试样本与以前有所不同。如将系统选样改为随机选样。

▶ 2. 增加审计程序不可预见性的注意事项

（1）事先与被审计单位高层管理人员沟通，要求实施不可预见性程序，但不告知其具体内容。沟通的缺乏可能导致被审计单位无法有效地提供审计的实施条件。

（2）虽然对于不可预见性程度没有量化的规定，但审计项目组可根据对舞弊风险的评估等确定具有不可预见性的审计程序。

（3）项目合伙人需要安排项目组成员有效地实施具有不可预见性的审计程序，但同时要避免使项目组成员处于困难境地。

三、进一步审计程序

（一）进一步审计程序的含义

进一步审计程序是指注册会计师针对在风险评估程序中所评估的各类交易、账户余额和披露认定层次重大错报风险实施的审计程序，包括控制测试和实质性程序。

注册会计师应当根据评估的认定层次重大错报风险设计和实施进一步审计程序，即进一步审计程序的性质、时间安排和范围应当与评估的认定层次重大错报风险具备明确的对应关系。

例如，通过对被审计单位的了解，注册会计师可能认为应收账款的坏账准备很可能计提不足，这一风险与应收账款的计价和分摊认定相关，注册会计师指定的进一步设计程序可能是在财务报表日后针对全年的应收账款实施账龄分析，并重新计算坏账准备的计提金额。

（二）设计进一步审计程序时应考虑的因素

在设计进一步审计程序时，注册会计师应当考虑下列因素。

（1）风险的重要性。风险的重要性是指风险造成的后果的严重程度。风险的后果越严重，就越需要注册会计师关注和重视，越需要精心设计有针对性的进一步审计程序。

（2）重大错报发生的可能性。重大错报发生的可能性越大，同样越需要注册会计师精心设计进一步审计程序。

（3）涉及的各类交易、账户余额和披露的特征。不同的交易、账户余额和披露，产生的认定层次的重大错报风险也会存在差异，适用的审计程序也有差别，需要注册会计师区别对待，并设计有针对性的进一步审计程序予以应对。

（4）被审计单位采用的特定控制的性质。不同性质的控制（尤其是人工控制还是自动化控制）对注册会计师设计进一步审计程序具有重要影响。

（5）注册会计师是否拟获取审计证据，以确定内部控制在防止或发现并纠正重大错报方面的有效性。如果注册会计师在风险评估时预期内部控制运行有效，随后拟实施的进一步审计程序就必须包括控制测试，且实质性程序自然会受到之前控制测试结果的影响。

（三）进一步审计程序总体方案的选择

进一步审计程序的总体方案包括实质性方案和综合性方案。实质性方案是指注册会计师实施的进一步审计程序以实质性程序为主；综合性方案是指注册会计师在实施进一步审计程序时，将控制测试与实质性程序结合使用。综合上述几方面因素，注册会计师对认定层次重大错报风险的评估为确定进一步审计程序的总体审计方案奠定了基础。注册会计师应当根据对认定层次重大错报风险的评估结果，恰当选用实质性方案或综合性方案。

通常情况下，注册会计师出于成本效益的考虑可以采用综合性方案设计进一步审计程序，即将测试控制运行的有效性与实质性程序结合使用。但在某些情况下（如仅通过实质性程序无法应对重大错报风险），注册会计师必须通过实施控制测试，才可能有效应对评估出的某一认定的重大错报风险；而在另一些情况下，注册会计师可能认为不宜进行控制测试（如注册会计师的风险评估程序未能识别出与认定相关的任何控制，或注册会计师认为控制测试很可能不符合成本效益原则），此时仅实施实质性程序就是适当的。

需要特别说明的是，无论选择何种方案，注册会计师都应当对所有重大的各类交易、账户余额和披露设计和实施实质性程序，即使这些对这些认定评估的风险水平为低水平。这是因为，注册会计师对重大错报风险的评估毕竟是一种主观判断，同时内部控制存在固有局限性（特别是存在管理层凌驾于内部控制之上的可能性），因此注册会计师可能无法充分识别所有的重大错报风险，而重大的各类交易、账户余额和披露一旦出现错报可能带来严重后果，因此不能仅依赖控制测试来测试报表中的重大认定。

四、进一步审计程序的性质

（一）进一步审计程序的性质的含义

进一步审计程序的性质是指进一步审计程序的目的和类型。其中，进一步审计程序的目的包括通过实施控制测试以确定内部控制运行的有效性，通过实施实质性程序以发现认定层次的重大错报；进一步审计程序的类型包括检查、观察、询问、函证、重新计算、重新执行和分析程序。其中，控制测试使用检查、观察、询问和重新执行；实质性程序使用检查、观察、询问、函证、重新计算和分析程序。

如前所述，在应对评估的风险时，合理确定审计程序的性质是最重要的。这是因为不同的审计程序应对特定认定错报风险的效力不同。例如，实施应收账款的函证程序可以为应收账款在某一时点存在的认定提供审计证据，但通常不能为应收账款的计价认定提供审计证据。对应收账款的计价认定，注册会计师通常需要实施其他更为有效的审计程序，如审查应收账款账龄和期后收款情况，了解欠款客户的信用情况等。如果审计程序的性质不恰当，则实施再多的审计程序也可能无法为审计结论提供充分适当的审计证据。

（二）进一步审计程序的性质的选择

▶ 1. 根据评估的认定层次重大错报风险评估的结果选择审计程序

在确定进一步审计程序的性质时，注册会计师首先需要考虑的是认定层次重大错报风险的评估结果。因此，注册会计师应当根据认定层次重大错报风险的评估结果选择审计程序。评估的认定层次重大错报风险越高，对通过实质性程序获取的审计证据的相关性和可靠性的要求越高，从而可能影响进一步审计程序的类型及其综合运用。

例如，控制测试通常适用于完整性认定。

（1）判断某类交易协议的完整性存在更高的重大错报风险时，除检查交易协议外，还可能需要向第三方询问或函证协议条款的完整性。

（2）对于与收入完整性认定相关的重大错报风险，控制测试通常更能有效应对。

（3）采用信息系统日常处理和控制的某类交易时，如拟在控制运行有效的基础上设计实质性程序，就先实施控制测试。

▶ 2. 考虑评估的认定层次重大错报风险产生的原因

在确定拟实施的审计程序时，注册会计师接下来应当考虑评估的认定层次重大错报风险产生的原因，包括考虑各类交易、账户余额和披露的具体特征以及内部控制。

例如，注册会计师可能判断某特定类别的交易即使在不存在相关控制的情况下发生重大错报的风险仍较低，此时注册会计师可能认为仅实施实质性程序就可以获取充分、适当的审计证据。

再如，对于经由被审计单位信息系统日常处理和控制的某类交易，如果注册会计师预期此类交易在内部控制运行有效的情况下发生重大错报的风险较低，且拟在控制运行有效的基础上设计实质性程序，注册会计师就会决定先实施控制测试。

▶ 3. 考虑所使用信息的准确性和完整性

如果在实施进一步审计程序时拟利用被审计单位信息系统生成的信息，注册会计师应当就信息的准确性和完整性获取审计证据。

例如，注册会计师在实施实质性分析程序时，使用了被审计单位生成的非财务信息或预算数据。再如，注册会计师在对被审计单位的存货期末余额实施实质性程序时，拟利用被审计单位信息系统生成的各个存货存放地点及其余额清单。注册会计师应当获取关于这些信息的准确性和完整性的审计证据。

五、进一步审计程序的时间

（一）进一步审计程序的时间的含义

进一步审计程序的时间包含两层含义，即注册会计师何时实施进一步审计程序和审计证据适用的期间或时点。一般而言，注册会计师在某时点获取的审计证据适用于从期初到实施审计程序时的期间。

（二）进一步审计程序的时间的选择

有关进一步审计程序的时间的选择问题，第一个层面是注册会计师选择在何时实施进一步审计程序的问题；第二个层面是选择获取什么期间或时点的审计证据的问题。第一个层面的选择问题主要集中在如何权衡期中与期末实施审计程序的关系；第二个层面的选择问题分别集中在如何权衡期中审计证据与期末审计证据的关系、如何权衡以前审计获取的审计证据与本期审计获取的审计证据的关系。这两个层面的最终落脚点都是如何确保获取审计证据的效率和效果。

注册会计师可以在期中或期末实施控制测试或实质性程序。选择在何时实施进一步审计程序的一项基本的考虑因素是注册会计师评估的重大错报风险。当重大错报风险较高时，注册会计师应当考虑在期末或接近期末实施实质性程序，或采用不通知的方式，或在管理层不能预见的时间实施审计程序。

虽然在期末实施审计程序在很多情况下非常必要，但仍然不排除注册会计师在期中实施审计程序可能发挥的积极作用。在期中实施进一步审计程序，可能有助于注册会计师在审计工作初期识别重大事项，并在管理层的协助下及时解决这些事项；或针对这些事项制定有效的实质性方案或综合性方案。

当然，在期中实施进一步审计程序也存在很大的局限。首先，注册会计师往往难以仅凭在期中实施的进一步审计程序获取有关期中以前的充分、适当的审计证据（如某些期中以前发生的交易或事项在期中审计结束时尚未完结）；其次，即使注册会计师在期中实施的进一步审计程序能够获取有关期中以前的充分、适当的审计证据，但从期中到期末这段剩余期间还往往会发生重大的交易或事项（包括期中以前发生的交易、事项的延续，以及期中以后发生的新的交易、事项），从而对所审计期间的财务报表认定产生重大影响；最后，被审计单位管理层也完全有可能在注册会计师在期中实施了进一步审计程序之后对期中以前的相关会计记录做出调整甚至篡改，注册会计师在期中实施了进一步审计程序所获取的审计证据已经发生了变化。

由于期中实施进一步审计程序的这些缺陷，如果在期中实施了进一步审计程序，注册会计师还应当针对剩余期间获取审计证据。

（三）选择进一步审计程序的时间时应考虑的因素

注册会计师在确定何时实施审计程序时应当考虑的几项重要因素包括：

▶ 1. 控制环境

良好的控制环境可以抵消在期中实施进一步审计程序的局限性，使注册会计师可以更容易地将期中获取的证据的合理延伸到期末，从而在确定实施进一步审计程序的时间时有更大的灵活度。

▶ 2. 何时能得到相关信息

例如，某些控制活动可能仅在期中发生，而之后可能难以再被观察到。再如，某些电子化的交易和账户文档如未能及时取得，可能被覆盖。同样，期末才能生成的数据也不能在期中审计。在这些情况下，注册会计师如果希望获取相关信息，则需要考虑能够获取相关信息的时间。

▶ 3. 错报风险的性质

例如，被审计单位可能为了保证盈利目标的实现，而在会计期末以后伪造销售合同以虚增收入，此时注册会计师需要考虑在期末（即资产负债表日）这个特定时点获取被审计单位截至期末所能提供的所有销售合同及相关资料，以防范被审计单位在资产负债表日后伪造销售合同虚增收入的做法。

▶ 4. 审计证据适用的期间或时点

注册会计师应当根据需要获取的特定审计证据确定何时实施进一步审计程序。例如，为了获取资产负债表日的存货余额证据，显然不宜在与资产负债表日间隔过长的期中时点或期末以后时点实施存货监盘等相关审计程序。

需要说明的是，虽然注册会计师在很多情况下可以根据具体情况选择实施进一步审计程序的时间，但也存在着一些限制选择的情况。某些审计程序只能在期末或期末以后实施，包括将财务报表与会计记录相核对，检查财务报表编制过程中所作的会计调整等。如果被审计单位在期末或接近期末发生了重大交易，或重大交易在期末尚未完成，注册会计师应当考虑交易的发生或截止等认定可能存在的重大错报风险，并在期末或期末以后检查此类交易。

六、进一步审计程序的范围

（一）进一步审计程序的范围的含义

进一步审计程序的范围是指实施进一步审计程序的数量，包括抽取的样本量、对某项控制活动的观察次数等。

（二）确定进一步审计程序的范围时考虑的因素

在确定进一步审计程序的范围时，注册会计师应当考虑下列因素。

（1）确定的重要性水平。确定的重要性水平越低，注册会计师实施进一步审计程序的范围越广。

（2）评估的重大错报风险。评估的重大错报风险越高，对拟获取审计证据的相关性、可靠性的要求越高，因此，注册会计师实施的进一步审计程序的范围也越广。需要说明的是，只有当审计程序本身与特定风险相关时，扩大审计程序的范围才是有效的。

（3）计划获取的保证程度。计划获取的保证程度，是指注册会计师计划通过所实施的审计程序对测试结果可靠性所获取的信心。计划获取的保证程度越高，对测试结果可靠性要求越高，注册会计师实施的进一步审计程序的范围越广。例如，注册会计师对财务报表是否不存在重大错报的信心可能来自控制测试和实质性程序。如果注册会计师计划从控制测试中获取更高的保证程度，则控制测试的范围就更广。

第 二 节 控 制 测 试

一、控制测试的含义

（一）控制测试的含义

控制测试是指用于评价内部控制在防止或发现并纠正认定层次重大错报方面的运行有效性的审计程序，即控制测试的目的是测试控制运行的有效性。

（二）控制测试的内容

注册会计师应当从下列方面实施控制测试。

① 控制由谁执行。不同的执行者可能因为职业能力或者工作态度上的区别导致对控制的执行效果存在差异。

② 控制是否得到一贯执行。即使控制以很低的频率没有得到执行，也可能导致财务信息中的错误没有被防止或者发现并纠正。

③ 控制以何种方式执行。对控制的不同执行方式会影响执行的效果。例如，登记采购成本时认真审核发票的真伪有助于防范虚假采购，而审核发票的方法可以是仅凭肉眼观察，也可以是通过税务系统查询。后一种方法显然比前一种的效果更好。

（三）需要实施控制测试的情形

注册会计师在以下两种情形中应当实施控制测试。

（1）在评估认定层次重大错报风险时，预期控制的运行是有效的。

测试控制运行有效性的目的是确保能够依赖企业的内部控制，从而可以减少实质性程序的范围，节约审计成本。如果计划依赖内部控制来代替实质性程序，那么注册会计师应当实施控制测试，就控制在相关期间或时点的运行有效性获取充分、适当的审计证据。

具体来说，如果在评估认定层次重大错报风险时发现某项控制的设计是存在的，也是合理的，同时得到了执行，那么注册会计师可能预期，如果相关控制在不同时点都得到了一贯执行，那么可以合理认为与该项控制有关的财务报表认定就不太可能发生重大错报，也就不需要实施很多的实质性程序。在这种情况下，出于成本效益的考虑，注册会计师可能会认为值得实施控制测试。这种测试的前提是注册会计师通过了解内部控制以后认为某项控制存在着被信赖和利用的可能。只有认为控制设计合理、能够防止或发现和纠正认定层次的重大错报，注册会计师才有必要对控制运行的有效性实施测试。如果该项控制不可能被信赖和利用，则控制测试不能减少任何实质性程序，这样的控制测试没有实施的意义。

（2）仅通过实施实质性程序并不能够提供认定层次充分、适当的审计证据。

如果认为仅实施实质性程序获取的审计证据不能获取充分、适当的审计证据，无法将认定层次重大错报风险降至可接受的低水平，注册会计师应当实施相关的控制测试，以获取控制运行有效性的审计证据。这种测试已经不再是单纯出于成本效益的考虑，而是必须获取的一类审计证据。

例如，在被审计单位对日常交易或与财务报表相关的其他数据（包括信息的生成、记录、处理、报告）采用高度自动化处理的情况下，审计证据可能仅以电子形式存在，因此无法实施细节测试。此时，审计证据是否充分和适当通常取决于自动化信息系统相关控制的有效性。如果信息的生成、记录、处理和报告均通过电子格式进行而没有适当有效的控制，则生成不正确信息或信息被不恰当修改的可能性就会大大增加。这种情况下，控制测试就是必不可少的审计程序。

此外，需要说明的是，被审计单位在所审计期间内可能由于技术更新或组织管理变更而更换了信息系统，从而导致在不同时期使用了不同的控制。如果被审计单位在所审计期间内的不同时期使用了不同的控制，注册会计师应当考虑不同时期控制运行的有效性。

（四）评估控制风险与控制测试的关系

评估控制风险包括不可分割的两个部分，即"评价内部控制的设计"和"确定控制是否正在运行"。控制测试则是确定被审计单位内部控制运行的有效性，即被审计单位所实施的内部控制能否防止或发现并纠正财务报表重大错报风险。在评估控制风险时，注册会计师只需抽取少量的交易进行检查或观察某几个时点。但在测试控制运行的有效性时，注册会计师需要抽取足够数量的交易进行检查或对多个不同时点进行观察。

下面这个例子可以说明两者之间的区别。某被审计单位针对销售收入和销售费用的业绩评价控制如下：财务经理每月审核实际销售收入和销售费用，并与预算数和上年同期数比较，对于差异金额超过5%的项目进行分析并编制分析报告；销售经理审阅该报告并采取适当跟进措施。注册会计师抽查了最近3个月的分析报告，发现上述管理人员确实在报告上签字确认。然而，注册会计师在与销售经理进行讨论时发现他对分析报告中明显异常的数据并不了解其原因，也无法做出合理解释。这种状况出现的原因可能是销售经理并未认真审阅财务经理编制的报告，而只是简单浏览之后即签字确认。即虽然执行了该项控制，但未认真执行，该控制的运行实际上是无效的，并不能防止或者发现并纠正可能导致报表错报的项目。

由于两者之间的差别，对控制风险的评估并不足以测试控制运行的有效性，除非存在某些可以使控制得到一贯运行的自动化控制。例如，获取某一人工控制在某一时点得到执行的审计证据，并不能证明该控制在所审计期间内的其他时点也有效运行。但是，信息技术可以使被审计单位持续一贯地对大量数据进行处理,提高了被审计单位监督控制活动运行情况的能力,信息技术还可以通过对应用软件、数据库、操作系统设置安全控制来实现有效的职责划分。由于信息技术处理流程的内在一贯性,实施审计程序确定某项自动控制是否得到执行,也可能实现对控制运行有效性测试的目标,这取决于注册会计师对控制(如针对程序变更的控制)的评估和测试。

尽管控制风险评估和控制测试两者之间存在差异,但两者也有联系。控制风险评估过程中的某些审计程序虽然并非专为控制测试而设计,但可能提供有关控制运行有效性的审计证据,注册会计师可以考虑在评价控制设计和获取其得到执行的审计证据的同时测试控制运行有效性,以提高审计效率。当然,这种情况下注册会计师应当考虑这些审计证据是否足以实现控制测试的目的。例如,被审计单位可能采用预算管理制度,以防止或发现并纠正与费用有关的重大错报风险。通过询问管理层是否编制预算,观察管理层对月度预算费用与实际发生费用的比较,并检查预算金额与实际金额之间的差异报告,注册会计师可能获取有关被审计单位费用预算管理制度的设计及其是否得到执行的审计证据,同时也可能获取相关制度运行有效性的审计证据。当然,注册会计师需要考虑所实施的风险评估程序获取的审计证据是否能够充分、适当地反映被审计单位费用预算管理制度在各个不同时点按照既定设计得以一贯执行。

二、控制测试的性质

(一)控制测试所使用的审计程序的类型

控制测试的性质是指控制测试所使用的审计程序的类型及其组合。虽然控制测试与了解内部控制的目的不同,但两者采用审计程序的类型通常相同,包括询问、观察、检查和重新执行。

▶ 1. 询问

注册会计师可以向被审计单位适当员工询问,获取与内部控制运行情况相关的信息。例如,询问信息系统管理人员有无未经授权接触计算机硬件和软件,向负责复核银行存款余额调节表的人员询问如何进行复核,包括复核的要点是什么、发现不符事项如何处理等。

询问程序的问题在于,仅仅通过询问不能为控制运行的有效性提供充分的证据,注册会计师通常需要印证被询问者的答复,如向其他人员询问和检查执行控制时所使用的报告、手册或其他文件等。因此,虽然询问是一种有用的手段,但它必须和其他测试手段结合使用才能发挥作用。在询问过程中,注册会计师应当保持职业怀疑。

▶ 2. 观察

观察是测试不留下书面记录的控制(如职责分离)的运行情况的有效方法。例如,观察存货盘点控制的执行情况。观察也可运用于实物控制,如查看仓库门是否锁好,或空白支票是否妥善保管。

通常情况下,注册会计师通过观察直接获取的证据比间接获取的证据更可靠。但是,注册会计师还要考虑其所观察到的控制在注册会计师不在场时可能未被执行的情况。观察提供的证据仅限于观察发生的时点，在不观察时可能未被执行。观察适宜于证实某些时点上控制运行的有效性。

▶ 3. 检查

对运行情况留有书面证据的控制，检查非常适用。书面说明、复核时留下的记号，或其他记录在偏差报告中的标志，都可以被当作控制运行情况的证据。例如，检查销售发票是否有复核人员签字，检查销售发票是否附有客户订购单和出库单等。

▶ 4. 重新执行

重新执行是指将所测试的内部控制重新执行一次，以确认控制效果。例如，为了合理保证计价认定的准确性，被审计单位的一项控制是由复核人员核对销售发票上的价格与统一价格单上的价格是否一致。但是，要检查复核人员有没有认真执行核对，仅仅检查复核人员是否在相关文件上签字是不够的，注册会计师还需要自己选取一部分销售发票进行核对。

重新执行的主要缺陷是很费时间。通常只有当询问、观察和检查程序结合在一起仍无法获得充分的证据时，才考虑通过重新执行来证实控制是否有效运行。如果需要进行大量的重新执行，注册会计师就要考虑通过实施控制测试是否能比实质性程序更能节约审计成本。

由于以上程序均存在各自的缺陷，因此，将各种程序结合使用，能够比仅实施一两种获取更高的保证水平。

(二) 确定控制测试所使用的审计程序时应当考虑的因素

▶ 1. 计划的保证程度

计划从控制测试中获取的保证水平是决定控制测试性质的主要因素之一。在计划和实施控制测试时，对控制有效性的信赖程度越高，则需要控制测试的结果具有越高的保证程度，从而应当获取越有说服力的审计证据。当拟实施的进一步审计程序主要以控制测试为主，尤其是仅实施实质性程序无法或不能获取充分、适当的审计证据时，注册会计师应当获取有关控制运行有效性的更高的保证水平。

▶ 2. 考虑特定控制的性质

注册会计师应当根据特定控制的性质选择所需实施审计程序的类型。例如，某些控制可能存在反映控制运行有效性的文件记录，在这种情况下，注册会计师可以检查这些文件记录以获取控制运行有效的审计证据；某些控制可能不存在文件记录（如一项自动化的控制活动），或文件记录与能否证实控制运行有效性不相关，注册会计师应当考虑实施检查以外的其他审计程序（如询问和观察）或借助计算机辅助审计技术，以获取有关控制运行有效性的审计证据。

▶ 3. 考虑测试与认定直接相关和间接相关的控制

在设计控制测试时，注册会计师不仅应当考虑与认定直接相关的控制、还应当考虑这些控制所依赖的与认定间接相关的控制，以获取支持控制运行有效性的审计证据。例如，被审计单位可能针对超出信用额度的例外赊销交易设置报告和审核制度（与认定直接相关的控制）在测试该项制度的运行有效性时，注册会计师不仅应当考虑审核的有效性，还应当考虑与例外赊销报告中信息准确性有关的控制（与认定间接相关的控制）是否有效运行。

▶ 4. 如何对一项自动化的应用控制实施控制测试

对于一项自动化的应用控制，由于信息技术处理过程的内在一贯性，注册会计师可以利用该项控制得以执行的审计证据和信息技术一般控制（特别是对系统变动的控制）运行有效性的审计证据，作为支持该项控制在相关期间运行有效性的重要审计证据。

三、控制测试的时间

（一）控制测试的时间的含义

控制测试的时间包含两层含义：一是何时实施控制测试；二是测试所针对的控制适用的时点或期间。一个基本的原则是，注册会计师应当根据控制测试的目的确定控制测试的时间，并确定拟信赖的相关控制的时点或期间。

如果仅需要测试控制在特定时点的运行有效性（如对被审计单位"盘点期末存货"进行控制测试），注册会计师只需要获取该时点的审计证据。如果需要获取控制在某一期间有效运行的审计证据（如对被审计单位"赊销须经信用管理部门审批"这项制度进行控制测试），仅获取控制在多个不同时点的运行有效性的审计证据并进行简单累加并不能构成充分、适当的审计证据，注册会计师应当辅以其他控制测试。其他控制测试应当具备的功能是，能提供相关控制在所有相关时点都运行有效的审计证据。例如，被审计单位对控制的监督起到的就是一种检验相关控制在所有相关时点是否都有效运行的作用，因此，注册会计师测试这类活动能够强化控制在某期间运行有效性的审计证据效力。

（二）如何考虑期中审计证据

对于控制测试，注册会计师在期中实施此类程序具有更积极的作用。这是因为，被审计单位的内部控制诸要素（相对于具体的交易、账户余额和披露而言）通常具有一定的稳定性和延续性。如果这些控制在控制测试之后的剩余期间未发生变化，则其在整个期间的运行有效性很可能与所测试期间的运行有效性具有一致性。

但是，如果已获取有关控制在期中运行有效性的审计证据，并拟利用该证据，注册会计师应当考虑如何能够将控制在期中运行有效性的审计证据合理延伸至期末，一个基本的考虑是针对期中至期末这段剩余期间获取充分、适当的审计证据。具体而言，注册会计师应当考虑实施下列审计程序。

（1）获取这些控制在剩余期间发生重大变化的审计证据。这项审计程序针对期中已获取审计证据的控制，考察这些控制在剩余期间的变化情况（包括是否发生了变化以及如何变化）；如果这些控制在剩余期间没有发生变化，注册会计师可能决定信赖期中获取的审计证据；如果这些控制在剩余期间发生了变化（如信息系统、业务流程或人事管理等方面发生变动），注册会计师需要了解并测试控制的变化对期中审计证据的影响。

（2）确定针对剩余期间还需获取的补充审计证据。这项审计程序针对期中证据以外的、剩余期间的补充证据。在执行该项规定时，注册会计师应当考虑下列因素。

① 评估的认定层次重大错报风险的重要程度。评估的重大错报风险对财务报表的影响越大，注册会计师需要获取的剩余期间的补充证据越多。

② 在期中测试的特定控制，以及自期中测试后发生的重大变动。例如，对自动化运行的控制，注册会计师更可能测试信息系统一般控制的运行有效性，以获取控制在剩余期间运行有效性的审计证据。

③ 在期中对有关控制运行有效性获取的审计证据的程度。如果注册会计师在期中对有关控制运行有效性获取的审计证据比较充分，可以考虑适当减少需要获取的剩余期间的补充证据。

④ 剩余期间的长度。剩余期间越长，注册会计师需要获取的剩余期间的补充证据越多。

⑤ 在信赖控制的基础上拟缩小实质性程序的范围。注册会计师对相关控制的信赖程度越高，通常在信赖控制的基础上拟减少进一步实质性程序的范围就越大。在这种情况下，注册会计师需要获取的剩余期间的补充证据越多。

⑥ 控制环境。在注册会计师总体上拟信赖控制环境的前提下，控制环境越薄弱（或把握程度越低），注册会计师需要获取的剩余期间的补充证据越多。

除了上述的测试剩余期间控制的运行有效性，测试被审计单位对控制的监督也能够作为一项有益的补充证据，以便更有把握地将控制在期中运行有效性的审计证据延伸至期末。如前所述，被审计单位对控制的监督起到的是一种检验相关控制在所有相关时点是否都有效运行的作用，因此，通过测试剩余期间控制的运行有效性或测试被审计单位对控制的监督，注册会计师可以获取补充审计证据。

（三）如何考虑以前审计获取的审计证据

▶ 1. 考虑以前审计获取的审计证据的基本思路

之所以考虑以前审计获取的有关控制运行有效性的审计证据，原因还是在于内部控制诸要素的相对稳定性。但是，内部控制在不同期间也可能发生重大变化，注册会计师在利用以前审计获取的有关控制运行有效性的审计证据时需要格外慎重，充分考虑各种因素。在考虑以前审计获取的有关控制运行有效性的审计证据时，基本思路是考虑拟信赖的以前审计中测试的控制在本期是否发生变化，以此为基础决定如何合理调整拟在本期获取的有关控制运行有效性的审计证据。

如果拟信赖以前审计获取的有关控制运行有效性的审计证据，注册会计师应当通过实施询问并结合观察或检查程序，获取这些控制是否已经发生变化的审计证据。例如，在以前审计中，注册会计师可能确定被审计单位某项自动控制能够发挥预期作用。那么在本期审计中，注册会计师需要获取审计证据以确定是否发生了影响该自动控制持续有效发挥作用的变化。例如，注册会计师可以通过询问管理层或检查日志，确定哪些控制已经发生变化。

注册会计师可能面临两种结果：控制在本期发生变化；控制在本期没有发生变化。

▶ 2. 当控制在本期发生变化时的处理

如果控制在本期发生变化，注册会计师应当考虑以前审计获取的有关控制运行有效性的审计证据是否与本期审计相关。例如，如果系统的变化仅仅使被审计单位从中获取新的报告，这种变化通常不影响以前审计所获取证据的相关性；如果系统的变化引起数据累积或计算发生改变，这种变化可能影响以前审计所获取证据的相关性。如果控制虽然已发生变化但仍与本期审计相关，则注册会计师应当在本期审计中测试这些控制的运行有效性，而不能直接信赖以前审计获取的有关控制运行有效性的审计证据。

▶ 3. 当控制在本期未发生变化时注册会计师的处理

如果拟信赖的控制自上次测试后未发生变化，且不属于旨在减轻特别风险的控制，注册会计师可以考虑信赖以前审计获取的有关控制运行有效性的审计证据。如果拟信赖以前审计获取的某些控制运行有效性的审计证据，注册会计师应当运用职业判断确定是否在本期审计中测试其运行有效性，以及本次测试与上次测试的时间间隔。这种职业判断受到一定的限制，表现在以下几个方面。

（1）对于每一项控制，每三年至少对其测试一次。

（2）在每次审计时应当从各项控制中选取足够数量的控制，测试其运行有效性。

（3）不应将所有拟信赖控制的测试集中于某一次审计，而在之后的两次审计中不进行任何测试。

这些限制主要是为了尽量降低审计风险，因为注册会计师可能难以充分识别以前审计中测试过的控制在本期是否发生变化。此外，在每一次审计中选取足够数量的部分控制进行测试，除了能够提供这些以前审计中测试过的控制在当期运行有效性的审计证据外，还可提供控制环境持续有效性的旁证，从而有助于注册会计师判断其信赖以前审计获取的审计证据是否恰当。

▶ 4. 确定是否利用以前审计获取的有关控制运行有效性的审计证据的考虑因素

在确定利用以前审计获取的有关控制运行有效性的审计证据是否适当以及再次测试控制的时间间隔时，注册会计师应当考虑的因素或情况包括：

（1）内部控制其他要素的有效性，包括控制环境、对控制的监督以及被审计单位的风险评估过程。例如，当被审计单位控制环境薄弱或对控制的监督薄弱时，注册会计师应当缩短再次测试控制的时间间隔或完全不信赖以前审计获取的审计证据。

（2）控制特征（人工控制还是自动化控制）产生的风险。当相关控制中人工控制的成分较大时，考虑到人工控制一般稳定性较差，注册会计师可能决定在本期审计中继续测试该控制的运行有效性。

（3）信息技术一般控制的有效性。当信息技术一般控制薄弱时，注册会计师可能更少地依赖以前审计获取的审计证据。

（4）控制设计及其运行的有效性，包括在以前审计中测试控制运行有效性时发现的控制运行偏差的性质和程度。例如，当所审计期间发生了对控制运行产生重大影响的人事变动时，注册会计师可能决定在本期审计中不依赖以前审计获取的审计证据。

（5）由于环境发生变化而特定控制缺乏相应变化导致的风险。当环境的变化表明需要对控制做出相应的变动，但控制却没有做出相应变动时，则应当充分意识到控制不再有效，从而导致本期财务报表发生重大错报的可能，此时不应再依赖以前审计获取的有关控制运行有效性的审计证据。

（6）重大错报的风险和对控制的信赖程度。如果重大错报风险较大或对控制的信赖程度较高，应当缩短再次测试控制的时间间隔或完全不信赖以前审计获取的审计证据。

▶ 5. 不得依赖以前审计所获取证据的情形

鉴于特别风险的特殊性，对于旨在减轻特别风险的控制，不论该控制在本期是否发生变化，注册会计师都不应依赖以前审计获取的证据。因此，如果确定评估的认定层次重大错报风险是特别风险，并拟信赖旨在减轻特别风险的控制，注册会计师不应依赖以前审计获取的审计证据，而应在本期审计中测试这些控制的运行有效性。也就是说，如果注册会计师拟信赖针对特别风险的控制，那么，所有关于该控制运行有效性的审计证据必须来自当年的控制测试。相应地，注册会计师应当在每次审计中都测试这类控制。

图 10-2 概括了注册会计师是否需要在本期测试某项控制的决策过程。

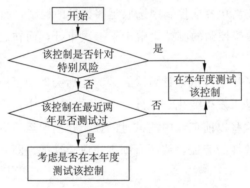

图 10-2　本审计期间测试某项控制的决策

四、控制测试的范围

对于控制测试的范围，其含义主要是指某项控制活动的测试次数。注册会计师应当设计控制测试，以获取控制在整个拟信赖的期间有效运行的充分、适当的审计证据。

（一）确定控制测试范围的考虑因素

当针对控制运行的有效性需要获取更具说服力的审计证据时，可能需要扩大控制测试的范围。在确定控制测试的范围时，除考虑对控制的信赖程度外，注册会计师还可能考虑以下因素。

（1）在拟信赖期间，被审计单位执行控制的频率。控制执行的频率越高，控制测试的范围越大。

（2）在所审计期间，注册会计师拟信赖控制运行有效性的时间长度。拟信赖控制运行有效性的时间长度不同，在该时间长度内发生的控制活动次数也不同。注册会计师需要根据拟信赖控制的时间长度确定控制测试的范围。拟信赖期间越长，控制测试的范围越大。

（3）控制的预期偏差。预期偏差可以用控制未得到执行的预期次数占控制应当得到执行次数的比率加以衡量（也可称为预期偏差率）。考虑该因素，是因为在考虑测试结果是否可以得出控制运行有效性的结论时，不可能只要出现任何控制执行偏差就认定控制运行无效，所以需要确定一个合理水平的预期偏差率。控制的预期偏差率越高，需要实施控制测试的范围越大。如果控制的预期偏差率过高，注册会计师应当考虑控制可能不足以将认定层次的重大错报风险降至可接受的低水平，从而针对某一认定实施的控制测试可能是无效的。

（4）通过测试与认定相关的其他控制获取的审计证据的范围。针对同一认定，可能存在不同的控制。当针对其他控制获取审计证据的充分性和适当性较高时，测试该控制的范围可适当缩小。

（5）拟获取的有关认定层次控制运行有效性的审计证据的相关性和可靠性。从审计抽样的角度来说，这一影响因素即是可接受的信赖过度风险。可接受的信赖过度风险越低，测试该控制的范围就应该越大。影响注册会计师可以接受的信赖过度风险的因素包括：

① 该控制所针对的风险的重要性。

② 控制环境的评估结果。

③ 证明该控制能够防止、发现和纠正认定层次重大错报的审计证据的相关性和可靠性。

④ 在与某认定有关的其他控制的测试中获取的证据的范围。

⑤ 不同控制之间的叠加程度。

⑥ 控制的叠加程度。

注册会计师一般将信赖过度风险确定为10%，特别重要的测试则可以将信赖过度风险确定为5%。在实务中，注册会计师通常对所有控制测试确定一个统一的可接受信赖过度风险水平，然后对每一测试根据计划的重大错报风险评估水平和控制有效性分别确定其可容忍偏差率。

（二）对自动化控制的测试范围的特别考虑

注册会计师通常不需要增加自动化控制的测试范围，除非系统（包括系统使用的表格、文档或其他永久性数据）发生变动。这是因为信息技术处理具有内在一贯性，除非系统发生变动，一项自动化应用控制应当一贯运行。

对于一项自动化应用控制，一旦确定被审计单位正在执行该控制，注册会计师需要考虑执行下列测试以确定该控制持续有效运行。

（1）测试与该应用控制有关的一般控制的运行有效性。

（2）确定系统是否发生变动，如果发生变动，是否存在适当的系统变动控制。

（3）确定对交易的处理是否使用授权批准的软件版本。

例如，注册会计师可以检查信息系统安全控制记录，以确定是否存在未经授权的接触系统硬件和软件，以及系统是否发生变动。

（三）测试两个层次控制时注意的问题

控制测试可用于被审计单位每个层次的内部控制。整体层次控制测试通常更加主观

（如管理层对胜任能力的重视）。对整体层次控制进行测试，通常比业务流程层次控制（如检查付款是否得到授权）更难以记录。因此，整体层次控制和信息技术一般控制的评价通常记录的是文件备忘录和支持性证据。

注册会计师最好在审计的早期测试整体层次控制。原因在于对这些控制测试的结果会影响其他计划审计程序的性质和范围。

第三节　实质性程序

一、实质性程序的含义和要求

（一）实质性程序的含义

实质性程序是指用于发现认定层次重大错报的审计程序。实质性程序主要包括两类，即：对各类交易、账户余额和披露的细节测试以及实质性分析程序。除此之外实质性程序还应当包括下列与财务报表编制完成阶段相关的审计程序。

① 将财务报表与其所依据的会计记录进行核对或调节。

② 检查财务报表编制过程中做出的重大会计分录和其他调整。注册会计师对会计分录和其他会计调整检查的性质和范围，取决于被审计单位财务报告过程的性质和复杂程度以及由此产生的重大错报风险。

由于注册会计师对重大错报风险的评估是一种判断，可能无法充分识别所有的重大错报风险，并且由于内部控制存在固有局限性，无论评估的重大错报风险结果如何，注册会计师都应当针对所有重大的各类交易、账户余额和披露实施实质性程序。

（二）针对特别风险实施的实质性程序需要考虑的因素

特别风险不受常规控制的制约。因此，如果认为评估的认定层次重大错报风险是特别风险，注册会计师应当专门针对该风险实施实质性程序。例如，如果认为管理层面临实现盈利指标的压力而可能提前确认收入，注册会计师在设计询证函时不仅应当考虑函证应收账款的账户余额，还应当考虑询证销售协议的细节条款（如交货、结算及退货条款），此外还可考虑在实施函证的基础上针对销售协议及其变动情况询问被审计单位的非财务人员。

如果针对特别风险实施的程序仅为实质性程序，这些程序应当包括细节测试，或将细节测试和实质性分析程序结合使用，以获取充分、适当的审计证据。做此规定的考虑是，为应对特别风险需要获取具有高度相关性和可靠性的审计证据，仅实施实质性分析程序不足以获取有关特别风险的充分、适当的审计证据。

二、实质性分析程序

（一）实质性分析程序的含义

实质性分析程序主要是通过研究数据间关系评价信息，用以识别各类交易、账户余额和披露及相关认定是否存在错报。实质性分析程序从技术特征上讲仍然是分析程序，只是将该技术方法用做实质性程序。

实质性分析程序不是强制性程序。这是因为：

（1）针对认定层次的重大错报风险，细节测试同样可能实现目的。

（2）运用分析程序需要前提和基础，并不适用于所有认定。分析程序的基础是数据之间的关系存在且在没有反证的情况下继续存在，因此实质性分析程序通常适用于在一段时期内存在预期关系的大量交易。例如：存款利息收入、借款利息支出以及房屋租赁收入等，对营业外收入的实质性程序则不宜使用分析程序。

（3）实质性分析程序能够达到的精确度可能受到种种限制，所提供的证据在很大程度上是间接证据，证明力相对较弱。

总之，从审计过程整体来看，不能仅依赖实质性分析程序，而忽略对细节测试的运用。

（二）实质性分析程序的流程

（1）识别需要运用实质性分析程序的账户余额或交易。例如，可以考虑运用实质性分析程序来测试销售收入。

（2）确定期望值。针对销售收入，注册会计师可以基于对被审计单位的相关预算情况、行业发展状况、市场份额、可比的行业信息、经济形势和发展历程的了解来确定销售收入的期望值。

（3）确定可接受的差异额。在确定可接受的差异额时，注册会计师首先应关注所涉及的重要性和计划的保证水平的影响，以及一项错报单独连同其他错报导致财务报表发生重大错报的可能性。此外，根据拟进行实质性分析的具体指标的不同，可接受的差异额的确定有时与管理层使用的关键业绩指标相关，并需考虑这些指标的适当性和监督过程。

（4）识别需要进一步调查的差异并调查异常数据关系。

注册会计师应当计算实际和期望值之间的差异，这可能涉及一些比率和比较。针对销售收入，调查内容可能包括以下几个方面。

① 观察月度（或每周）的销售记录趋势，与往年或预算或者同行业公司的销售情况相比较。任何异常波动都必须与管理层讨论，如果有必要的话还应作进一步的调查。

② 将销售毛利率与以前年度和预算或者同行业公司的销售毛利率相比较。如果被审计单位各种产品的销售价格是不同的，那么就应当对每个产品或者相近毛利率的产品组进行分类比较。任何重大的差异都需要与管理层沟通。

③ 计算应收账款周转率和存货周转率，并与以前年度或者预算或者同行业公司的相关指标相比较。未预期的差异可能由很多因素引起，包括未记录销售、虚构销售记录或截止问题。

④ 检查异常项目的销售，例如对大额销售以及未从销售记录过入销售总账的销售应予以调查。对临近年末的异常销售记录更应加以特别关注。

（5）调查重大差异并做出判断。注册会计师在分析上述与预期相联系的指标后，如果认为存在未预期的重大差异，就可能需要对营业收入发生额实施更加详细的细节测试。

（6）评价分析程序的结果。注册会计师应当就收集的审计证据是否能支持其试图证实的审计目标和认定形成结论。

（三）实质性分析程序的设计要求

在设计和实施实质性分析程序时，注册会计师应当考虑以下问题。

▶ 1. 考虑特定实质性分析程序对所涉及认定的适用性

实质性分析程序通常更适用于在一段时期内存在预期关系的大量交易。然而，某些分析程序的适用性，取决于注册会计师评价该分析程序在发现某一错报单独或连同其他错报可能引起财务报表存在重大错报时的有效性。例如，如果针对销售订单处理的内部控制存在缺陷，对与应收账款相关的认定，评估的重大错报风险水平通常较高，注册会计师可能更多地依赖细节测试，而非实质性分析程序。

在某些情况下，不复杂的预测模型也可以用于实施有效的分析程序。例如，如果被审计单位在某一会计期间对既定数量的员工支付固定工资，注册会计师可利用这一数据准确地估计出该期间的员工工资总额，从而获取有关该重要财务报表项目的审计证据，并降低对工资成本实施细节测试的必要性。一些广泛认同的行业比率（如不同类型零售企业的毛利率）通常可以有效地运用于实质性分析程序，为已记录金额的合理性提供支持性证据。

不同类型的分析程序提供不同程度的保证。例如，根据租金水平、公寓数量和空置率，可以测算出一幢公寓大楼的总租金收入。如果这些基础数据得到恰当的核实，上述分析程序能提供具有说服力的证据，从而可能无须利用细节测试再作进一步验证。相比之下，通过计算和比较毛利率，对于某项收入数据的确认，可以提供说服力相对较弱的审计证据，但如果结合实施其他审计程序，则可以提供有用的佐证。

一般而言，对某一认定实施细节测试的同时没有必要再实施分析程序，因为细节测试通常能够提供比分析程序更为可靠的审计证据。但是，对某些认定而言，实施细节测试的同时也实施特定的实质性分析程序也可能是适当的，因为分析程序可能会作为细节测试的补充，使审计证据更为充分。例如，注册会计师在对应收账款余额的计价认定获取审计证据时，除了对期后收到的现金实施细节测试之外，也可以对应收账款的账龄实施实质性分析程序，以确定应收账款的可收回性。

▶ 2. 评价在分析程序中所使用数据的可靠性

在分析程序中，尤其是对已记录的金额或比率做出预期时，需要采用被审计单位内部或外部的各种数据。这些数据的可靠性直接影响根据数据形成的预期值。数据的可靠性越高，预期的准确性也将越高，分析程序将更有效。注册会计师计划获取的保证水平越高，对数据可靠性的要求也就越高。

在确定数据的可靠性是否能够满足实质性分析程序的需要时，下列因素是相关的。

（1）可获得信息的来源。例如，从被审计单位以外的独立来源获取的信息可能更加可靠。

（2）可获得信息的可比性。例如，对于生产和销售特殊产品的被审计单位，可能需要对宽泛的行业数据进行补充，使其更具可比性。

（3）可获得信息的性质和相关性。例如，预算可以作为预期的结果，但不能作为最终结果。

（4）与信息编制相关的控制，用以确保信息完整、准确和有效。例如，与预算的编制、复核和维护相关的控制。当这些控制有效时，注册会计师通常对该信息的可靠性更有信心，进而对分析程序的结果更有信心。

上述测试的结果有助于注册会计师就该信息的准确性和完整性获取审计证据，以更好地判断分析程序使用的数据是否可靠。如果注册会计师通过测试获知与信息编制相关的控制运行有效，或信息在本期或前期经过审计，则该信息的可靠性更高。

▶ **3. 评价预期值的准确程度**

准确程度是对预期值与真实值之间接近程度的度量，也称精确度。预期值的准确性越高，注册会计师通过分析程序获取的保证水平将越高，即分析程序越有效。

在评价做出预期的准确程度是否足以在计划的保证水平上识别重大错报时，注册会计师应当考虑下列主要因素。

（1）相关数据和数据之间的相关关系的稳定性。例如，与各年度的研究开发和广告费用支出相比，通常认为各期的毛利率更具有稳定性。

（2）相关信息的可获得性。在设计实质性分析程序时，注册会计师应考虑是否可以获得财务信息（如预算和预测）以及非财务信息（如已生产或已销售产品的数量），以有助于运用分析程序。

（3）信息的可分解程度。信息可分解的程度是指用于分析程序的信息的详细程度，如按月份或地区分部分解的数据。通常，数据的可分解程度越高，预期值的准确性越高，注册会计师将相应获取较高的保证水平。当被审计单位经营复杂或多元化时，分解程度高的详细数据更为重要。

数据需要具体到哪个层次受被审计单位性质、规模、复杂程度及记录详细程度等因素的影响。如果被审计单位从事多个不同的行业，或者拥有非常重要的子公司，或者在多个地点进行经营活动，注册会计师可能需要考虑就每个重要的组成部分分别取得财务信息。但是，注册会计师也应当考虑分解程度高的数据的可靠性。例如，季度数据可能因为未经审计或相关控制相对较少，其可靠性将不如年度数据。

三、细节测试

（一）细节测试的含义

细节测试是对各类交易、账户余额和披露的具体细节进行测试，目的在于直接识别财务报表认定是否存在错报。细节测试具体包括检查、询问、观察、函证、重新计算。

细节测试适用于对各类交易、账户余额和披露认定的测试，尤其是对存在或发生、计价认定的测试。比如：函证应收账款，获取应收账款存在认定是否存在错报的审计证据，此时的"函证"是细节测试；重新计算短期借款利息费用，获取"财务费用"准确性认定是否存在错报的审计证据，此时的"重新计算"是细节测试；对存货跌价损失进行分析和计算，获取"存货"计价认定是否存在错报的审计证据，此时的"分析和计算"是细节测试。

（二）细节测试的适用范围

总体而言，当需要获取高水平保证的审计证据时，应当实施细节测试。具体而言，当出现下列情形时，通常应考虑实施细节测试。

（1）重大错报风险评估为高。

（2）实质性分析程序显示出未预期的趋势。

（3）需要在财务报表中单独披露的金额或很可能存在错报的金额，如差旅费、修理和维护费、广告费、税费等。

（4）对需要在纳税申报表中单独披露的事项进行分析。

（5）需要为有些项目单独出具审计报告，如向国外的特许权授予方支付特许权使用费。

（三）细节测试的方向

对于细节测试，不同的测试方向与不同的认定层次的重大错报风险相关。例如，在针对存在或发生认定设计细节测试时，注册会计师应当选择包含在财务报表金额中的项目，并获取相关审计证据（相当于"逆查"）；又如，在针对完整性认定设计细节测试时，注册会计师应当选择有证据表明应包含在财务报表金额中的项目，并调查这些项目是否确实包括在内（相当于"顺查"）。如为应对被审计单位漏记本期应付账款的风险，注册会计师可以检查其后付款记录。

四、实质性程序的时间

（一）考虑实质性程序的时间的基本思路

实质性程序的时间选择与控制测试的时间选择有共同点，也有很大差异。两者的共同点在于，两类程序都面临着对期中审计证据和对以前审计获取的审计证据的考虑。但是，具体的交易、账户余额和披露不像内部控制那样具有稳定性和一贯性，两者在两个问题的考虑上都具有显著的差异。

（1）在控制测试中，期中实施控制测试并获取期中关于控制运行有效性审计证据的做法更具有一种"常态"；而由于实质性程序的目的在于更直接地发现重大错报，在期中实施实质性程序时更需要考虑其成本效益的权衡。

（2）在本期控制测试中拟信赖以前审计获取的有关控制运行有效性的审计证据，已经受到了很大的限制；而对于以前审计中通过实质性程序获取的审计证据，则采取了更加慎重的态度和更严格的限制。

（二）如何考虑是否在期中实施实质性程序

如前所述，在期中实施实质性程序，一方面消耗了审计资源；另一方面期中实施实质性程序获取的审计证据又不能直接作为期末财务报表认定的审计证据，注册会计师仍然需要消耗进一步的审计资源，使期中审计证据能够合理延伸至期末。于是这两部分审计资源的总和是否能够显著小于完全在期末实施实质性程序所需消耗的审计资源，是注册会计师需要权衡的。因此，注册会计师在考虑是否在期中实施实质性程序时应当考虑以下因素。

（1）控制环境和其他相关的控制。控制环境和其他相关的控制越薄弱，注册会计师越不宜在期中实施实质性程序。

（2）实施审计程序所需信息在期中之后的可获得性。如果实施实质性程序所需信息在期中之后可能难以获取（如系统变动导致某类交易记录难以获取），注册会计师应考虑在期中实施实质性程序；但如果实施实质性程序所需信息在期中之后的获取并不存在明显困难，该因素不应成为注册会计师在期中实施实质性程序的重要影响因素。

（3）实质性程序的目的。如果针对某项认定实施实质性程序的目的就包括获取该认定的期中审计证据（从而与期末比较），注册会计师应在期中实施实质性程序。

（4）评估的重大错报风险。注册会计师评估的某项认定的重大错报风险越高，针对该认定所需获取的审计证据的相关性和可靠性要求也就越高，注册会计师越应当考虑将实质性程序集中于期末（或接近期末）实施。

（5）特定类别交易或账户余额以及相关认定的性质。例如，某些交易或账户余额以及相关认定的特殊性质（如收入截止认定、未决诉讼）决定了注册会计师必须在期末（或接近期末）实施实质性程序。

（6）针对剩余期间，能否通过实施实质性程序或将实质性程序与控制测试相结合，降低期末存在错报而未被发现的风险。如果针对剩余期间注册会计师可以通过实施实质性程序或将实质性程序与控制测试相结合，较有把握地降低期末存在错报而未被发现的风险（如注册会计师在10月份实施预审时考虑是否使用一定的审计资源实施实质性程序，从而形成的剩余期间不是很长），注册会计师可以考虑在期中实施实质性程序；但如果针对剩余期间注册会计师认为还需要消耗大量审计资源才有可能降低期末存在错报而未被发现的风险，甚至没有把握通过适当的进一步审计程序降低期末存在错报而未被发现的风险（如被审计单位于8月份发生管理层变更，注册会计师接受后任管理层邀请实施预审时，考虑是否使用一定的审计资源实施实质性程序），注册会计师就不宜在期中实施实质性程序。

（三）如何考虑期中审计证据

如果在期中实施了实质性程序，注册会计师应当针对剩余期间实施进一步的实质性程序，或将实质性程序和控制测试结合使用，以将期中测试得出的结论合理延伸至期末。

如果拟将期中测试得出的结论延伸至期末，注册会计师应当考虑针对剩余期间仅实施实质性程序是否足够。如果认为实施实质性程序本身不充分，注册会计师还应测试剩余期间相关控制运行的有效性或针对期末实施实质性程序。

对于舞弊导致的重大错报风险（作为一类重要的特别风险），被审计单位存在故意错报或操纵的可能性，那么注册会计师更应慎重考虑能否将期中测试得出的结论延伸至期末。如果已识别出由于舞弊导致的重大错报风险，为将期中得出的结论延伸至期末而实施的审计程序通常是无效的，注册会计师应当考虑在期末或者接近期末实施实质性程序。

（四）如何考虑以前审计获取的审计证据

在以前审计中实施实质性程序获取的审计证据，通常对本期只有很弱的证据效力或没有证据效力，不足以应对本期的重大错报风险。只有当以前获取的审计证据及其相关事项未发生重大变动时（例如，以前审计通过实质性程序测试过的某项诉讼在本期没有任何实质性进展），以前获取的审计证据才可能用做本期的有效审计证据。但即便如此，如果拟利用以前审计中实施实质性程序获取的审计证据，注册会计师应当在本期实施审计程序，以确定这些审计证据是否具有持续相关性。

（五）如何考虑以前审计获取的审计证据

在以前审计中实施实质性程序获取的审计证据，通常对本期只有很弱的证据效力或没有证据效力，不足以应对本期的重大错报风险。

只有当以前获取的审计证据及其相关事项未发生重大变动时（例如，以前审计通过实质性程序测试过的某项诉讼在本期没有任何实质性进展），以前获取的审计证据才可能用做本期的有效审计证据。但即便如此，如果拟利用以前审计中实施实质性程序获取的审计证据，注册会计师应当在本期实施审计程序，以确定这些审计证据是否具有持续相关性。

五、实质性程序的范围

评估的认定层次重大错报风险和实施控制测试的结果是注册会计师在确定实质性程序的范围时的重要考虑因素。注册会计师评估的认定层次的重大错报风险越高，需要实施实质性程序的范围越广。如果对控制测试结果不满意，注册会计师应当考虑扩大实质性程序的范围。

在设计细节测试时，注册会计师除了从样本量的角度考虑测试范围外，还要考虑选样方法的有效性等因素。例如，从总体中选取大额或异常项目，而不是进行代表性抽样或分层抽样。

实质性分析程序的范围有两层含义：第一层含义是对什么层次上的数据进行分析，注册会计师可以选择在高度汇总的财务数据层次进行分析，也可以根据重大错报风险的性质和水平调整分析层次。例如，按照不同产品线、不同季节或月份、不同经营地点或存货存放地点等实施实质性分析程序。第二层含义是需要对什么幅度或性质的偏差展开进一步调查。实施分析程序可能发现偏差，但并非所有的偏差都值得展开进一步调查。可容忍或可接受的偏差（即预期偏差）越大，作为实质性分析程序一部分的进一步调查的范围就越小。于是确定适当的预期偏差幅度同样属于实质性分析程序的范畴。因此，在设计实质性分析程序时，注册会计师应当确定已记录金额与预期值之间可接受的差异额。在确定该差异额时，注册会计师应当主要考虑各类交易、账户余额和披露及相关认定的重要性和计划的保证水平。

六、实质性程序与控制测试的关系

（一）实质性程序的结果与控制测试的结果之间的相互影响

如前所述，控制测试的目的是测试控制运行的有效性，而有效运行的内部控制可以防止或发现并纠正认定层次重大错报。如果控制测试的结果表明企业的内部控制确实是可依赖的，那么注册会计师可以合理判断财务报表出现重大错报的可能性极小，从而实质性程序的范围可以适当减少，进而节约审计成本。

另外，实施实质性程序的结果反过来也会对控制测试产生影响。如果实施实质性程序发现被审计单位没有识别出的重大错报，通常表明内部控制存在重大缺陷，注册会计师一方面应当就这些缺陷与管理层和治理层进行沟通，另一方面也应当认识到此前已实施的控制测试评价结果不恰当，在评价相关控制的运行有效性时应予以考虑，包括降低对相关控制的信赖程度、调整实质性程序的性质以及扩大实质性程序的范围。

此外，如果通过实施实质性程序未发现某项认定存在错报，这本身并不能说明与该认定有关的控制是有效运行的。判断控制是否有效运行，只能依靠控制测试。

（二）实施控制测试时对双重目的的实现

控制测试的目的是评价控制是否有效运行；细节测试的目的是发现认定层次的重大错报。尽管两者目的不同，但注册会计师可以考虑针对同一交易同时实施控制测试和细节测试，以实现双重目的。例如，注册会计师通过检查某笔交易的发票可以确定其是否经过适当的授权（控制测试），也可以获取关于该交易的金额、发生时间等细节证据（细节测试）。又如，在进行存货的监盘时，可以确定被审单位的存货盘点制度是否设计良好并得到有效的执行（控制测试），也可以取得关于存货的具体信息（细节测试）。当然，如果拟实施双重目的的测试，注册会计师应当仔细设计和评价测试程序。

第 四 节　舞弊风险的应对

一、基本应对措施

舞弊导致的重大错报风险属于特别风险，应对舞弊风险时应当更为谨慎。注册会计师应当在整个审计过程中对舞弊导致的重大错报风险保持警惕，在评价审计证据时也要体现这一原则。如果发现某项错报，注册会计师应当考虑该项错报是否表明存在舞弊。

应对舞弊风险的基本框架仍然包含两个层次，即：（1）针对舞弊导致的财务报表层次的重大错报风险实施的总体应对措施。（2）针对舞弊导致的认定层次的重大错报风险实施的审计程序。

（一）总体应对措施

在针对评估的由于舞弊导致的财务报表层次重大错报风险确定总体应对措施时，注册会计师应当。

（1）根据由于舞弊导致的重大错报风险的评估结果分派和督导项目组成员，考虑承担重要业务职责的项目组成员所具备的知识、技能和能力。

（2）评价被审计单位对会计政策（特别是涉及主观计量或复杂交易的会计政策）的选择和运用，是否可能表明管理层通过操纵利润对财务信息做出虚假报告。

（3）在选择审计程序的性质、时间安排和范围时，增加审计程序的不可预见性。

（二）针对舞弊导致的认定层次重大错报风险实施的审计程序

如果评估认为舞弊导致的认定层次重大错报风险水平较高，注册会计师应当设计和实施进一步审计程序加以应对，具体包括以下几个方面。

（1）改变拟实施审计程序的性质，以获取更为可靠、相关的审计证据，或获取其他佐证性信息，包括更加重视实地观察或检查，在实施函证程序时改变常规函证内容，询问被审计单位的非财务人员等。

（2）改变实质性程序的时间，包括在期末或接近期末实施实质性程序，或针对本期较早时间发生的交易事项或贯穿于本会计期间的交易事项实施测试。

（3）改变审计程序的范围，包括扩大样本规模、采用更详细的数据实施分析程序等。

注册会计师针对舞弊导致的认定层次重大错报风险所采取的具体应对措施，取决于已发现的舞弊风险因素类型以及各类具体的交易、账户余额相关认定。

（三）管理层凌驾于控制之上的风险

由于管理层在被审计单位的地位，管理层凌驾于控制之上的风险几乎在每个审计项目中都会存在。对财务信息做出虚假报告通常与管理层凌驾于控制之上有关。因此，管理层凌驾于控制之上的风险属于特别风险。

无论对管理层凌驾于控制之上的风险的评估结果如何，注册会计师都应当设计和实施以下三类审计程序。

（1）测试会计分录和其他调整。

（2）复核和评价会计估计。

（3）评价异常的重大交易。

二、测试会计分录和其他调整

（一）会计分录测试的基本要求

会计分录测试的内容包括日常会计核算过程中做出的会计分录以及编制财务报表过程中做出的其他调整（包括调整分录和抵销分录）。所有财务报表审计业务中，注册会计师都需要专门针对管理层凌驾于控制之上的风险设计和实施会计分录测试。这是因为所有被审计单位都存在管理层凌驾于控制之上的风险，管理层可能通过做出不恰当的会计分录或未经授权的会计分录来操纵财务报表。这种操纵行为可能发生在整个会计期间或期末，或由管理层对财务报表金额做出调整，而该调整未在会计分录中反映（如合并调整和重分类调整）。

（二）会计分录和其他调整的类型

会计分录和其他调整的类型不同，其固有风险和受被审计单位内部控制影响的程度也就不同，因而具有不同程度的重大错报风险。因此，对会计分录和其他调整进行恰当的分类，有助于注册会计师选取重大错报风险较高的会计分录和其他调整进行测试，从而能够提高会计分录测试的效率。

基于会计分录测试的目的，可将被审计单位的会计分录和其他调整分为下列三种类型：

（1）标准会计分录。此类会计分录用于记录被审计单位的日常经营活动或经常性的会计估计，通常是由会计人员作出或会计系统自动生成的，受信息系统一般控制和其他系统性控制的影响。

（2）非标准会计分录。此类会计分录用于记录被审计单位日常经营活动之外的事项或异常交易，可能包括特殊资产减值准备的计提、期末调整分录等。非标准会计分录可能具有较高的重大错报风险，因为此类分录通常容易被管理层用来操纵利润，并且可能涉及任何报表项目。

（3）其他调整。其他调整包括为编制合并财务报表而作出的调整分录和抵销分录、通常不作为正式的会计分录反映的重分类调整等，其他调整可能不受被审计单位内部控制的影响。

（三）会计分录测试的步骤

会计分录测试通常可包括下列步骤。

（1）了解被审计单位的财务报告流程，以及针对会计分录和其他调整已实施的控制，必要时，测试相关控制的运行有效性。

（2）确定待测试会计分录和其他调整的总体，并测试总体的完整性。

（3）从总体中选取待测试的会计分录及其他调整。

（4）测试选取的会计分录及其他调整，并记录测试结果。

在实施会计分录测试时，注册会计师可能需要分析大量的会计分录，采用计算机辅助审计技术或电子表格（如 Excel），可以显著提高会计分录测试的效率和效果。注册会计师通常可以考虑要求被审计单位提供所需要的电子数据，如果能够以标准的格式导出、验证并传输所需要的会计分录数据，则可以进一步提高会计分录测试的效率和效果。

（四）分录和调整的控制

在被审计单位的内部控制系统中，针对会计分录和其他调整，通常包括下列类型的控制措施。

（1）针对分录和调整的授权、过账、审核、核对等方面设置职责分离。

（2）在会计系统中设置系统访问权限，用以控制会计分录的记录权和审批权。

（3）用以防止并发现虚假分录或未经授权的更改的控制措施。

（4）由管理层、治理层或其他适当人员对分录记录和过入总账以及在编制财务报表过程中作出其他调整的过程进行监督。

（5）由内部审计人员定期测试控制运行的有效性。

（五）确定待测试的总体及其完整性

测试分录和调整时，首先需要确定待测试会计分录和其他调整的总体，然后针对该总体实施完整性测试。

▶ 1. 确定待测试总体

虚假会计分录和其他调整通常在报告期末作出，因此，注册会计师应当对报告期末作出的会计分录和其他调整进行测试。然而，由于舞弊导致的财务报表重大错报可能发生于整个会计期间,并且舞弊者可能运用各种方式隐瞒舞弊行为,因此,注册会计师还需要考虑是否有必要测试整个会计期间的会计分录和其他调整。

注册会计师考虑下列情况,可能有助于确定待测试分录和调整的总体。

(1) 某些会计分录和其他调整可能并不过入被审计单位的总账,因此,不仅需要全面了解各总账账户,还要了解各明细账户与被审计财务报表项目之间的对应关系。

(2) 可以结合所了解的被审计单位的财务报告流程以及针对分录和调整实施的控制确定测试总体。在这一过程中,可以了解分录和调整的来源和特征。例如,是由会计信息系统还是以手工方式生成的。

(3) 以手工方式生成的分录或调整通常于月末、季末或年末作出、主要用于记录会计调整或会计估计,或编制合并报表。

(4) 对于以手工方式生成的会计分录或其他调整,特别是在期末用于记录会计调整或会计估计,或者用于编制合并财务报表的调整分录,可以了解这些分录的编制者、所需要的审批,以及这些分录以何种方式得以记录(例如,这些分录是以电子形式记录的,没有实物证据,还是以纸质形式记录的)。

▶ 2. 确定待测试总体的完整性

确定待测试会计分录和其他调整的总体后,注册会计师需要针对该总体实施审计程序,以确定总体的完整性。注册会计师在设计和实施完整性测试时,需要考虑由于舞弊导致的财务报表重大错报风险,以及对被审计单位财务报告流程的了解。

完整性测试的流程可以参考以下列示的例子(假设注册会计师选择测试整个会计期间的会计分录和其他调整)。

(1) 从会计信息系统中导出所有待测试分录和调整。

(2) 加计所有分录和调整的本期发生额,与科目汇总表(包括期初余额、本期借方累计发生额、本期贷方累计发生额、期末余额)中的各科目本期发生额核对相符。

(3) 将系统生成的重要账户余额与明细账和总账及科目汇总表中的余额核对相符。

(4) 检查所有结账后作出的与本期财务报表有关的分录和调整,测试其完整性。

(5) 将总账与财务报表核对,以检查是否存在其他调整。

(六) 选取需要测试的会计分录和其他调整

注册会计师在选取待测试会计分录和其他调整,并针对已选取的项目确定适当的测试方法时,可以考虑下列因素。

(1) 对由于舞弊导致的重大错报风险的评估。注册会计师识别出的舞弊风险因素和在评估由于舞弊导致的重大错报风险过程中获取的其他信息,可能有助于注册会计师识别需要测试的特定类别的会计分录和其他调整。

(2) 对会计分录和其他调整已实施的控制。在注册会计师已经测试了这些控制运行的有效性的前提下,针对会计分录和其他调整的编制和过账所实施的有效控制,可以缩小所需实施的实质性程序的范围。但应注意的是,注册会计师需要充分考虑管理层凌驾于控制之上的风险。

（3）被审计单位的财务报告过程以及所能获取的证据的性质。在很多被审计单位中，交易的日常处理同时涉及人工和自动化的步骤和程序。类似地，会计分录和其他调整的处理过程也可能同时涉及人工和自动化的程序和控制。当信息技术应用于财务报告过程时，会计分录和其他调整可能仅以电子形式存在。

（4）虚假会计分录或其他调整的特征。不恰当的会计分录或其他调整通常具有一定的识别特征。这类特征可能包括：

① 分录涉及不相关、异常或很少使用的账户。

② 分录由平时不负责会计分录的人员作出。

③ 分录在期末或结账过程中作出，且没有或只有很少的解释或描述。

④ 分录在编制财务报表之前或编制过程中作出且没有科目代码。

⑤ 分录金额为约整数或尾数一致。

（5）账户的性质和复杂程度。不恰当的会计分录或其他调整可能体现在以下账户中。

① 包含复杂或性质异常的交易的账户。

② 包含重大估计及期末调整的账户。

③ 过去易于发生错报的账户。

④ 未及时调节的账户，或含有尚未调节差异的账户。

⑤ 包含集团内部不同公司间交易的账户。

⑥ 其他虽不具备上述特征但与已识别的由于舞弊导致的重大错报风险相关的账户。在审计拥有多个组成部分的被审计单位时，注册会计师需考虑从不同的组成部分选取会计分录进行测试。

（6）在日常经营活动之外处理的会计分录或其他调整。针对非标准会计分录实施的控制的水平与针对为记录日常交易（如每月的销售、采购及现金支出）所作出的分录实施的控制的水平可能不同。

此外，注册会计师应当向参与财务报告过程的人员询问与处理会计分录和其他调整相关的不恰当或异常的活动，以确定会计分录测试的重点方向。同时，由于会计分录测试的主要目的是应对管理层凌驾于内部控制之上的风险，因此，注册会计师在选取并测试会计分录和其他调整时应当增加不可预见性。

三、复核和评价会计估计

（一）评价会计估计的基本要求

会计估计，是指在缺乏精确计量手段的情况下，采用的某项金额的近似值，一般分为存在估计不确定性时以公允价值计量的金额，以及其他需要估计的金额。由于经营活动具有内在不确定性，某些财务报表项目只能进行估计。由于会计估计的主观性、复杂性和不确定性，管理层作出的会计估计发生重大错报的可能性较大，注册会计师应当确定会计估计的重大错报风险是否属于特别风险，并对会计估计进行复核和评价。

（二）对于过高估计不确定性的会计估计

可能存在过高估计不确定性的会计估计的例子包括：

（1）高度依赖判断的会计估计，如对未决诉讼的结果或未来现金流量的金额和时间安排的判断，而未决诉讼的结果或未来现金流量的金额和时间安排取决于多年后才能确定结果的不确定事项。

（2）未采用经认可的计量技术，或采用由被审计单位自主开发的高度专业化模型。

（3）在缺乏可观察到的输入数据的情况下作出的会计估计。

（4）注册会计师对上期财务报表中类似会计估计进行复核的结果表明最初会计估计与实际结果之间存在很大差异，在这种情况下管理层作出的会计估计。

在某些情况下，估计不确定性非常高，以致难以作出合理的会计估计。因此，适用的财务报告编制基础可能禁止在财务报表中对此进行确认或以公允价值计量。在这种情况下，特别风险不仅与会计估计是否应予确认或以公允价值计量相关，而且与披露的充分性相关。针对这种会计估计，适用的财务报告编制基础可能要求披露会计估计和与之相关的高度估计不确定性。如果认为会计估计导致特别风险，注册会计师需要了解与会计估计相关的控制，包括控制活动。

（三）复核和评价会计估计的步骤

▶ 1. 了解管理层作出会计估计的过程

注册会计师应当了解下列内容，作为识别和评估会计估计重大错报风险的基础。

（1）了解适用的财务报告编制基础是否规定了会计估计的确认条件或计量方法。

（2）了解管理层如何识别是否需要作出会计估计。

（3）了解管理层用以作出会计估计的方法或模型。

（4）了解与作出会计估计相关的内部控制。

（5）了解会计估计所依据的假设，包括假设的性质、假设的文件记录以及管理层如何评价假设是否相关、完整并具有内在一致性。

（6）了解管理层是否以及如何利用专家的工作。

（7）了解管理层是否评估以及如何评估估计不确定性的影响。

▶ 2. 评估与会计估计相关的不确定性的程度

评估估计不确定性的过程中应当考虑的因素包括：

（1）会计估计对判断的依赖程度。

（2）会计估计对假设变化的敏感性。

（3）是否存在可以降低估计不确定性的经认可的计量技术。

（4）预测期的长度和从过去事项得出的数据对预测未来事项的相关性。

（5）是否能够从外部来源获得可靠数据。

（6）会计估计依据可观察到的或不可观察到的输入数据的程度。

▶ **3. 实施实质性程序以获取相关审计证据**

注册会计师应当获取审计证据，据此评价财务报表中的会计估计在适用的财务报告编制基础下是合理的还是存在错报。具体包括以下几方面。

（1）确定管理层是否恰当运用与会计估计相关的适用的财务报告编制基础的规定。

（2）评价采用的计量方法在具体情况下是否恰当并得到一贯运用，以及会计估计或作出会计估计的方法不同于上期的变化是否适合于具体情况。

（3）评价所使用的假设是否合理。

（4）测试所依据的数据的准确性、完整性和相关性。

（5）测试与管理层如何作出会计估计相关的内部控制的运行有效性。

（6）作出注册会计师的点估计或区间估计，以评价管理层的点估计。

▶ **4. 得出审计结论**

根据获取的审计证据，注册会计师可能认为这些证据指向是与管理层的点估计不同的会计估计。当审计证据支持点估计时，注册会计师的点估计与管理层的点估计之间的差异构成错报。当审计证据支持区间估计时，则在注册会计师区间估计之外的管理层的点估计得不到审计证据的支持。在这种情况下，错报不小于管理层的点估计与注册会计师区间估计之间的最小差异。

当管理层根据其对环境变化的主观判断而改变某项会计估计，或者改变上期作出会计估计的方法时，基于获取的审计证据，注册会计师可能认为会计估计被管理层随意改变而产生错报，或者将其视为可能存在管理层偏向的迹象。

需要注意的是，会计估计的审计结果与财务报表中原来已确认或披露的金额存在差异，并不必然表明财务报表存在错报。这是因为，管理层作出会计估计是基于当时可以获得的信息，而在该时点之后还可能发生新的事项或情况，在审计该估计时注册会计师能够获取的额外的信息，因此审计的结果可能与管理层的估计结果不同。

（四）复核和评价管理层偏向

注册会计师应当复核管理层在作出会计估计时的判断和决策，以识别和评价是否可能存在管理层偏向的迹象（即使判断和决策单独看起来是合理的），从而可能表明存在由于舞弊导致的重大错报风险。注册会计师还应当追溯复核与以前年度财务报表反映的重大会计估计相关的管理层判断和假设。

如果注意到管理层作出的、可能导致出现管理层偏向迹象的判断和决策，还应当评价产生这种偏向的环境是否表明存在由于舞弊导致的重大错报风险。管理层偏向的迹象可能影响注册会计师对有关风险评估结果和相关应对措施是否仍然恰当的判断，并且使得注册会计师可能有必要考虑对审计其他方面的影响。进一步讲，这些迹象可能影响注册会计师对财务报表整体是否不存在重大错报的评估。

下面是与会计估计相关的、可能存在管理层偏向迹象的例子。

（1）管理层主观地认为环境已经发生变化，并相应地改变会计估计或估计方法。

（2）针对公允价值会计估计，被审计单位的自有假设与可观察到的市场假设不一致，但仍使用被审计单位的自有假设。

（3）管理层选择或作出重大假设以产生有利于管理层目标的点估计。

（4）选择带有乐观或悲观倾向的点估计。

四、评价异常的重大交易的商业理由

对于超出被审计单位正常经营过程的重大交易，或虽然未超出其正常经营过程，但是基于对被审计单位及其环境的了解以及在审计过程中获取的其他信息而显得异常的重大交易，评价其商业理由（或缺乏商业理由）是否表明被审计单位从事交易的目的是为了对财务信息做出虚假报告或掩盖侵占资产的行为。

以下迹象可能表明被审计单位从事异常的重大交易。

（1）交易的形式显得过于复杂（例如，交易涉及集团内部多个实体，或涉及多个非关联的第三方）。

（2）管理层更强调采用某种特定的会计处理的需要，而不是交易的经济实质。

（3）交易涉及以往未识别出的关联方，或涉及在没有被审计单位帮助的情况下不具备物质基础或财务能力完成交易的第三方。

（4）管理层未与治理层就此类交易的性质和会计处理进行过讨论，且缺乏充分的记录。

（5）对于涉及不纳入合并范围的关联方（包括特殊目的实体）的交易，治理层未进行适当的审核与批准。

五、发现舞弊迹象时的应对措施

（一）调整审计策略

在审计中如果识别出某项错报，注册会计师应当评价该项错报是否表明存在舞弊。如果认为发现的某项错报是舞弊或可能是舞弊导致的，即使错报金额对财务报表的影响并不重大，注册会计师也应进行进一步调查。注册会计师应当考虑错报涉及的人员在被审计单位中的职位。如果错报涉及较高级别的管理层，即使错报金额对财务报表的影响并不重大，也可能表明存在更具广泛影响的问题。

在这种情况下，注册会计师应当采取下列措施。

（1）重新评估舞弊导致的重大错报风险，并考虑重新评估的结果对审计程序的性质、时间安排和范围的影响。

（2）重新考虑此前获取的审计证据的可靠性，包括作为审计证据的文件和会计记录的真实性，尤其是管理层声明的完整性和可信性，并考虑管理层与员工或第三方串通舞弊的可能性。

（3）考虑对审计报告的影响。如果认为财务报表存在舞弊导致的重大错报，或虽认为存在舞弊但无法确定其对财务报表的影响，注册会计师应当考虑错报对审计意见的影响。

（二）与管理层的沟通

当注册会计师已获取的证据表明存在或可能存在舞弊时，应当尽快提请适当层级的管理层关注这一事项。即使该事项（如被审计单位组织结构中处于较低职位的员工挪用小额公款）可能被认为不重要，注册会计师也应当这样做。

确定拟沟通的适当层级的管理层，需要运用职业判断，并且这一决定受串通舞弊的可能性、舞弊嫌疑的性质和重要程度等事项的影响。通常情况下，适当层级的管理层至少要比涉嫌舞弊人员高出一个级别。

（三）与治理层的沟通

如果确定或怀疑舞弊涉及管理层、在内部控制中承担重要职责的员工以及其舞弊行为可能导致财务报表重大错报的其他人员，注册会计师应当尽早就此类事项与治理层沟通，并与其讨论为完成审计工作所必需的审计程序的性质、时间安排和范围。

如果根据判断认为还存在与治理层职责相关的、涉及舞弊的其他事项，注册会计师应当就此与治理层沟通。这些事项可能包括：

（1）对管理层评估的性质、范围和频率的疑虑，这些评估是针对旨在防止和发现舞弊的控制及财务报表可能存在的重大错报风险而实施的。

（2）管理层未能恰当应对识别出的值得关注的内部控制缺陷或舞弊。

（3）注册会计师对被审计单位控制环境的评价，包括对管理层胜任能力和诚信的疑虑。

（4）可能表明存在编制虚假财务报告的管理层行为，例如，对会计政策的选择和运用可能表明管理层操纵利润，以影响财务报表使用者对被审计单位业绩和盈利能力的看法，从而欺骗财务报表使用者。

（5）对超出正常经营过程的交易的授权的适当性和完整性的疑虑。

（四）与监管机构的沟通

如果识别出舞弊或怀疑存在舞弊，注册会计师应当确定是否有责任向被审计单位以外的机构报告。

尽管注册会计师对客户信息负有的保密义务可能妨碍这种报告，但如果法律法规要求注册会计师履行报告责任，注册会计师应当遵守法律法规的规定。

（五）无法继续执行审计业务

如果由于舞弊或舞弊嫌疑导致出现错报，致使注册会计师认为无法继续执行审计业务，注册会计师应当在相关法律法规允许的情况下，考虑是否需要解除业务约定。

可能致使注册会计师认为无法继续执行审计业务的情形如下。

（1）被审计单位没有针对舞弊采取适当的、注册会计师根据具体情况认为必要的措施。

（2）注册会计师基于对舞弊风险因素的分析和实施审计测试的结果，认为存在重大且广泛的舞弊风险。

（3）注册会计师对管理层或治理层的胜任能力或诚信产生重大疑虑。

如果决定解除业务约定，注册会计师应当采取下列措施。

（1）与适当层级的管理层和治理层讨论解除业务约定的决定和理由。

（2）考虑是否存在职业责任或法律责任，需要向审计业务委托人或监管机构报告解除业务约定的决定和理由。

练习题

第十一章
完成审计工作

第一节 错报的沟通、更正和评价

一、形成审计意见的前提条件

(一)基本要求

注册会计师应当就财务报表是否在所有重大方面按照适用的财务报告编制基础编制并实现公允反映形成审计意见。为形成审计意见,注册会计师应当针对财务报表整体是否不存在重大错报得出结论,并确定是否已就此获取合理保证。

(二)形成审计意见需要考虑的因素

在得出结论时,注册会计师应当考虑下列方面。

▶ 1. 评价已获取的审计证据是否充分、适当

在得出总体结论之前,注册会计师应当根据实施的审计程序和获取的审计证据,评价对认定层次重大错报风险的评估是否仍然适当。在形成审计意见时,注册会计师应当考虑所有相关的审计证据,无论该证据与财务报表认定相互印证还是相互矛盾。

如果对重大的财务报表认定没有获取充分、适当的审计证据,注册会计师应当尽可能

获取进一步的审计证据。

▶ 2. 评价未更正错报单独或汇总起来是否构成重大错报

在确定时，注册会计师应当考虑：

（1）相对特定类别的交易、账户余额或披露以及财务报表整体而言，错报的金额和性质以及错报发生的特定环境。

（2）与以前期间相关的未更正错报对相关类别的交易、账户余额或披露以及财务报表整体的影响。

（三）完成审计阶段需要完成的工作

审计完成阶段是审计的最后一个阶段。注册会计师按业务循环完成各财务报表项目的审计测试和一些特殊项目的审计工作后，需要完成以下工作。

（1）评价审计中的重大发现。

（2）汇总审计测试结果和审计差异。

（3）与被审计单位管理层和治理层进行必要的沟通。

（4）获取必要的管理层书面声明。

（5）修正重要性水平并评价未更正错报。

（6）考虑被审计单位的持续经营假设的合理性，关注或有事项和期后事项对财务报表的影响。

（7）评价独立性和道德问题。

（8）复核审计工作底稿，撰写审计总结。

（9）总体复核调整后的财务报表。

（10）确定应出具审计意见的类型和措辞，编制并致送审计报告，终结审计工作。

需要说明的是，以上只是对审计完成阶段注册会计师主要工作的列举，并不完整。并且，在审计实务中，这些工作有的在审计实施阶段就已经开始，比如对或有事项的关注，有的即使主要在审计完成阶段执行，也未必机械地按照上述列示顺序依次进行。

二、评价审计中的重大发现

（一）需要关注的重大发现

在审计完成阶段，项目负责合伙人和审计项目组需要评价审计中的重大发现和事项，常见的例子包括以下几个方面。

（1）涉及被审计单位会计实务（包括会计政策、会计估计和财务报表披露）的重大事项。例如，涉及会计政策的选择、运用和一贯性的重大事项，复杂的或是不常见的交易活动，会计估计和包含管理层假设在内的不确定性等。

（2）审计工作中遇到的重大困难。审计工作中遇到的重大困难可能包括下列事项。

① 管理层在提供审计所需信息时出现严重拖延。

② 不合理地要求缩短完成审计工作的时间。

③ 为获取充分、适当的审计证据需要付出的努力远远超过预期。

④ 无法获取预期的信息。

⑤ 管理层对注册会计师施加的限制。

⑥ 管理层不愿意按照要求对被审计单位持续经营能力进行评估。

在某些情况下，这些困难可能导致审计范围受到限制，进而导致注册会计师发表非无保留意见。

（3）就特别审计目标识别的重大风险，对审计策略和计划的审计程序所作的重大修正。

（4）项目组成员内部或者项目组与项目质量控制复核人员或提供咨询的其他人员之间就重大会计和审计事项达成最终结论所存在的意见分歧，以及与注册会计师的最终审计结论相矛盾或不一致的信息。

（5）影响被审计单位的业务环境，以及可能影响重大错报风险的经营计划和战略。

（6）值得关注的内部控制缺陷，即注册会计师根据职业判断，认为足够重要从而值得治理层关注的内部控制的一个缺陷或多个缺陷的组合，这些内部控制缺陷通常与财务报告相关并对审计方法有重要影响。

这些重大事项可能是执行审计程序的时候发现的，也可能是在与管理层和其他人员进行讨论或者中期复核时发现的。

（二）对审计过程识别出的错报的考虑

当在审计中识别出错报时，注册会计师通常应当进一步考虑该项错报是否意味着报表中的其他地方还可能存在其他错报。这主要是基于两方面的原因。

首先，错报在某些情况下可能不会孤立发生。例如，注册会计师识别出由于内部控制失效而导致的错报，或被审计单位广泛运用不恰当的假设或评估方法而导致的错报，均可能表明还存在其他错报。

其次，审计抽样可能导致某些错报未被发现。如果审计过程中累积错报的汇总数接近于确定的重要性水平，则表明存在比可接受的低风险水平更大的风险，即可能未被发现的错报连同审计过程中累积错报的汇总数，可能超过重要性。

基于以上原因，当注册会计师识别出错报时，可能要求管理层检查相关的交易、账户余额或披露，以便进一步确认了解错报产生的原因和分析存在其他错报的可能性，并采取措施以确定错报的金额，以及对财务报表作出适当的调整。

三、汇总审计差异

（一）审计差异概述

审计差异即审计项目组成员在审计中发现的被审计单位的会计处理方法与企业会计准则的不一致。审计项目经理应根据审计重要性原则予以初步确定并汇总，并考虑是否建议被审计单位进行调整，使经审计的财务报表所载信息能够公允地反映被审计单位的财务状况、经营成果和现金流量。

审计差异按是否需要调整账户记录可分为核算错误和重分类错误。核算错误是因企业对经济业务进行了不正确的会计核算而引起的错误。用审计重要性原则来衡量，核算错误又可分为建议调整的不符事项和不建议调整的不符事项（形成未调整不符事项）。重分类错误是因企业未按企业会计准则列报财务报表而引起的错误，例如企业在应付账款项目中反映的预付款项、在应收账款项目中反映的预收款项等。

注册会计师确定了建议调整的不符事项和重分类错误后，应以书面方式及时征求被审计单位对需要调整财务报表事项的意见。若被审计单位予以采纳，应取得被审计单位同意调整的书面确认；若被审计单位不予采纳，应分析原因，并根据未调整不符事项的性质和重要程度，确定是否在审计报告中予以反映，以及如何反映。

对审计差异的"初步确定并汇总"直至形成"经审计的财务报表"的过程，主要是通过编制审计差异调整表和试算平衡表得以完成的。

（二）审计差异调整表

无论是哪一类审计差异，审计中发现的项目往往都不止一两项。为便于审计项目的各级负责人综合判断、分析和决定，也为了便于有效编制试算平衡表和代编经审计的财务报表，通常需要将这些审计差异按照类别分别汇总至"账项调整分录汇总表""重分类调整分录汇总表"与"未更正错报汇总表"。3张汇总表的参考格式分别见表 11-1、表 11-2 和表 11-3。

表 11-1　账项调整分录汇总表

序号	内容及说明	索引号	调整内容				影响利润表 +（−）	影响 资产负债表 +（−）
			借方项目	借方金额	贷方项目	贷方金额		

与被审计单位的沟通：

参加人员：

被审计单位：＿＿＿＿＿＿＿＿＿＿＿＿＿＿＿＿＿＿＿＿＿

审计项目组：＿＿＿＿＿＿＿＿＿＿＿＿＿＿＿＿＿＿＿＿＿

被审计单位的意见：

＿＿＿＿＿＿＿＿＿＿＿＿＿＿＿＿＿＿＿＿＿＿＿＿＿＿＿＿＿＿

＿＿＿＿＿＿＿＿＿＿＿＿＿＿＿＿＿＿＿＿＿＿＿＿＿＿＿＿＿＿

结论：

是否同意上述审计调整：＿＿＿＿＿＿＿＿＿＿＿＿＿＿＿＿

被审计单位授权代表签字：＿＿＿＿＿＿＿＿＿＿＿　日期：＿＿＿＿＿＿＿＿

表 11-2 重分类调整分录汇总表

序号	内容及说明	索引号	调整内容			
			借方项目	借方金额	贷方项目	贷方金额

与被审计单位的沟通：

参加人员：

被审计单位：＿＿＿＿＿＿＿＿＿＿＿＿＿＿＿＿＿＿＿＿＿＿＿

审计项目组：＿＿＿＿＿＿＿＿＿＿＿＿＿＿＿＿＿＿＿＿＿＿＿

被审计单位的意见：

＿＿＿＿＿＿＿＿＿＿＿＿＿＿＿＿＿＿＿＿＿＿＿＿＿＿＿＿＿＿

＿＿＿＿＿＿＿＿＿＿＿＿＿＿＿＿＿＿＿＿＿＿＿＿＿＿＿＿＿＿

结论：

是否同意上述审计调整：＿＿＿＿＿＿＿＿＿＿＿＿＿

被审计单位授权代表签字：＿＿＿＿＿＿＿＿＿＿＿ 日期：＿＿＿＿＿＿＿

表 11-3 未更正错报汇总表

序号	内容及说明	索引号	未调整内容				备注
			借方项目	借方金额	贷方项目	贷方金额	

未更正错报的影响：

序号	项目	金额	百分比	计划百分比
1	总资产			
2	净资产			
3	销售收入			
4	费用总额			
5	毛利			
6	净利润			

结论：

被审计单位授权代表签字：＿＿＿＿＿＿＿＿＿＿＿ 日期：＿＿＿＿＿＿＿

（三）编制试算平衡表

试算平衡表是注册会计师在被审计单位提供未审财务报表的基础上，考虑调整分录、重新分类分录等内容以确定已审数与报表披露数的表式。有关资产负债表和利润表的试算平衡表的格式与被审计单位的财务报表基本相同。不同的是，资产负债表试算平衡表中每个项目的金额需列示期末未审数、账项调整、重分类调整和期末审定数四栏，而利润表试算平衡表中每个项目的金额需列示审计前金额、调整金额和审定金额三栏。还应注意以下几点。

（1）试算平衡表中的"期末未审数"和"审计前金额"列，应根据被审计单位提供的未审计财务报表填列。

（2）试算平衡表中的"账项调整"和"调整金额"列，应根据经被审计单位同意的"账项调整分录汇总表"填列。

（3）试算平衡表中的"重分类调整"列，应根据经被审计单位同意的"重分类调整分录汇总表"填列。

（4）在编制完试算平衡表后，应注意核对相应的钩稽关系。例如，资产负债表试算平衡表左边的"期末未审数"列合计数、"期末审定数"列合计数应分别等于其右边相应各列合计数；资产负债表试算平衡表左边的"账项调整"列中的借方合计数与贷方合计数之差应等于右边的"账项调整"列中的贷方合计数与借方合计数之差；资产负债表试算平衡表左边的"重分类调整"列中的借方合计数与贷方合计数之差应等于右边的"重分类调整"列中的贷方合计数与借方合计数之差；等等。

四、错报的沟通、更正与评价

（一）重要性水平的修改

在评价未更正错报的影响之前，注册会计师可能有必要依据实际的财务结果对重要性作出修改。其原因是，注册会计师在确定重要性时可能尚不知道实际的财务结果，因此通常依据对被审计单位财务结果的初步估计。如果在审计过程中获知了某项信息，而该信息可能导致注册会计师确定与原来不同的财务报表整体重要性或者特定类别交易、账户余额或披露的一个或多个重要性水平（如适用），注册会计师应当予以修改。

由于存在下列原因，注册会计师可能需要修改财务报表整体的重要性和特定类别的交易、账户余额或披露的重要性水平（如适用）。

（1）审计过程中情况发生重大变化（如决定处置被审计单位的一个重要组成部分）。

（2）通过实施进一步审计程序对被审计单位及其经营所了解的情况发生变化。例如，注册会计师在审计过程中发现，实际财务成果与最初确定财务报表整体的重要性时使用的预期本期财务成果相比存在着很大差异，则需要修改重要性。

如果注册会计师对重要性或重要性水平（如适用）进行的重新评价导致需要确定较低的金额，则应重新考虑实际执行的重要性和进一步审计程序的性质、时间安排和范围的适当性，以获取充分、适当的审计证据，作为发表审计意见的基础。

（二）与管理层沟通错报事项

及时与适当层级的管理层沟通错报事项是重要的，因为这能使管理层评价这些事项是否为错报，并采取必要行动，如有异议则告知注册会计师。

适当层级的管理层通常是指有责任和权限对错报进行评价并采取必要行动的人员。

在某些情况下，法律法规可能限制注册会计师向管理层或被审计单位内部的其他人员通报某些错报。例如，法律法规可能专门规定禁止通报某事项或采取其他行动，这些通报或行动可能不利于有关权力机构对实际存在的或怀疑存在的违法行为展开调查。此外，在某些情况下，注册会计师的保密义务与通报义务之间存在的潜在冲突可能很复杂。面对这类限制，注册会计师可以考虑征询法律意见。

（三）管理层对错报的更正

管理层更正所有错报（包括注册会计师通报的错报），能够保持会计账簿和记录的准确性，降低由于与本期相关的、非重大的且尚未更正的错报的累积影响而导致未来期间财务报表出现重大错报的风险。如果管理层不更正错报，注册会计师对其理由的理解可能影响其对被审计单位会计实务质量的考虑，进而影响审计意见。

对于识别出的某些错报，注册会计师可能要求管理层检查相关交易、账户余额或披露，以使管理层了解错报发生的原因，并确定这些交易、账户余额或披露实际发生错报的金额，以及对财务报表作出适当的调整。

（四）评价未更正错报的影响

▶ 1. 错报评价的基本框架

在对未更正错报进行评价时，注册会计师应当从不同的角度考虑错报对财务报表的影响。总体而言，评价错报的基本框架可以用图 11-1 来表示。

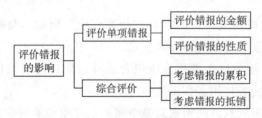

图 11-1　评价错报的基本框架

▶ 2. 单独评价每一项错报

考虑到某些报表使用者非常关注单个重大项目，注册会计师需要考虑每一单项错报，以评价其对相关类别的交易、账户余额或披露的影响。在对单项错报进行评价时，首先应当考虑错报的金额，即评价该项错报是否超过财务报表工作总体的重要性水平和特定类别的交易、账户余额或披露的重要性水平（如适用）。

确定一项分类错报是否重大，除了考虑其金额之外，还需要进行定性评估。一方面，某些错报即使金额低于重要性水平，但因与这些错报相关的某些情况，在将其单独或连同在审计过程中累积的其他错报一并考虑时，注册会计师也可能将这些错报评价为重大错报。例如，较小的收入高估可能为管理层带来较大的激励性报酬。

另一方面，对某些分类错报而言，即使金额超过重要性水平也可能不产生重大影响。例如，办公楼年末完工并达到预计可使用状态，但没有转入固定资产，则该项分类错报就既不影响资产总额、也不影响当期损益。如果该办公楼的价值占公司总资产价值的比例很低，则这种分类错报对财务报表整体不产生重大影响。分类错报视为不重大，前提是分类错报涉及的每类交易、事项或账户余额都不是财务报表使用者的决策依据。在得出分类错报不重大之前，需要定性评价分类错报的影响。例如，对负债或其他合同条款的影响，对单个财务报表项目或小计数的影响，以及对关键比率的影响。

▶ 3. 可能影响错报评价的其他情况

① 错报对遵守监管要求的影响程度。

② 错报对遵守债务合同或其他合同条款的影响程度。

③ 错报与会计政策的不正确选择或运用相关，这些会计政策的不正确选择或运用对当期财务报表不产生重大影响，但可能对未来期间财务报表产生重大影响。

④ 错报掩盖收益的变化或其他趋势的程度（尤其是在结合宏观经济背景和行业状况进行考虑时）。

⑤ 错报对用于评价被审计单位财务状况、经营成果或现金流量的有关比率的影响程度。

⑥ 错报对财务报表中列报的分部信息的影响程度。例如，错报事项对某一分部或对被审计单位的经营或盈利能力有重大影响的其他组成部分的重要程度。

⑦ 错报对增加管理层薪酬的影响程度。例如，管理层通过达到有关奖金或其他激励政策规定的要求以增加薪酬。

⑧ 相对于注册会计师所了解的以前向财务报表使用者传达的信息（如盈利预测），错报是重大的。

⑨ 错报对涉及特定机构或人员的项目的相关程度。例如，与被审计单位发生交易的外部机构或人员是否与管理层成员有关联关系。

⑩ 错报对将在被审计单位年度报告中包含的其他信息的影响程度，这些其他信息被合理预期可能影响财务报表使用者作出的经济决策。

需要指出的是，这里所列举的因素只是举例，不可能涵盖所有情况，也并非所有审计都会出现上述全部因素。实务中，一方面可能存在其他即使金额不重大也会影响财务报表使用者理解财务报表和作出的经济决策的错报，另一方面也不能因为存在这些因素而认为错报必然是重大的。

▶ 4. 综合评价各项目错报

即使某些错报低于财务报表整体的重要性，但因与这些错报相关的某些情况，在将其单独或连同在审计过程中累积的其他错报一并考虑时，也可能评价为重大错报。因此，注册会计师应当对错报进行综合评价。

在从金额和性质方面对错报进行综合评价时，注册会计师既要考虑错报的同向累积，也要考虑错报的反向抵销。考虑错报的反向抵销时，既要考虑同类错报的反向抵销，也要考虑不同项目之间的分类错报的反向抵销。

很多情况下，单独看来不重大错报可能累积成为重大错报，因此评价错报时应当考虑错报的累积。在汇总错报时，某些错报可以直接加总，例如应收账款的高估错报与应收票据的高估错报可以相加。另外一些错报虽然不能直接相加，但是可以累积其影响。例如，当财务报表整体的重要性为 100 万元时，高估营业收入 60 万元与低估营业成本 70 万元都不重要，且营业收入的错报与营业成本的错报不能直接相加，但累积后导致利润总额产生 130 万元的错报，该项错报是重大的。

另外，对于同一账户余额或同一类别的交易内部的错报，错报之间可能会相互抵销。然而，在得出抵消非重大错报是适当的这一结论之前，需要考虑可能存在其他未被发现的错报的风险。例如，主营业务收入内某些项目的高估和另一些项目的低估一般可以相互抵销，因为两者属于同一项目；但高估向非关联方的销售与低估向关联方的销售不能相互抵销，因为关联方交易涉及财务报表的披露。

如果某一单项错报被认为是重大的，则不宜将该项错报与其他（账户余额或类别的）错报进行抵销。例如，营业收入存在重大高估，即使这项错报对收益的影响完全可被相同金额的费用高估所抵销，但营业收入的重大错报依然存在，注册会计师仍认为财务报表整体存在重大错报。

五、得出审计意见时考虑的领域

注册会计师应当就财务报表是否在所有重大方面按照适用的财务报告编制基础编制并实现公允反映形成审计意见。

▶ 1. 评价财务报表是否在所有重大方面按照适用的财务报告编制基础编制

在形成审计意见时，注册会计师应当依据适用的财务报告编制基础特别评价下列内容。

（1）选择和运用的会计政策是否符合适用的财务报告编制基础，并适合被审计单位的具体情况。会计政策是被审计单位在会计确认、计量和报告中采用的原则、基础和会计处理方法。被审计单位选择和运用的会计政策既应符合适用的财务报告编制基础，也应适合被审计单位的具体情况。在考虑被审计单位选用的会计政策是否适当时，注册会计师还应当关注重要的事项。重要事项包括重要项目的会计政策和行业惯例、重大和异常交易的会计处理方法、在新领域和缺乏权威性标准或共识的领域采用重要会计政策产生的影响、会计政策的变更等。

（2）管理层作出的会计估计是否合理。会计估计通常是指被审计单位以最近可利用的信息为基础对结果不确定的交易或事项所作的判断。由于会计估计的主观性、复杂性和不确定性，管理层作出的会计估计发生重大错报的可能性较大。因此，注册会计师应当判断管理层作出的会计估计是否合理，确定会计估计的重大错报风险是否是特别风险，是否采取了有效的措施予以应对。

（3）财务报表列报的信息是否具有相关性、可靠性、可比性和可理解性。财务报表反映的信息应当符合信息质量特征，具有相关性、可靠性、可比性和可理解性。注册会计师应当根据适用的财务报告编制基础的规定，考虑财务报表反映的信息是否符合信息质量特征。

（4）财务报表是否作出充分披露，使财务报表预期使用者能够理解重大交易和事项对财务报表所传递的信息的影响，包括财务报表是否充分披露了选择和运用的重要会计政策。对于通用目的的财务报表，注册会计师需要评价财务报表是否作出充分披露，以使财务报表预期使用者能够理解重大交易和事项对被审计单位财务状况、经营成果和现金流量的影响。

（5）财务报表使用的术语（包括每一财务报表的标题）是否适当。在评价财务报表是否在所有重大方面按照适用的财务报告编制基础编制时，注册会计师还应当考虑被审计单位会计实务的质量，包括表明管理层的判断可能出现偏向的迹象。在得出某项会计估计是否合理的结论时，可能存在管理层偏向的迹象本身并不构成错报。然而，这些迹象可能影响注册会计师对财务报表整体是否不存在重大错报的评价。

▶ **2. 评价财务报表是否实现公允反映**

在评价财务报表是否实现公允反映时，注册会计师应当考虑下列内容。

（1）财务报表的整体列报、结构和内容是否合理。

（2）财务报表（包括相关附注）是否公允地反映了相关交易和事项。

▶ **3. 评价财务报表是否恰当提及或说明适用的财务报告编制基础**

管理层和治理层（如适用）编制的财务报表需要恰当说明适用的财务报告编制基础。这种说明是向财务报表使用者告知编制财务报表所依据的编制基础，因此非常重要。但只有财务报表符合适用的财务报告编制基础（在财务报表所涵盖的期间内有效）的所有要求，声明财务报表按照该编制基础编制才是恰当的。在对适用的财务报告编制基础的说明中使用不严密的修饰语或限定性的语言（如"财务报表实质上符合国际财务报告准则的要求"）是不恰当的，因为这可能误导财务报表使用者。

在某些情况下，财务报表可能声明按照两个财务报告编制基础（如某一国家或地区的财务报告编制基础和国际财务报告准则）编制。这可能是因为管理层被要求或自愿选择同时按照两个编制基础的规定编制财务报表，在这种情况下，两个财务报告编制基础都是适用的财务报告编制基础。只有当财务报表分别符合每个财务报告编制基础的所有要求时，声明财务报表按照这两个编制基础编制才是恰当的。财务报表需要同时符合两个编制基础的要求并且不需要调节，才能被视为按照两个财务报告编制基础编制。在实务中，同时遵守两个编制基础的可能性很小，除非某一国家或地区采用另一财务报告编制基础（如国际财务报告准则）作为本国或地区的财务报告编制基础，或者已消除遵守另一财务报告编制基础的所有障碍。

第二节　复核审计工作底稿和财务报表

一、复核审计工作底稿

审计工作底稿是审计证据的载体。复核审计工作底稿既是保证审计质量的重要手段之一,也是汇总错报、评价审计证据、形成审计结论的基础。会计师事务所应制定政策和程序,对审计项目复核的级次、人员、范围、时间等作出规定。

事务所对工作底稿的复核包括项目组内部复核和项目质量控制复核两个级次。

(一) 项目组内部复核的基本要求

▶ 1. 项目组内部复核的人员

项目组需要在制订审计计划时确定复核人员的指派,以确保所有工作底稿均得到适当层级人员的复核。

(1) 通常情况下,由项目组内经验较多的人员复核经验较少的人员的工作。

(2) 对较为复杂、审计风险较高的领域,需要指派经验丰富的项目组成员复核,必要时可以由项目合伙人执行复核。

较为复杂、审计风险较高的领域包括:舞弊风险的评估与应对、重大会计估计及其他复杂的会计问题、审核会议记录和重大合同、关联方关系和交易、持续经营存在的问题等。

▶ 2. 项目组内部复核的范围

所有审计工作底稿至少要经过一级复核。复核人员需要考虑的事项包括:

(1) 审计工作是否按职业准则和适用的法律法规的规定执行。

(2) 重大事项是否已提请进一步考虑。

(3) 相关事项是否已适当咨询,形成的结论是否已记录和执行。

(4) 是否需要修改已执行审计工作的性质、时间安排和范围。

(5) 已执行的审计工作是否支持形成的结论,并得到适当记录。

(6) 已获取的审计证据是否充分、适当。

(7) 审计程序的目标是否已实现。

▶ 3. 复核时间

审计项目复核贯穿审计全过程,随着审计工作的开展,复核人员在审计计划阶段、执行阶段和完成阶段及时复核相应的工作底稿。例如:在审计计划阶段复核记录审计策略和审计划的工作底稿;在审计执行阶段复核记录控制测试和实质性程序的工作底稿;在审计完成阶段复核记录重大事项、审计调整及未更正错报的工作底稿等。及时复核审计工作底稿有助于及早发现审计中存在的问题,从而及时解决这些问题。

(二) 项目合伙人复核

▶ 1. 基本要求

项目合伙人应当对事务所分派的每项审计业务的总体质量负责,并对项目组按事务所复核政策和程序实施的复核负责。

▶ 2. 项目合伙人复核的范围

由于时间和精力上的限制,项目复核人主要针对特殊的项目,而无须复核所有审计工作底稿。具体而言,项目复核人复核的内容包括:

① 对关键领域所作的判断,尤其是执行业务过程中识别出的疑难问题或争议事项。

② 特别风险。

③ 项目合伙人认为重要的其他领域。

在审计报告日或审计报告日之前，项目合伙人应当通过复核审计工作底稿和与项目组讨论，确信已获取充分、适当的审计证据，支持得出的结论和拟出具的审计报告。

▶ 3. 项目合伙人复核的时间

项目复核人应在审计报告日前获取充分、适当的审计证据，支持审计结论和拟出具的审计报告。项目合伙人应当记录复核的范围（因为不是全部复核）和时间。

二、项目质量控制复核

（一）项目质量控制复核的总体要求

为了保证特定业务执行的质量，除了需要项目组实施组内复核外，会计师事务所还应当制定政策和程序，要求对特定业务实施项目质量控制复核。

项目质量控制复核，是指会计师事务所挑选不参与被复核业务的有适当资格和经验的人员，在出具报告前对特定业务中项目组做出的重大判断和在准备报告时形成的结论做出客观评价的过程。项目质量控制复核必须在出具报告前完成，如没有完成项目质量控制复核，不得出具报告。

需要注意的是，项目质量控制复核并不减轻项目合伙人的责任，更不能替代项目合伙人的责任。

（二）项目质量控制复核的对象

需要执行项目质量控制复核的特定业务包括：

（1）上市实体财务报表审计。

（2）涉及公众利益的程度较大的。

（3）已识别出存在重大异常情况或较高风险的。

（4）法律法规明确要求对实施项目质量控制复核的。

在实务中，除对上市实体财务报表审计业务必须实施项目质量控制复核外，会计师事务所还可以自行建立判断标准，确定对其他业务是否需要实施项目质量控制复核。例如，被审计单位首次公开发行股票或债权，以及被审计单位是提供金融服务的实体（银行、证券公司、保险公司）等，都应当考虑对其实施项目质量控制复核。

（三）项目质量控制复核的具体要求

▶ 1. 项目质量控制复核的时间

只有完成了项目质量控制复核，才能签署审计报告。为了使重大事项在审计报告日之前得到迅速、满意的解决，项目质量控制复核人员在业务的适当阶段及时实施项目质量控制复核。注册会计师要与项目质量复核人员积极协调配合，使其能及时实施复核，而非出具审计报告前才实施复核。

如果项目合伙人不接受项目质量控制复核人员的建议，并且重大事项未得到满意解决，项目合伙人不应当出具报告。

▶ 2. 项目质量控制复核人员

会计师事务所应当制定政策和程序，解决项目质量控制复核人员的委派问题，明确项目质量控制复核人员的资格要求。

（1）项目质量控制复核人员的权威性。项目质量控制复核人员需要具备履行职责所需的充分的、适当的技术专长、经验和权限。特别是项目质量控制复核人员履行职责，不应受到项目合伙人职级的影响。对于项目合伙人在会计师事务所中担任高级领导职务的，要注意避免项目质量控制复核人员的客观性受到损害。项目质量控制复核人员需要具备质疑项目合伙人所需的适当资历（包括经验和能力），以便能够切实履行复核职责。

（2）项目质量控制复核人员的客观性。会计师事务所需要制定政策和程序，以保持项目质量控制复核人员的客观性。这些政策和程序应当要求项目质量控制复核人员符合下列规定。

① 如果可行，不由项目合伙人挑选。

② 在复核期间不以其他方式参与该业务。

③ 不代替项目组进行决策。

④ 不存在可能损害复核人员客观性的其他情形。

▶ 3. 项目质量控制复核的工作内容

项目质量控制复核的主要内容是项目组做出的重大判断以及在编制审计报告时得出的结论。为此，项目质量控制复核人员的评价工作应当涉及下列内容。

（1）与项目合伙人讨论重大事项。

（2）选取与项目组做出重大判断及形成结论有关的工作底稿进行复核。

（3）复核财务报表或其他业务对象信息及报告，评价在编制审计报告时得出的结论，并考虑拟出具审计报告的恰当性。

除上述内容外，会计师事务所还可以视情况需要开展其他工作。例如，复核有关处理和解决重大疑难问题或争议事项形成的工作底稿，复核重大事项概要等。

▶ 4. 项目质量控制复核的范围

项目质量控制复核的范围取决于业务的复杂程度、客户是否为上市实体和出具不恰当报告等风险。

在对上市公司财务报表审计实施项目质量控制复核时，复核人员应当考虑。

① 项目组就具体业务对会计师事务所独立性做出的评价。

② 在审计过程中识别的特别风险以及采取的应对措施。

③ 做出的判断，尤其是关于重要性和特别风险的判断。

④ 项目组是否已就存在的意见分歧、其他疑难问题或争议事项进行适当咨询，以及咨询得出的结论。

⑤ 在审计中识别的已更正和未更正的错报的重要程度及处理情况。

⑥ 拟与管理层、治理层以及其他方面沟通的事项。

⑦ 选取并复核的审计工作底稿，是否反映了项目组针对重大判断执行的工作，以及是否支持得出的结论。

⑧ 拟出具的审计报告的适当性。

以上列示的项目质量控制复核范围仅仅是一个参考。在对上市公司财务报表审计以外的其他业务实施项目质量控制复核时，项目质量控制复核人员可根据情况考虑上述部分或全部事项。如果会计师事务所对其认为复杂程度很高和出具不恰当报告风险很大的特定业务，也可以确定更大的项目质量控制复核范围。

▶ 5. 项目质量控制复核的记录

会计师事务所应当制定政策和程序，要求记录项目质量控制复核情况，包括：

① 有关项目质量控制复核的政策所要求的程序已得到执行。

② 项目质量控制复核在出具报告前业已完成。

③ 复核人员没有发现任何尚未解决的事项，使其认为项目组做出的重大判断及形成的结论不适当。

三、对财务报表总体合理性进行总体复核

管理层调整或部分调整未更正错报后编制的财务报表与调整前的未审计财务报表之间必然存在差异。注册会计师应当在审计结束或临近结束时，运用分析程序，确定经调整后的财务报表整体是否与对被审计单位的了解一致，是否具有总体合理性。

注册会计师在总体复核阶段实施的分析程序主要在于强调并解释财务报表项目自上个会计期间以来发生的重大变化，以证实财务报表中列报的所有信息与注册会计师对被审计单位及其环境的了解一致，与注册会计师取得的审计证据一致。

进行总体复核时，使用分析程序进行的比较和使用的手段与风险评估程序基本相同，但两者的时间和重点不同，取得的数据的数量和质量不同。在总体复核阶段的分析程序不如实质性分析程序详细和具体，且往往集中在财务报表层次。

在运用分析程序进行总体复核时，如果识别出以前未识别的重大错报风险，注册会计师应当重新考虑对全部或部分各类交易、账户余额或披露评估的风险是否恰当，并在此基础上重新评价之前计划的审计程序是否充分，是否有必要追加审计程序。

第 三 节　书 面 声 明

一、书面声明概述

（一）书面声明的含义

书面声明是指管理层向注册会计师提供的书面陈述，用以确认某些事项或支持其他审计证据（管理层应该提供的应该做的不属于书面声明）。书面声明不包括财务报表及其认定，以及支持性账簿和相关记录。

（二）书面声明的特征

书面声明是注册会计师在财务报表审计中需要获取的必要信息，是审计证据的重要来源。如果管理层不提供注册会计师要求的书面声明或者不按照注册会计师要求的格式和内容提供书面声明，那么注册会计师应当警觉存在重大问题的可能性。而且，在很多情况下，要求管理层提供书面声明而非口头声明，可以促使管理层更加认真地考虑声明所涉及的事项，从而提高声明的质量，这也有助于提高审计项目的质量。

尽管书面声明提供必要的审计证据，但其本身并不为所涉及的任何事项提供充分、适当的审计证据。因为管理层也有可能在书面声明中所陈述的事项并不属实的情况下签署书面声明。因此，即使管理层已经提供了可靠的书面声明，注册会计师仍然应当就管理层责任履行情况或具体认定获取其他审计证据，且获取证据的性质和范围不受到影响。

二、书面声明的内容

（一）针对管理层责任的书面声明

▶ 1. 基本要求

针对财务报表的编制，注册会计师应当要求管理层提供书面声明确认其责任，包括：

（1）根据审计业务约定条款，履行了按照适用的财务报告编制基础编制财务报表并使其实现公允反映（如适用）的责任。

（2）按照审计业务约定条款，已向注册会计师提供所有相关信息，并允许注册会计师不受限制地接触所有相关信息以及被审计单位内部人员和其他相关人员。

（3）所有交易均已记录并反映在财务报表中。如果未从管理层获取其确认已履行的责任，注册会计师在审计过程中获取的有关管理层已履行这些责任的其他审计证据是不充分的。仅凭其他审计证据不能判断管理层是否在认可并理解其责任的基础上，编制和列报财务报表并向注册会计师提供了相关信息。

▶ 2. 管理层再次确认对责任的认可与理解

在某些情况下，注册会计师可能会要求管理层在书面声明中再次确认其对自身责任的认可与理解。当存在下列情况时，这种确认尤为必要。

（1）代表被审计单位签订审计业务约定条款的人员不再承担相关责任。

（2）审计业务约定条款是在以前年度签订的。

（3）有迹象表明管理层误解了其责任。

（4）情况的改变需要管理层再次确认其责任。

当然，再次确认管理层对自身责任的认可与理解，并不限于管理层已知的全部事项。

（二）其他书面声明

针对管理层责任的书面声明属于基本书面声明。注册会计师也可能认为有必要要求管理层提供一项或多项其他书面声明，以支持与财务报表或者一项或多项具体认定相关的其他审计证据。其他书面声明可能是对关于管理层责任的书面声明的补充，但不构成其组成部分。除了财务报表，其他书面声明也可能与控制缺陷或管理层判断或意图有关。

▶ 1. 关于财务报表的额外书面声明

关于财务报表的额外书面声明可能包括针对下列事项作出的声明。

(1) 会计政策的选择和运用是否适当。

(2) 是否按照适用的财务报告编制基础对下列事项(如相关)进行了确认、计量、列报或披露。

① 可能影响资产和负债账面价值或分类的计划或意图。

② 负债(包括实际负债和或有负债)。

③ 资产的所有权或控制权,资产的留置权或其他物权,用于担保的抵押资产。

④ 可能影响财务报表的法律法规及合同(包括违反法律法规及合同的行为)。

▶ 2. 针对管理层通报内部控制缺陷的书面声明

在某些情况下,注册会计师可能认为有必要要求管理层提供书面声明,确认其已将注意到的所有内部控制缺陷向注册会计师通报。

▶ 3. 有关特定认定的书面声明

注册会计师可能认为有必要要求管理层提供有关财务报表特定认定的书面声明,尤其是支持注册会计师就管理层的判断或意图或者完整性认定从其他审计证据中获取的了解。例如,如果管理层的意图对投资的计价基础非常重要,但若不能从管理层获取有关该项投资意图的书面声明,注册会计师就不可能获取充分、适当的审计证据。

在获取有关管理层的判断和意图的证据时,需要考虑下列事项。

(1) 被审计单位以前对声明的意图的实际实施情况。

(2) 被审计单位选取特定措施的理由与实施特定措施的能力。

(3) 是否存在审计过程中已获取的、可能与管理层判断或意图不一致的任何其他信息。

为了获取所要求的书面声明,注册会计师可能需要就有关事项向管理层沟通。例如,审计准则要求注册会计师应当累积审计过程中识别出的错报,除非错报明显微小。注册会计师需要确定临界值,高于临界值的错报不能被视作是明显微小的错报。为了获取所要求的书面声明,注册会计师可能认为需要向管理层通报临界值。

(三) 针对未更正错报的书面声明

注册会计师应当要求管理层和治理层(如适用)提供书面声明,说明其是否认为未更正错报单独或汇总起来对财务报表整体的影响不重大,并将声明涉及的错报项目概要包含在书面声明中或附在其后。

在某些情况下,管理层和治理层可能不认为注册会计师提出的某些未更正的错报是错报。基于这一原因,他们可能在书面声明中增加如下表述:"因为……,我们不同意……事项和……事项构成错报。"

即使获取了这一声明,注册会计师仍需要对未更正错报的影响形成结论。

三、书面声明的日期和涵盖的期间

▶ 1. 书面声明的日期

书面声明的日期应当尽量接近对财务报表出具审计报告的日期,但不得在审计报告日后。

（1）由于书面声明是必要的审计证据，在管理层签署书面声明前，注册会计师不能发表审计意见，也不能签署审计报告。

（2）由于注册会计师关注截至审计报告日发生的、可能需要在财务报表中作出相应调整或披露的事项，书面声明的日期应当尽量接近对财务报表出具审计报告的日期，但不得在其之后。

▶ 2. 书面声明涵盖的期间

书面声明应当涵盖审计报告针对的所有财务报表和期间。

（1）在某些情况下，管理层需要再次确认以前期间作出的书面声明是否依然适当，需要更新以前期间所作的书面声明。更新后的书面声明需要表明，以前期间所作的声明是否发生了变化，以及发生了什么变化（如有）。

（2）在审计实务中，可能会出现在审计报告中提及的所有期间内，现任管理层均尚未就任的情形，现任管理层可能由此声称无法就审计报告中提及的所有期间提供部分或全部书面声明。然而，这一事实并不能减轻现任管理层对财务报表整体的责任。相应地，注册会计师仍然需要向现任管理层获取涵盖整个相关期间的书面声明。其原因有两个方面：一方面，管理层书面声明是必要的审计证据；另一方面，即使管理层并未在提及的所有期间都就任，也应当了解企业在这些期间的相关信息。

四、书面声明的形式

以下列示了一种声明书的范例。与该声明书相关的几点背景信息包括：（1）被审计单位采用企业会计准则编制财务报表。（2）被审计单位持续经营能力不存在疑问。（3）所要求的书面声明不存在例外情况。如果存在例外情况，则需要对本参考格式列示的书面声明的内容予以调整，以反映这些例外情况。

致注册会计师：

本声明书是针对你们审计 ABC 公司截至 20×7 年 12 月 31 日的年度财务报表而提供的。审计的目的是对财务报表发表意见，以确定财务报表是否在所有重大方面已按照企业会计准则的规定编制，并实现公允反映。

尽我们所知，并在作出了必要的查询和了解后，我们确认：

一、财务报表

1. 我们已履行［××年×月×日］签署的审计业务约定书中提及的责任，即根据企业会计准则的规定编制财务报表，并对财务报表进行公允反映。

2. 在作出会计估计时使用的重大假设（包括与公允价值计量相关的假设）是合理的。

3. 已按照企业会计准则的规定对关联方关系及其交易作出了恰当的会计处理和披露。

4. 根据企业会计准则的规定，所有需要调整或披露的资产负债表日后事项都已得到调整或披露。

5. 未更正错报，无论是单独还是汇总起来，对财务报表整体的影响均不重大。未更正错报汇总表附在本声明书后。

[备注：插入注册会计师可能认为适当的其他任何事项]。

二、提供的信息

1. 我们已向你们提供下列工作条件。

(1) 允许接触我们注意到的、与财务报表编制相关的所有信息(如记录、文件和其他事项)。

(2) 提供你们基于审计目的要求我们提供的其他信息(包括会议记录)。

(3) 允许在获取审计证据时不受限制地接触你们认为必要的本公司内部人员和其他相关人员。

2. 所有交易均已记录并反映在财务报表中。

3. 我们已向你们披露了由于舞弊可能导致的财务报表重大错报风险的评估结果。

4. 我们已向你们披露了我们注意到的、可能影响本公司的与舞弊或舞弊嫌疑相关的所有信息，这些信息涉及本公司的：

(1) 管理层。

(2) 在内部控制中承担重要职责的员工。

(3) 其他人员(在舞弊行为导致财务报表重大错报的情况下)。

5. 我们已向你们披露了从现任和前任员工、分析师、监管机构等方面获知的、影响财务报表的舞弊指控或舞弊嫌疑的所有信息。

6. 我们已向你们披露了所有已知的、在编制财务报表时应当考虑其影响的违反或涉嫌违反法律法规的行为。

7. 我们已向你们披露了我们注意到的关联方的名称和特征、所有关联方关系及其交易。

[备注：插入注册会计师可能认为必要的其他任何事项]。

附：未更正错报汇总表

ABC 公司	ABC 公司管理层
(盖章)	(签名并盖章)
中国××市	二○×八年×月×日

五、关于书面声明的特殊问题

(一) 对书面声明可靠性的疑虑

▶ 1. 对管理层的胜任能力、诚信、道德价值观或勤勉尽责存在疑虑

如果对管理层的胜任能力、诚信、道德价值观或勤勉尽责存在疑虑，或者对管理层在这些方面的承诺或贯彻执行存在疑虑，注册会计师应当确定这些疑虑对书面或口头声明和审计证据总体的可靠性可能产生的影响。

某些极端情况下，注册会计师可能认为，管理层在财务报表中作出不实陈述的风险很

大，以至于审计工作无法进行，除非治理层采取适当的纠正措施，否则可能需要考虑解除业务约定(如果法律法规允许)。

即使治理层采取了纠正措施，使得注册会计师认为可以接受该项业务，治理层采取的纠正措施很多时候也可能并不足以使注册会计师发表无保留意见。

▶ 2. 书面声明与其他审计证据不一致

如果书面声明与其他审计证据不一致，注册会计师应当实施审计程序以验证信息的真实性，同时可能需要考虑风险评估结果是否仍然适当。

如果认为风险评估结果不适当，注册会计师需要修正风险评估结果，并相应地调整进一步审计程序的性质、时间安排和范围。

如果信息不一致问题无法解决，注册会计师应当重新考虑对管理层的胜任能力、诚信、道德价值观或勤勉尽责的评估，或者重新考虑对管理层在这些方面的承诺或贯彻执行的评估，并确定书面声明与其他审计证据的不一致对书面或口头声明和审计证据总体的可靠性可能产生的影响。

如果由此导致对管理层的诚信产生重大疑虑，以至于认为其作出的书面声明不可靠，应当对财务报表发表无法表示意见。

(二) 管理层不提供要求的书面声明

▶ 1. 基本应对措施

如果管理层不提供要求的一项或多项书面声明，注册会计师应当：

(1) 与管理层讨论该事项。

(2) 重新评价管理层的诚信，并评价该事项对书面或口头声明和审计证据总体的可靠性可能产生的影响。

(3) 采取适当措施，包括确定该事项对审计意见可能产生的影响。

▶ 2. 发表无法表示意见的情形

如果管理层不提供下列书面声明，注册会计师应当对财务报表发表无法表示意见：

(1) 针对财务报表的编制，管理层确认其根据审计业务约定条款，履行了按照适用的财务报告编制基础编制财务报表并使其实现公允反映(如适用)的责任。

(2) 针对提供的信息和交易的完整性，管理层就下列事项提供书面声明。

① 按照审计业务约定条款，已向注册会计师提供所有相关信息，管理层允许注册会计师不受限制地接触相关信息，以及被审计单位内部人员和其他人员。

② 所有交易均已记录并反映在财务报表中。

(三) 管理层不按照要求的内容出具书面声明

某些情况下，管理层虽然同意提供书面声明，但是不按照要求的内容出具书面声明。注册会计师应当分析调整书面声明内容的真正原因，并考虑其对审计意见的可能影响。例如：

(1) 关于不符事项。书面声明可能声称，除了与编制基础的某一要求有重大不符外，财务报表已按编制基础编制，注册会计师认为管理层已提供了可靠的书面声明，需要按规定考虑不符事项对审计意见的影响。

（2）关于信息完整性。书面声明可能声称，除火灾中毁损外，已向注册会计师提供了所有相关信息。注册会计师认为管理层已提供了可靠的书面声明，需要按规定考虑火灾中毁损信息对财务报表产生影响的广泛性，进而确定其对审计意见的影响。

第 四 节　期 后 事 项

资产负债表日后，被审计单位的经营活动仍然在持续进行，还会形成新的会计信息。这些会计信息有可能与所审计财务报表所涉及的会计期间相关，注册会计师在审计过程中也会了解到这些信息。从财务报表日至审计报告日之间发生的事项，以及注册会计师在审计报告日后知悉的事实都被称为期后事项。在审计被审计单位某一会计年度的财务报表时，除了对所审会计年度内发生的交易和事项实施必要的审计程序外，注册会计师还必须考虑所审会计年度之后发生和发现的事项对财务报表和审计报告的影响，以保证一个会计期间的财务报表的真实性和完整性。

一、期后事项的种类

财务报表可能受到财务报表日后发生的事项的影响。适用的财务报告编制基础通常专门提及期后事项，将其区分为下列两类：一是对财务报表日已经存在的情况提供证据的事项，即对财务报表日已经存在的情况提供了新的或进一步证据从而会影响财务报表金额的事项，称为"财务报表日后调整事项"；二是对财务报表日后发生的情况提供证据的事项，即表明财务报表日后发生的情况的事项。这类事项虽不影响财务报表金额，但可能影响对财务报表的正确理解，称为"财务报表日后非调整事项"。

注册会计师应对财务报表日已经存在的事项和财务报表日后出现的事项严加区分，不能混淆。如果确认发生变化的事项直到财务报表日后才发生，就不应将该信息并入所审计的财务报表中。

（一）财务报表日后调整事项

这类事项既为被审计单位管理层确定财务报表日账户余额提供信息，也为注册会计师核实这些余额提供补充证据。如果这类期后事项的金额重大，应提请被审计单位对本期财务报表相关的账户金额及与之相关的披露信息进行调整。常见的调整事项包括：

（1）预计负债的确认。如果被审计单位由于某种原因在财务报表日前被起诉，而法院在财务报表日后判决被审计单位应赔偿对方损失，由于法院的判决证实了企业在财务报表日已经存在现时义务，需要调整原先确认的与该诉讼案件相关的预计负债，或确认一项新负债。因这一负债实际上在财务报表日之前就已存在，所以，如果赔偿数额比较大，注册会计师应考虑提请被审计单位调整或增加财务报表有关负债项目的金额，并加以说明。

（2）资产减值的确认和调整。如果在财务报表日后取得确凿证据，表明某项资产在财务报表日已经发生了减值，或者需要调整该项资产原先确认的减值金额，那么注册会计师应考虑提请被审计单位计提坏账准备或增加计提坏账准备并调整财务报表有关项目的金额。例如，财务报表日被审计单位认为可以收回的大部分应收款项，因财务报表日后债务人突然破产而无法收回。在这种情况下，债务人财务状况显然早已恶化，所以该事项属于调整事项。

（3）资产购入成本或出售收入的进一步确认。在某些情况下，被审计单位在财务报表日前购入的资产，在购入时可能由于不能确定准确的购买价款，而先以估计的价格并考虑可归属于该项资产的直接费用等因素后以暂估价值入账，并进行相关的后续处理。如果在财务报表日后取得了采购发票，明确了购买价款，则被审计单位就应该据此调整该资产原值。

（4）财务报表日后发现了财务报表舞弊或差错。例如，在财务报表日以前，被审计单位根据合同规定所销售的商品已经发出，当时认为与该项商品所有权相关的风险和报酬已经转移，货款能够收回，按照收入确认原则确认了收入并结转了相关成本，即在财务报表日被审计单位确认为销售实现，并在财务报表上反映。但在财务报表日后至审计报告日之间所取得的证据证明该批已确认为销售的商品确实已经退回。如果金额较大，注册会计师应考虑提请被审计单位调整财务报表有关项目的金额。

（二）财务报表日后非调整事项

这类事项因不影响财务报表日的财务状况，而不需要调整被审计单位的本期财务报表。但如果被审计单位的财务报表因此可能受到误解，就应在财务报表中以附注的形式予以适当披露。

被审计单位在财务报表日后发生的，需要在财务报表中披露的非调整的事项通常包括：

（1）财务报表日后发生重大诉讼、仲裁、承诺。

（2）财务报表日后资产价格、税收政策、外汇汇率发生重大变化。

（3）财务报表日后因自然灾害导致资产发生重大损失。

（4）财务报表日后发行股票和债券以及其他巨额举债。

（5）财务报表日后资本公积转增资本。

（6）财务报表日后发生巨额亏损。

（7）财务报表日后发生企业合并或处置子公司。

（8）财务报表日后企业利润分配方案中拟分配的以及经审议批准宣告发放的股利或利润。

二、期后事项的时段划分

根据期后事项的上述定义，期后事项的发生时段通常划分为三个时段：第一个时段是财务报表日后至审计报告日；第二个时段是审计报告日后至财务报表报出日；第三个时段是财务报表报出日后。其中，财务报表日是指财务报表涵盖的最近期间的截止日期；审计报告日是注册会计师在获取充分、适当的审计证据，对财务报表形成审计意见的基础上出具审计报告的日期；财务报表报出日是指审计报告和已审计财务报表提供给第三方的日期。

在实务中，相关的时间点还有财务报表批准日，即构成整套财务报表的所有报表（包括相关附注）已经编制完成，并且被审计单位的董事会、管理层或类似机构认可其对财务报表负责的日期。通常，审计报告日与财务报表批准日是相同的日期。这是因为，一方面，审计报告日不应早于注册会计师获取充分、适当的审计证据（包括管理层认可对财务报表的责任且已批准财务报表的证据）并在此基础上对财务报表形成审计意见的日期；另一方面，管理层通常在审计工作接近尾声、必要的审计调整已经完成之后才批准财务报表。

期后事项相关时点和时段的划分，如图 11-2 所示。

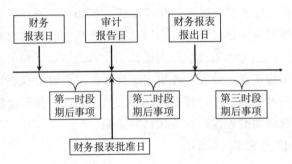

图 11-2　期后事项相关时点和时段的划分

对期后事项的时段进行划分非常重要，注册会计师对不同时段的期后事项承担不同责任。

三、第一时段期后事项

（一）处理第一阶段期后事项的一般原则

财务报表日至审计报告日之间发生的期后事项属于第一时段期后事项。对于这一时段的期后事项，注册会计师负有主动识别的义务，应当设计专门的审计程序来识别这些期后事项，并根据这些事项的性质判断其对财务报表的影响，进而确定是要求管理层进行调整还是披露。

注册会计师应当设计和实施审计程序，获取充分、适当的审计证据，以确定所有在财务报表日至审计报告日之间发生的、需要在财务报表中调整或披露的事项均已得到识别。但是，注册会计师并不需要对之前已实施审计程序并已得出满意结论的事项追加执行审计程序。

通常情况下，针对期后事项的专门审计程序，其实施时间越接近审计报告日越好。越接近审计报告日，也就意味着离财务报表日越远，被审计单位这段时间内累积的对财务报表已经存在的情况提供的进一步证据也就越多；越接近审计报告日，遗漏期后事项的可能性也就越小。此外，在确定审计程序的性质和范围时，注册会计师应当考虑风险评估的结果。

（二）识别第一时段期后事项的审计程序

用以识别第一时段期后事项的审计程序通常包括：

（1）了解管理层为确保识别期后事项而建立的程序。

（2）询问管理层和治理层（如适用），确定是否已发生可能影响财务报表的期后事项。例如可以询问根据初步或尚无定论的数据作出会计处理的项目的现状，以及是否已发生新的承诺、借款或担保，是否计划出售或购置资产等。

（3）查阅被审计单位的所有者、管理层和治理层在财务报表日后举行会议的纪要，在不能获取会议纪要的情况下，询问此类会议讨论的事项。

（4）查阅被审计单位最近的中期财务报表（如有）。

（5）查阅被审计单位在财务报表日后最近期间内的预算、现金流量预测和其他相关的管理报告。

（6）就诉讼和索赔事项询问被审计单位的法律顾问，或扩大之前口头或书面查询的范围。

（7）考虑是否有必要获取涵盖特定期后事项的书面声明。

（三）知悉对财务报表有重大影响的期后事项时的考虑

在实施上述审计程序后，如果注册会计师识别出对财务报表有重大影响的期后事项，应当确定这些事项是否按照适用的财务报告编制基础的规定在财务报表中得到恰当反映。如果所知悉的期后事项属于调整事项，注册会计师应当考虑被审计单位是否已对财务报表作出适当的调整。如果所知悉的期后事项属于非调整事项，注册会计师应当考虑被审计单位是否在财务报表附注中予以充分披露。

四、第二时段期后事项

（一）处理第二阶段期后事项的一般原则

审计报告日后至财务报表报出日前发现的事实属于第二时段期后事项。由于在审计报告日后，注册会计师针对被审计单位的审计业务已经结束，因此注册会计师既没有义务针对财务报表实施任何审计程序，也难以识别可能存在的期后事项，无法承担主动识别第二时段期后事项的审计责任。但是，在这一阶段，被审计单位的财务报表并未报出，管理层有责任将发现的可能影响财务报表的事实告知注册会计师。当然，注册会计师还可能从媒体报道、举报信或者证券监管部门告知等途径获悉影响财务报表的期后事项。

（二）知悉第二时段期后事项时的考虑

如果知悉了某项第二时段期后事项，且若在审计报告日知悉可能导致修改审计报告，注册会计师应当与管理层和治理层（如适用）讨论该事项，确定财务报表是否需要修改；如果需要修改，询问管理层将如何在财务报表中处理该事项。

如果管理层修改了财务报表，注册会计师应当根据具体情况对有关修改实施必要的审计程序；同时，注册会计师应当将用以识别期后事项的上述审计程序延伸至新的审计报告日，并针对修改后的财务报表出具新的审计报告。新的审计报告日不应早于修改后的财务报表被批准的日期。此时，注册会计师需要获取充分、适当的审计证据，以验证管理层根据期后事项所作出的财务报表调整或披露是否符合适用的财务报告编制基础的规定。

如果认为管理层应当修改财务报表而管理层没有修改，并且审计报告尚未提交给被审计单位，注册会计师应当根据事项的性质发表非无保留意见，然后再提交审计报告。

如果认为管理层应当修改财务报表而管理层没有修改，并且审计报告已经提交给被审计单位，注册会计师应当通知管理层和治理层（除非治理层全部成员参与管理被审计单位）在财务报表作出必要修改前不要向第三方报出。如果财务报表在未经必要修改的情况下仍被报出，注册会计师应当采取适当措施，以设法防止财务报表使用者信赖该审计报告。例如，针对上市公司，注册会计师可以利用证券传媒等刊登必要的声明，防止使用者信赖审计报告。注册会计师采取的措施取决于自身的权利和义务以及所征询的法律意见。

五、第三时段期后事项

(一)处理第三阶段期后事项的一般原则

财务报表报出日后知悉的事实属于第三时段期后事项。注册会计师没有义务针对财务报表实施任何审计程序，但是并不排除注册会计师通过媒体等其他途径获悉可能对财务报表产生重大影响的期后事项的可能性。

(二)知悉第三时段期后事项时的考虑

如果知悉了某项第三时段期后事项，且若在审计报告日知悉可能导致修改审计报告，注册会计师应当与管理层和治理层（如适用）讨论该事项，确定财务报表是否需要修改；如果需要修改，询问管理层将如何在财务报表中处理该事项。

应当指出的是，需要注册会计师在知悉后采取行动的第三时段期后事项有两个严格限制。首先，这类期后事项应当是在审计报告日已经存在的事实；其次，该事实如果被注册会计师在审计报告日前获知，可能影响审计报告。只有同时满足这两个条件，注册会计师才需要采取行动。

(三)管理层修改财务报表时的处理

如果管理层修改了财务报表，注册会计师应当采取如下必要的措施。

(1)根据具体情况对有关修改实施必要的审计程序。例如，查阅法院判决文件、复核会计处理或披露事项，确定管理层对财务报表的修改是否恰当。

(2)复核管理层采取的措施能否确保所有收到原财务报表和审计报告的人士了解这一情况。

在修改了财务报表的情况下，管理层应当采取恰当措施让所有收到以财务报表和审计报告的人士了解这一情况。注册会计师需要对这些措施进行复核，判断它们是否能达到这样的目标。例如，上市公司可以在证券类报纸、网站刊登公告，重新公布财务报表和审计报告。但是，如果公司刊登公告的媒体不是中国证券监督管理委员会指定的媒体，而仅刊登在其注册地的媒体上，则异地的使用者可能无法了解这一情况。

(3)延伸实施审计程序，并针对修改后的财务报表出具新的审计报告。新的审计报告日不应早于修改后的财务报表被批准的日期。

需要提醒的是，注册会计师应当在新的或经修改的审计报告中增加强调事项段或其他事项段，提醒财务报表使用者关注财务报表附注中有关修改原财务报表的详细原因和注册会计师提供的原审计报告。

（四）管理层不修改财务报表

如果管理层没有采取必要措施确保所有收到原财务报表的人士了解这一情况，也没有在注册会计师认为需要修改的情况下修改财务报表，注册会计师应当通知管理层和治理层（除非治理层全部成员参与管理被审计单位），而管理层或治理层没有采取适当措施、注册会计师应当采取适当措施，以设法防止财务报表使用者信赖该审计报告。注册会计师采取的措施取决于自身的权利和义务。因此，注册会计师可能去寻求法律意见。

 练习题

第十二章
审 计 报 告

本章重点

1. 审计报告的类型。

2. 标准审计报告的要素和撰写要求。

3. 关键审计事项的确定和撰写要求。

4. 出具非无保留意见审计报告的情形和撰写要求。

5. 增加强调事项段和其他事项段的情形和撰写要求。

第 一 节　审计报告概述

一、审计报告的含义

审计报告是指注册会计师根据审计准则的规定，在执行审计工作的基础上，对财务报表是否在所有重大方面按照财务报告编制基础编制并实现公允反映发表审计意见的书面文件。审计报告是注册会计师在完成审计工作后向委托人提交的最终产品，具有以下特征。

（1）注册会计师应当按照审计准则的规定执行审计工作。

（2）注册会计师在实施审计工作的基础上才能出具审计报告。

（3）注册会计师通过对财务报表发表意见履行业务约定书约定的责任。

（4）注册会计师应当以书面形式出具审计报告。

注册会计师应当根据由审计证据得出的结论，清楚表达对财务报表的意见。财务报表是指对企业财务状况、经营成果和现金流量的结构化表述，至少应当包括资产负债表、利润表、所有者(股东)权益变动表、现金流量表和财务报表附注。无论是出具标准审计报告，还是非标准审计报告，注册会计师一旦在审计报告上签名并盖章，就表明对其出具的审计报告负责。

注册会计师应当将已审计的财务报表附于审计报告之后，以便于财务报表使用者正确理解和使用审计报告，并防止被审计单位替换、更改已审计的财务报表。

二、审计报告的作用

注册会计师签发的审计报告，主要具有鉴证、保护和证明三方面的作用。

（一）鉴证作用

注册会计师是以独立的第三者身份，对被审计单位财务报表合法性、公允性发表意见。这种意见具有鉴证作用，得到了政府及其各部门和社会各界的普遍认可。政府有关部门（如财政部门、税务部门等）和股份制企业的股东，主要依据注册会计师的审计报告来判断被投资企业的财务报表是否公允地反映了财务状况和经营成果，据此了解、掌握企业的财务状况和经营成果，以进行相应的决策。

（二）保护作用

注册会计师通过审计，可以对被审计单位财务报表出具不同类型审计意见的审计报告，以使被审计单位的利益相关者能够更准确地判断财务报表的真实性，进而能够做出正确的决策，降低其投资风险。因此审计报告能够在一定程度上对被审计单位的财产、债权人和股东的权益及企业利害关系人的利益起到保护作用。

（三）证明作用

审计报告是对注册会计师审计任务完成情况及其结果所作的总结，它可以表明审计工作的质量并明确注册会计师的审计责任。通过审计报告，可以证明注册会计师在审计过程中是否实施了必要的审计程序，是否以审计工作底稿为依据发表审计意见，发表的审计意见是否与被审计单位的实际情况相一致，审计工作的质量是否符合要求。因此，审计报告可以对审计工作质量和注册会计师的审计责任起证明作用。通过审计报告，可以证明注册会计师对审计责任的履行情况。

三、审计报告的类型

审计报告有如图 12-1 所示的几种类型。

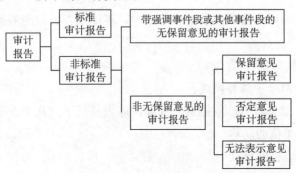

图 12-1 审计报告的类型

▶ 1. 标准审计报告

标准审计报告是指不含有强调事项段、其他事项段或其他特殊段落的无保留意见的审计报告。其中，无保留意见是指当注册会计师认为财务报表在所有重大方面按照适用的财务报告编制基础编制并实现公允反映时发表的审计意见。

▶ 2. 非标准审计报告

非标准审计报告又包括两种，一种是带强调事项段、其他事项段或其他报告责任段的无保留意见的审计报告，另一种是非无保留意见的审计报告。其中，强调事项段、其他事项段或其他报告责任段用于提醒财务报表使用者关注虽不影响审计意见但值得注意的财务信息和审计信息。非无保留意见包括保留意见、否定意见和无法表示意见。

第二节 标准审计报告

一、标准审计报告的基本要素

无保留意见审计报告应当包括下列要素：①标题。②收件人。③审计意见。④形成审计意见的基础。⑤管理层对财务报表的责任。⑥注册会计师对财务报表审计的责任。⑦按照相关法律法规的要求报告的事项（如适用）。⑧注册会计师的签名和盖章。⑨会计师事务所的名称、地址和盖章。⑩报告日期。

（一）标题

审计报告应当具有标题，统一规范为"审计报告"。

（二）收件人

审计报告的收件人是指注册会计师按照业务约定书的要求致送审计报告的对象，一般是指审计业务的委托人。

注册会计师应当与委托人在业务约定书中约定致送审计报告的对象，以防止在此问题上发生分歧或审计报告被委托人滥用。审计报告应当按照审计业务的约定载明收件人的全称。

针对整套通用目的财务报表出具的审计报告，审计报告的致送对象通常为被审计单位的股东或治理层。

（三）审计意见

审计意见部分由两个子部分构成。

审计意见的第一部分指出已审计财务报表，应当包括下列几个方面。

（1）指出被审计单位的名称。

（2）说明财务报表已经审计。

（3）指出构成整套财务报表的每一财务报表的名称。

（4）提及财务报表附注，包括重大会计政策和会计估计。

（5）指明构成整套财务报表的每一财务报表的日期或涵盖的期间。

为体现上述要求，审计报告可说明"我们审计了被审计单位的财务报表，包括[指可适用的财务报告编制基础规定的构成整套财务报表的每一财务报表的名称、日期或涵盖的期间]以及财务报表附注，包括重大会计政策和会计估计。"

审计意见涵盖的范围包括由适用的财务报表编制基础所确定的整套财务报表。例如，在许多通用目的编制基础中，财务报表包括资产负债表、利润表、现金流量表、所有者权益变动表和相关附注（通常包括重大会计政策和会计估计以及其他解释性信息）。

审计意见的第二部分应当说明注册会计师发表的审计意见。如果对财务报表发表无保留意见，除非法律法规另有规定，审计意见应当做用"我们认为，财务报表在所有重大方面按照[适用的财务报告编制基础（如企业会并准则等）]编制，公允反映了[……]"的措辞。审计意见说明财务报表在所有重大方面按照适用的财务报告编制基础编制，公允反映了财务报表旨在反映的事项。对按照企业会计准则编制的财务报表，这些事项是"被审计单位期末的财务状况、截至期末某一期间的经营成果和现金流量"。

（四）形成审计意见的基础

形成审计意见的基础部分提供关于审计意见的重要背景。因此，该部分应当紧接在审计意见部分之后，并包括下列几个方面。

（1）说明注册会计师按照审计准则的规定执行了审计工作。

（2）提及审计报告中用于描述审计准则规定的注册会计师责任的部分。

（3）声明注册会计师按照与审计相关的职业道德要求独立于被审计单位，并履行了职业道德方面的其他责任。声明中应当指明适用的职业道德要求，如中国注册会计师职业道德守则。

（4）说明注册会计师是否相信获取的审计证据是充分、适当的，为发表审计意见提供了基础。

（五）管理层对财务报表的责任段

审计报告应当包含标题为"管理层对财务报表的责任"的段落，用以描述被审计单位中负责编制财务报表的人员的责任。在管理层对财务报表的责任段应当说明管理层负责下列方面。

（1）按照适用的财务报告编制基础编制财务报表，使其实现公允反映，并设计、执行和维护必要的内部控制，以使财务报表不存在由于舞弊或错误导致的重大错报。

（2）评估被审计单位的持续经营能力和使用持续经营假设是否适当，并披露与持续经营相关的事项（如适用）。对管理层评估责任的说明应当包括描述在何种情况下使用持续经营假设是适当的。

注册会计师按照审计准则的规定执行审计工作的前提是管理层和治理层（如适用）认可其责任，审计报告中对管理层责任的说明有助于向财务报表使用者解释这一前提。在某些情况下，管理层可能需要承担与财务报表编制相关的额外责任，注册会计师可以在上述责任的基础上增加对额外责任的说明。

对于会计账簿和记录或会计系统，由于它们是内部控制必要的组成部分，即上述两方面的责任中已经包含此内容，所以无论在审计业务约定书或其他适当形式的书面协议中，还是在审计报告的管理层对财务报表的责任段中，都不必特别提及管理层对会计账簿和记录或会计系统的适当性所负的责任。

(六) 注册会计师的责任段

审计报告应当包含标题为"注册会计师的责任"的段落，其中应当说明下列内容。

(1) 说明注册会计师的目标是对财务报表整体是否不存在由于舞弊或错误导致的重大错报获取合理保证，并出具包含审计意见的审计报告。

(2) 说明合理保证是高水平的保证，但并不能保证按照审计准则执行的审计在某一重大错报存在时总能发现。

(3) 说明错报可能由于舞弊或错误导致。在说明错报可能由于舞弊或错误导致时，注册会计师应当从下列两种做法中选取一种。

① 描述如果合理预期错报单独或汇总起来可能影响财务报表使用者依据财务报表作出的经济决策，则通常认为错报是重大的。

② 根据适用的财务报告编制基础，提供关于重要性的定义或描述。

(4) 说明在按照审计准则执行审计工作的过程中，注册会计师运用职业判断，并保持职业怀疑。

(5) 通过说明注册会计师的责任，对审计工作进行描述。这些责任包括：

① 识别和评估由于舞弊或错误导致的财务报表重大错报风险，设计和实施审计程序以应对这些风险，并获取充分、适当的审计证据，作为发表审计意见的基础。由于舞弊可能涉及串通、伪造、故意遗漏、虚假陈述或凌驾于内部控制之上，未能发现由于舞弊导致的重大错报的风险高于未能发现由于错误导致的重大错报的风险。

② 了解与审计相关的内部控制，以设计恰当的审计程序，但目的并非对内部控制的有效性发表意见。当注册会计师有责任在财务报表审计的同时对内部控制的有效性发表意见时，应当略去上述"目的并非对内部控制的有效性发表意见"的表述。

③ 评价管理层选用会计政策的恰当性和作出会计估计及相关披露的合理性。

④ 对管理层使用持续经营假设的恰当性得出结论。同时，根据获取的审计证据，就可能导致对被审计单位持续经营能力产生重大疑虑的事项或情况是否存在重大不确定性得出结论。如果注册会计师得出结论认为存在重大不确定性，审计准则要求注册会计师在审计报告中提请报表使用者关注财务报表中的相关披露；如果披露不充分，注册会计师应当发表非无保留意见。注册会计师的结论基于截至审计报告日可获得的信息。然而，未来的事项或情况可能导致被审计单位不能持续经营。

⑤ 评价财务报表的总体列报、结构和内容(包括披露)，并评价财务报表是否公允反映相关交易和事项。

(6) 说明注册会计师与治理层就计划的审计范围、时间安排和重大审计发现等事项进行沟通，包括沟通注册会计师在审计中识别的值得关注的内部控制缺陷。

(7) 对于上市实体财务报表审计，指出注册会计师就已遵守与独立性相关的职业道德要求向治理层提供声明，并与治理层沟通可能被合理认为影响注册会计师独立性的所有关系和其他事项，以及相关的防范措施（如适用）。

（8）对于上市实体财务报表审计，以及决定按规定沟通关键审计事项的其他情况，说明注册会计师从与治理层沟通过的事项中确定哪些事项对本期财务报表审计最为重要，因而构成关键审计事项。注册会计师应当在审计报告中描述这些事项，除非法律法规禁止公开披露这些事项，或在极少数情形下，注册会计师合理预期在审计报告中沟通某事项造成的负面后果超过在公众利益方面产生的益处，因而确定不应在审计报告中沟通该事项。

（七）注册会计师的签名和盖章

审计报告应当由两名具备相关业务资格的注册会计师签名盖章并经会计师事务所盖章方为有效。

（1）合伙会计师事务所出具的审计报告，应当由一名对审计项目负最终复核责任的合伙人和一名负责该项目的注册会计师签名盖章。

（2）有限责任会计师事务所出具的审计报告，应当由会计师事务所主任会计师或其授权的副主任会计师和一名负责该项目的注册会计师签名盖章。

（八）会计师事务所的名称、地址和盖章

审计报告应当载明会计师事务所的名称和地址，并加盖会计师事务所公章。

注册会计师承办业务，由其所在的会计师事务所统一受理并与委托人签订委托合同。因此，审计报告除了应由注册会计师签名和盖章外，还应载明会计师事务所的名称和地址，并加盖会计师事务所公章。

注册会计师在审计报告中载明会计师事务所地址时，标明会计师事务所所在的城市即可。在实务中，审计报告通常是会计师事务所统一印刷的、标有该所详细通讯地址的信笺上，因此，无须在审计报告中注明详细地址。

（九）报告日期

审计报告应当注明报告日期。审计报告日不应早于注册会计师获取充分、适当的审计证据（包括管理层认可对财务报表的责任且已批准财务报表的证据），并在此基础上对财务报表形成审计意见的日期。在确定审计报告日时，注册会计师应当确信已获取下列两方面的审计证据。

（1）构成整套财务报表的所有报表（包括相关附注）已编制完成，即审计报告日期不应早于管理层签署财务报表的日期；

（2）被审计单位的董事会、管理层或类似机构已经认可其对财务报表负责，即审计报告日期不应早于管理层出具书面声明的日期。

审计报告的日期之所以重要，原因有两个方面。首先，审计报告的日期向审计报告使用者表明，注册会计师已考虑其知悉的、截至审计报告日发生的事项和交易的影响。其次，对于在审计报告日前发生的事项和日后发生的事项，注册会计师承担的责任是完全不同的，明确审计报告日有助于明确注册会计师应当承担的责任。

在实务中，注册会计师在正式签署审计报告前，通常把审计报告草稿和已审计财务报表草稿一同提交给管理层。如果管理层批准并签署已审计财务报表，注册会计师即可签署审计报告。

二、标准审计报告样例

假定不包含"按照相关法律法规的要求报告的事项"情形，标准审计报告的格式和内容举例如下。

审 计 报 告

ABC 股份有限公司全体股东：

一、审计意见

我们审计了 ABC 股份有限公司（以下简称 ABC 公司）财务报表，包括 20×7 年 12 月 31 日的资产负债表，20×7 年度的利润表、现金流量表、股东权益变动表以及相关财务报表附注。

我们认为，后附的财务报表在所有重大方面按照企业会计准则的规定编制，公允反映了 ABC 公司 20×7 年 12 月 31 日的财务状况以及 20×7 年度的经营成果和现金流量。

二、形成审计意见的基础

我们按照中国注册会计师审计准则的规定执行了审计工作。审计报告的"注册会计师对财务报表审计的责任"部分进一步阐述了我们在这些准则下的责任。按照中国注册会计师职业道德守则，我们独立于 ABC 公司，并履行了职业道德方面的其他责任。我们相信，我们获取的审计证据是充分、适当的，为发表审计意见提供了基础。

三、关键审计事项

关键审计事项是我们根据职业判断，认为对本期财务报表审计最为重要的事项。这些事项的应对以对财务报表整体进行审计并形成审计意见为背景，我们不对这些事项单独发表意见。

［描述每一关键审计事项，具体参见本章第三节。］

四、管理层和治理层对财务报表的责任

ABC 公司管理层（以下简称管理层）负责按照企业会计准则的规定编制财务报表，使其实现公允反映，并设计、执行和维护必要的内部控制，以使财务报表不存在由于舞弊或错误导致的重大错报。

在编制财务报表时，管理层负责评估 ABC 公司的持续经营能力，披露与持续经营相关的事项（如适用），并运用持续经营假设，除非管理层计划清算 ABC 公司、终止运营或别无其他现实的选择。

治理层负责监督 ABC 公司的财务报告过程。

五、注册会计师对财务报表审计的责任

我们的目标是对财务报表整体是否不存在由于舞弊或错误导致的重大错报获取合理保

证，并出具包含审计意见的审计报告。合理保证是高水平的保证，但并不能保证按照审计准则执行的审计在某一重大错报存在时总能发现。错报可能由于舞弊或错误导致，如果合理预期错报单独或汇总起来可能影响财务报表使用者依据财务报表作出的经济决策，则通常认为错报是重大的。

在按照审计准则执行审计工作的过程中，我们运用职业判断，并保持职业怀疑。同时，我们也执行以下工作：

（1）识别和评估由于舞弊或错误导致的财务报表重大错报风险，设计和实施审计程序以应对这些风险，并获取充分、适当的审计证据，作为发表审计意见的基础。由于舞弊可能涉及串通、伪造、故意遗漏、虚假陈述或凌驾于内部控制之上，未能发现由于舞弊导致的重大错报的风险高于未能发现由于错误导致的重大错报的风险。

（2）了解与审计相关的内部控制，以设计恰当的审计程序，但目的并非对内部控制的有效性发表意见。

（3）评价管理层选用会计政策的恰当性和作出会计估计及相关披露的合理性。

（4）对管理层使用持续经营假设的恰当性得出结论。同时，根据获取的审计证据，就可能导致对 ABC 公司持续经营能力产生重大疑虑的事项或情况是否存在重大不确定性得出结论。如果我们得出结论认为存在重大不确定性，审计准则要求我们在审计报告中提请报表使用者注意财务报表中的相关披露；如果披露不充分，我们应当发表非无保留意见。我们的结论基于截至审计报告日可获得的信息。然而，未来的事项或情况可能导致 ABC 公司不能持续经营。

（5）评价财务报表的总体列报、结构和内容（包括披露），并评价财务报表是否公允反映相关交易和事项。

我们与治理层就计划的审计范围、时间安排和重大审计发现等事项进行沟通，包括沟通我们在审计中识别出的值得关注的内部控制缺陷。

我们还就已遵守与独立性相关的职业道德要求向治理层提供声明，并与治理层沟通可能被合理认为影响我们独立性的所有关系和其他事项，以及相关的防范措施（如适用）。

从与治理层沟通过的事项中，我们确定哪些事项对本期财务报表审计最为重要，因而构成关键审计事项。我们在审计报告中描述这些事项，除非法律法规禁止公开披露这些事项，或在极少数情形下，如果合理预期在审计报告中沟通某事项造成的负面后果超过在公众利益方面产生的益处，我们确定不应在审计报告中沟通该事项。

××会计师事务所	中国注册会计师：×××（项目合伙人）
（盖章）	（签名并盖章）
	中国注册会计师：×××
	（签名并盖章）
中国××市	二〇×八年×月×日

第 三 节　在审计报告中沟通关键审计事项

一、关键审计事项的含义与作用

(一) 关键审计事项的含义

关键审计事项,是指注册会计师根据职业判断认为对本期财务报表审计最为重要的事项。关键审计事项从注册会计师与治理层沟通过的事项中选取。注册会计师应当确定关键审计事项,并在对财务报表形成审计意见后,以在审计报告中描述关键审计事项的方式沟通这些事项。

在关键审计事项部分披露的关键审计事项必须是已经得到满意解决的事项,即不存在审计范围受到限制,也不存在注册会计师与被审计单位管理层意见分歧的情况。因此,下列事项应当在审计报告中专门的部分披露,而不能以在审计报告中沟通关键审计事项来代替。

(1) 管理层按照适用的财务报告编制基础在财务报表中作出的披露,或为使财务报表实现公允反映而作出的披露(如适用)。

(2) 根据审计准则的规定和审计业务的具体情况应当发表的非无保留意见,以及在"形成保留(否定)意见的基础"部分描述导致非无保留意见的事项。

(3) 当可能导致对被审计单位持续经营能力产生重大疑虑的事项或情况存在重大不确定性时应当进行的报告。

另外,在审计报告中沟通关键审计事项以注册会计师已就财务报表整体形成审计意见为背景,而不是就单一事项单独发表意见。

(二) 在审计报告中沟通关键审计事项的作用

在审计报告中沟通关键审计事项,旨在通过提高已执行审计工作的透明度,增加审计报告的沟通价值。具体而言,沟通关键审计事项有以下几个方面的作用。

(1) 提高已执行审计工作的透明度,从而提高审计报告的决策相关性和有用性。

(2) 为财务报表预期使用者提供额外的信息,以帮助其了解被审计单位、已审计财务报表中涉及重大管理层判断的领域,以及注册会计师根据职业判断认为对本期财务报表审计最为重要的事项。

(3) 为财务报表预期使用者就与被审计单位、已审计财务报表或已执行审计工作相关的事项进一步与管理层和治理层沟通提供基础。

二、确定关键审计事项

(一) 关键审计事项的确定程序

▶ 1. 关键审计事项的选择应当以"与治理层沟通的事项"为起点

在审计过程中,注册会计师应当与被审计单位治理层沟通审计过程中的重大发现,以便治理层履行其监督财务报告过程的职责。这些事项由于其特殊性，往往会引起治理层和财务报表使用者的特别关注，也就有必要增加这些沟通的透明度。因此，注册会计师应从这些事项中选取关键审计事项。

▶ 2. 选择的关键审计事项应当是"在执行审计工作时重点关注过的事项"

注册会计师重点关注过的领域通常与财务报表中复杂、重大的管理层判断领域相关，因而通常涉及困难或复杂的注册会计师职业判断。相应地，重点关注过的事项通常影响注册会计师的总体审计策略以及对这些事项分配的审计资源和审计工作力度。

注册会计师在确定哪些事项属于重点关注过的事项时，需要特别考虑下列两个方面。

（1）评估的重大错报风险较高的领域或识别出的特别风险。对于特定账户余额、交易类别或披露，评估的认定层次重大错报风险越高，在计划和实施审计程序并评价审计程序的结果时通常涉及的判断就越多，在设计进一步审计程序时越需要获取有说服力的审计证据，注册会计师也就越需要增加所需审计证据的数量，或者获取更具相关性或可靠性的证据，并且可能同时需要管理层的专家和注册会计师的专家的参与。识别出的特别风险（包括与财务报表中涉及重大管理层判断的领域、被认为具有高度估计不确定性的会计估计）尤其如此。对注册会计师获取充分、适当的审计证据或对财务报表形成审计意见构成挑战的风险领域可能与注册会计师确定关键审计事项尤其相关。但是，特别风险也并不必然属于需要注册会计师重点关注的领域。这些风险是否需要重点关注，需要视其性质而定。

（2）本期重大交易或事项对审计的影响。经济、会计、法规、行业或其他方面的重大变化可能影响管理层的假设或判断，也可能影响注册会计师的总体审计方法，并导致某一事项需要重点关注。重点关注过的事项也可能包括与已执行审计工作相关但可能不被要求在财务报表中披露的事项等。例如，在会计期间内上线一套新的 IT 系统（或现有 IT 系统的重大变更）可能构成重点关注过的领域，尤其是当这种变更对注册会计师的总体审计策略具有重大影响，或与一项特别风险相关时（例如，影响收入确认的系统的变更）。

需要指出的是，在计划审计工作时，注册会计师可以先就哪些事项属于在审计中重点关注的领域因而可能构成关键审计事项形成一个初步的看法。但是，注册会计师对关键审计事项的确定需要基于执行审计程序的结果或整个审计过程中获取的审计证据。

▶ 3. 从"在执行审计工作时重点关注过的事项"中选出"最为重要的事项"

在执行审计工作时重点关注过的事项并不必然构成关键审计事项，只有当认为该事项对审计工作最为重要时，相关事项才构成关键审计事项。某一事项的重要程度是由注册会计师结合具体情形判断的。重要程度可以结合定量因素和定性因素来考虑。例如，相对规模、所涉及对象的性质、对所涉及对象的影响，以及预期使用者所表现出来的兴趣。判断某一事项的重要程度，需要对事实和情况作出客观分析，包括分析与治理层沟通的性质和范围。

（二）判断关键事项时考虑的因素

在确定事项的相对重要程度以及该事项是否构成关键审计事项时，下列考虑可能是相关的。

（1）该事项对预期使用者理解财务报表整体的重要程度，尤其是对财务报表的重要性。

（2）与该事项相关的会计政策的性质，以及管理层在选择适当的会计政策时涉及的复杂程度或主观程度。

（3）从定性和定量方面考虑，与该事项相关的由于舞弊或错误导致的已更正错报和累积未更正错报（如有）的性质和重要程度。

（4）识别出的与该事项相关的控制缺陷的严重程度。

（5）在应对该事项的过程中遇到的困难的性质和严重程度，以及为此所需要付出的审计努力的性质和程度，包括以下几个方面。

① 为应对该事项而实施审计程序或评价这些审计程序的结果（如有）在多大程度上需要特殊的知识或技能。

② 就该事项在项目组之外进行咨询的性质。

③ 在实施审计程序、评价实施审计程序的结果、获取相关和可靠的审计证据以作为发表审计意见的基础时，注册会计师的判断是否更加主观。

（6）该事项是否涉及多项可区分但又相互关联的审计考虑。例如，长期合同的收入确认、诉讼或其他或有事项等方面，可能需要重点关注，并且可能影响其他会计估计。

需要注意的是，在审计报告中列举过多的关键审计事项可能与"最为重要的事项"这一概念相抵触，但是"最为重要的事项"也并不意味着只有一项。需要在审计报告中包含的关键审计事项的数量可能受被审计单位规模和复杂程度、业务和经营环境的性质，以及审计业务具体事实和情况的影响。

三、沟通关键审计事项

为达到突出关键审计事项的目的，注册会计师应当在审计报告中单设一部分，以"关键审计事项"为标题，并在该部分使用恰当的子标题逐项描述关键审计事项。

（一）描述关键审计事项的内容要求

为帮助财务报表使用者了解注册会计师确定的关键审计事项，注册会计师应当在审计报告中逐项描述每一关键审计事项，并同时说明下列方面。

（1）该事项被认定为审计中最为重要的事项之一，因而被确定为关键审计事项的原因。

（2）该事项在审计中是如何应对的。注册会计师可以描述下列要素。

① 审计应对措施或审计方法中，与该事项最为相关或对评估的重大错报风险最有针对性的方面。

② 对已实施审计程序的简要概述。

③ 实施审计程序的结果。

④ 对该事项作出的主要看法。

在描述时，注册会计师还应当分别索引至财务报表的相关披露（如有）。对关键审计事项的描述不是对财务报表披露内容的简单重复，因此对财务报表相关披露的索引能够使预期使用者进一步了解管理层在编制财务报表时如何应对这些事项。

当存在多个关键审计事项时，注册会计师可以根据实际情况考虑列示每一事项的顺序。例如，这些信息可能基于注册会计师对其相对重要程度的判断进行列示，也可能与事项在财务报表中的披露方式相对应。

（二）描述关键审计事项的语言要求

为使预期使用者能够理解在对财务报表整体进行审计的背景下关键审计事项的重要程度，以及关键审计事项和审计报告其他要素（包括审计意见）之间的关系，注册会计师可能需要注意用于描述关键审计事项的语言，使之：

（1）说明关键审计事项是注册会计师根据职业判断认为对本期财务报表审计最为重要的事项。

（2）说明关键审计事项的应对以对财务报表整体进行审计并形成审计意见为背景，注册会计师不对关键审计事项单独发表意见，不暗示是对财务报表单一要素单独发表意见。

（3）不暗示注册会计师在对财务报表形成审计意见时尚未恰当解决该事项。

（4）将该事项直接联系到被审计单位的具体情况，避免使用一般化或标准化的语言。

（5）能够体现出对该事项在相关财务报表披露（如有）中如何应对的考虑。

（6）以一种简明且可理解的形式提供有用的信息。注册会计师可以适当限制使用高度技术化的审计学术语，以帮助那些不具备适当审计知识的预期使用者理解关键审计事项。

需要注意的是，虽然注册会计师提供信息的性质和范围需要在相关方各自责任的背景下作出权衡，但是审计报告不应成为被审计单位原始信息的提供者。注册会计师应当避免不恰当地提供与被审计单位相关的原始信息，这些信息是被审计单位管理层和治理层的责任。

（三）不在审计报告中沟通关键审计事项的情形

一般而言，在审计报告中沟通关键审计事项，通常有助于提高审计的透明度，是符合公众利益的。然而，在极其罕见的情况下，关键审计事项可能涉及某些"敏感信息"，沟通这些信息可能为被审计单位带来极为严重的负面影响，且负面后果超过产生的公众利益方面的益处。在某些情况下，法律法规也可能禁止公开披露某事项，例如公开披露某事项可能妨碍相关机构对某项违法行为或疑似违法行为的调查。在这些情况下，注册会计师不应在审计报告中沟通该事项。

（四）就关键审计事项与治理层沟通

就关键审计事项与治理层沟通，能够使治理层了解注册会计师就关键审计事项作出的审计决策的基础以及这些事项将如何在审计报告中作出描述，也能够使治理层考虑鉴于这些事项将在审计报告中沟通，作出新的披露或提高披露质量是否有用。因此，注册会计师就下列方面与治理层沟通。

（1）注册会计师确定的关键审计事项。

（2）根据被审计单位和审计业务的具体情况，注册会计师确定不存在需要在审计报告中沟通的关键审计事项（如适用）。

四、关键审计事项段落样例

在审计报告中描述关键审计事项举例如下。该关键审计事项涉及研发费用资本化。

……

三、关键审计事项

关键审计事项是我们根据职业判断，认为对本期财务报表审计最为重要的事项。这些事项的应对以对财务报表整体进行审计并形成审计意见为背景，我们不对这些事项单独发表意见。

相关信息披露详见财务报表附注××。

（一）事项描述

公司本年度的研究开发药品过程中产生的开发支出人民币×××万元予以资本化计入"开发支出"项目。由于资本化的研发费用金额较大，且评估其是否达到企业会计准则规定的资本化标准涉及重大的管理层判断，因此该事项对于我们的审计而言是重要的，属于关键审计事项。

鉴于新药物的开发可能冲击公司原有药物的市场，我们也关注了已经资本化的现有药物生产技术的账面余额是否发生减值。

（二）实施的审计程序及结果

我们获取了本年度资本化的研发费用的明细表，并将其调节至总账中记录的金额，未发现重大异常。

我们获取了管理层就所采用的开发支出资本化条件作出的解释，包括项目的技术可行性以及项目产生足够未来经济利益的可能性等方面。我们还通过询问负责项目研究、开发和商业化的关键管理人员了解内部治理和批准流程，获取并核对与研发项目进度相关的批文或证书以及管理层准备的与研发项目相关的商业和技术可行性报告，以印证上述解释并了解具体项目，从而使我们能够独立评估这些项目是否满足企业会计准则规定的资本化条件。

我们询问了管理层及相关项目经理，新药物的开发是否代替了资产负债表中任何现有资产或使其减值。除财务报表附注××所披露的××万元的减值准备外，我们未发现进一步的减值迹象。

第四节　非无保留意见审计报告

一、非无保留意见的确定

（一）确定非无保留意见的类型

确定恰当的非无保留意见类型，取决于下列事项。

（1）导致非无保留意见的事项的性质，是财务报表存在重大错报，还是在无法获取充分、适当的审计证据的情况下，财务报表可能存在重大错报。

（2）注册会计师就导致非无保留意见的事项对财务报表产生或可能产生影响的重要性和广泛性作出的判断。

（二）导致非无保留意见的事项

当存在下列情形之一时，注册会计师应当在审计报告中发表非无保留意见。

（1）经审计发现财务报表存在重大错报。错报是指某一财务报表项目的金额、分类、列报或披露，不符合适用的财务报告编制基础的要求。有关错报的界定参见第二章第一节。当出现表 12-1 中的情形时，财务报表可能存在重大错报。

（2）由于审计范围受到重大限制导致无法获取充分、适当的审计证据，不能得出财务报表整体不存在重大错报的结论。

表 12-1 中列示的情形可能导致注册会计师无法获取充分、适当的审计证据。

表 12-1　审计范围受到重大限制的情形举例

超出被审计单位控制的情形	①被审计单位的会计记录由于客观原因已被毁坏。 ② 重要组成部分的会计记录已被政府有关机构无限期地查封
与注册会计师工作性质或时间安排相关的情形	①被审计单位需要使用权益法对联营企业进行核算，注册会计师无法获取有关联营企业财务信息的充分、适当的审计证据以评价是否恰当地运用了权益法。 ② 注册会计师接受审计委托的时间安排，使注册会计师无法实施存货监盘。 ③ 注册会计师确定仅实施实质性程序是不充分的，但被审计单位的控制是无效的
管理层施加限制	①管理层阻止注册会计师实施存货监盘。 ② 管理层阻止注册会计师对特定账户余额实施函证

（三）对相关事项所产生影响的考虑

▶ 1. 对相关事项影响是否重大的考虑

如错报或范围受限达到或超过重要性（水平或性质），通常属于重大影响（极少数情况下也可能不重大）。如错报或范围受限低于或接近重要性，应谨慎考虑影响是否重大。

除错报的金额外，还需要考虑错报的性质对其重要性的影响。

▶ 2. 对相关事项影响是否广泛的考虑

广泛性用以说明错报对财务报表的影响，或者由于无法获取充分、适当的审计证据而未发现的错报（如存在）对财务报表可能产生的影响。广泛的影响意味着不限于对财务报表的特定要素、账户或项目产生影响。根据注册会计师的判断，对财务报表的影响具有广泛性的情形包括以下几个方面。

（1）不限于对财务报表的特定要素、账户或项目产生影响。

（2）虽然仅对财务报表的特定要素、账户或项目产生影响，但这些要素、账户或项目是或可能是财务报表的主要组成部分。

（3）当与披露相关时，产生的影响对财务报表使用者理解财务报表至关重要。

（四）非无保留意见的出具

表12-2列示了注册会计师对导致发生非无保留意见的事项的性质和这些事项对财务报表产生或可能产生影响的广泛性作出的判断，以及该判断对审计意见类型的影响。

表 12-2　审计意见的类型

导致发表非无保留意见的事项的性质	这些事项对财务报表产生或可能产生影响的广泛性	
	重大但不具有广泛性	重大且具有广泛性
财务报表存在重大错报	保留意见	否定意见
无法获取充分、适当的审计证据	保留意见	无法表示意见

▶ 1. 发表否定意见

在获取充分、适当的审计证据后，如果认为错报单独或汇总起来对财务报表的影响重大且具有广泛性，注册会计师应当发表否定意见。

▶ 2. 发表无法表示意见

如果无法获取充分、适当的审计证据以作为形成审计意见的基础，但认为未发现的错报（如存在）对财务报表可能产生的影响重大且具有广泛性，注册会计师应当发表无法表示意见。

在极其特殊的情况下，可能存在多个不确定事项，即使注册会计师对每个单独的不确定事项获取了充分、适当的审计证据，但由于不确定事项之间可能存在相互影响，以及可能对财务报表产生累积影响，注册会计师不可能对财务报表形成审计意见。在这种情况下，注册会计师应当发表无法表示意见。

▶ 3. 发表保留意见

当存在下列情形之一时，注册会计师应当发表保留意见。

（1）在获取充分、适当的审计证据后，注册会计师认为错报单独或汇总起来对财务报表影响更大，但不具有广泛性。

只有当认为财务报表就整体而言是公允的，但还存在对财务报表产生重大影响的错报时，才能发表保留意见。如果注册会计师认为错报对财务报表产生的影响极为严重且具有广泛性，则应发表否定意见。因此，保留意见被视为注册会计师在不能发表无保留意见情况下最不严厉的审计意见。

（2）注册会计师无法获取充分、适当的审计证据以作为形成审计意见的基础，但认为未发现的错报（如存在）对财务报表可能产生的影响重大，但不具有广泛性。

注册会计师因审计范围受到限制而发表保留意见还是无法表示意见，取决于无法获取的审计证据对形成审计意见的重要性。注册会计师在判断重要性时，应当考虑有关事项潜在影响的性质和范围以及在财务报表中的重要程度。只有当未发现的错报（如存在）对财务报表可能产生的影响重大但不具有广泛性时，才能发表保留意见。

（五）特殊问题

▶ 1. 应对管理层对审计范围施加的限制

在承接审计业务后，如果注意到管理层对审计范围施加了限制，且认为这些限制可能导致对财务报表发表保留意见或无法表示意见，注册会计师应当要求管理层消除这些限制。如果管理层拒绝消除限制，除非治理层全部成员参与管理被审计单位，注册会计师应当就此事项与治理层沟通，并确定能否实施替代程序以获取充分、适当的审计证据。

如果无法获取充分、适当的审计证据，注册会计师应当通过下列方式反映其影响。

（1）如果未发现的错报（如存在）可能对财务报表产生的影响重大，但不具有广泛性，应当发表保留意见。

（2）如果未发现的错报（如存在）可能对财务报表产生的影响重大且具有广泛性，以至于发表保留意见不足以反映情况的严重性，应当在可行时解除业务约定（除非法律法规禁止）。当然，注册会计师应当在解除业务约定前，与治理层沟通在审计过程中发现的、将会导致发表非无保留意见的所有错报事项；如果在出具审计报告之前解除业务约定被禁止或不可行，应当发表无法表示意见。

（3）在某些情况下，法律法规可能不允许注册会计师解除审计业务约定，例如注册会计师接受委托审计公共部门实体的财务报表等。在这些情况下，注册会计师在出具无法表示意见审计报告后，可以在审计报告中增加其他事项段。

▶ 2. 禁止发表局部无保留意见

如对财务报表整体发表否定意见或无法表示意见，不应再在同一审计报告中对单一财务报表或者报表特定要素、账户或项目发表无保留意见，否则将会与对财务报表整体发表的意见矛盾。

未对报表整体发表无法表示意见时，对经营成果、现金流量发表无法表示意见，对财务状况发表无保留意见是被允许的。

二、非无保留意见审计报告段落的修改

（一）审计意见

（1）标题。在发表非无保留意见时，应当对审计意见段使用恰当的标题，如"保留意见""否定意见"或"无法表示意见"，以使财务报表使用者清楚注册会计师发表了非无保留意见，并能够表明非无保留意见的类型。

（2）发表保留意见。当由于财务报表存在重大错报而发表保留意见时，应当根据在审计意见段中说明：注册会计师认为，除了形成保留意见的基础部分所述事项产生的影响外，财务报表在所有重大方面按照适用的财务报告编制基础编制，并实现公允反映。

当因审计范围受限无法获取充分、适当的审计证据而导致发表保留意见时，应当在审计意见段中使用"除……可能产生的影响外"等措辞。

（3）发表否定意见。当发表否定意见时，应当在审计意见段中说明：注册会计师认为，由于形成否定意见的基础部分所述事项的重要性，财务报表没有在所有重大方面按照

适用的财务报告编制基础编制，未能实现公允反映。

（4）发表无法表示意见。当由于无法获取充分、适当的审计证据而发表无法表示意见时，注册会计师应当做以下说明。

① 说明注册会计师不对后附的财务报表发表审计意见。

② 说明由于形成无法表示意见的基础部分所述事项的重要性，注册会计师无法获取充分、适当的审计证据以作为对财务报表发表审计意见的基础。

③ 修改财务报表已经审计的说明，改为注册会计师接受委托审计财务报表。

（二）形成非无保留意见的基础

（1）段落标题。如果对财务报表发表非无保留意见，除在审计意见部分外，还应当将"形成审计意见的基础"这一标题修改为恰当的标题，如"形成保留意见的基础""形成否定意见的基础"或"形成无法表示意见的基础"，对说明导致发表非无保留意见的事项进行描述。

（2）审计意见的描述。当发表保留意见或否定意见时，注册会计师应当修改形成审计意见的基础部分的描述，以说明：注册会计师相信，注册会计师已获取的审计证据是充分、适当的，为发表非无保留意见提供了基础。

当注册会计师对财务报表发表无法表示意见时，注册会计师应当修改形成审计意见的基础部分，不应提及审计报告中用于描述注册会计师责任的部分，也不应说明注册会计师是否已获取充分、适当的审计证据以作为形成审计意见的基础。

（3）量化说明错报的财务影响。如果财务报表中存在与具体金额（包括定量披露）相关的重大错报，应当在导致非无保留意见的事项段中说明并量化该错报的财务影响。例如，如果存货被高估，就应当在审计报告中的导致非无保留意见的事项段中说明该重大错报的财务影响，即量化其对所得税、税前利润、净利润和股东权益的影响。如果无法量化财务影响，注册会计师应当在导致非无保留意见的事项段中说明这一情况。

（4）存在与叙述性披露相关的重大错报。如果财务报表中存在与叙述性披露相关的重大错报，注册会计师应当在形成非无保留意见的基础部分解释该错报错在何处。

（5）存在与应披露而未披露信息相关的重大错报。如果财务报表中存在与应披露而未披露信息相关的重大错报，注册会计师应当从以下几方面着手。

① 与治理层讨论未披露信息的情况。

② 在形成非无保留意见的基础部分描述未披露信息的性质。

③ 如果已针对未披露信息获取了充分、适当的审计证据，在形成非无保留意见的基础部分包含对未披露信息的披露，除非法律法规禁止。

（6）反映审计范围受到限制的情况。如果因无法获取充分、适当的审计证据而导致发表非无保留意见，应当在形成非无保留意见的基础部分说明无法获取审计证据的原因。这有助于财务报表使用者理解为什么注册会计师对财务报表发表无法表示意见，也可以进一步防止对财务报表的不恰当信赖。

（7）披露其他事项。即使依据某一事项发表了否定意见或无法表示意见，注册会计师也应当在形成非无保留意见的基础部分说明注意到的、将导致发表非无保留意见的所有其他事项及其影响。这是因为，对注册会计师注意到的其他事项的披露可能与财务报表使用者的信息需求相关。

（三）注册会计师的责任

当注册会计师对财务报表发表无法表示意见时，注册会计师应当修改注册会计师对财务报表审计的责任部分，使之仅包含下列内容。

（1）注册会计师的责任是按照中国注册会计师审计准则的规定，对被审计单位财务报表执行审计工作，以出具审计报告。

（2）但由于形成无法表示意见的基础部分所述的事项，注册会计师无法获取充分、适当的审计证据以作为发表审计意见的基础。

（3）声明注册会计师在独立性和职业道德方面的其他责任。

（四）关键审计事项

如果注册会计师对财务报表发表保留意见或否定意见，沟通其他关键审计事项仍有助于增强预期使用者对审计工作的了解，因而确定关键审计事项的要求仍然适用。但是，尽管导致非无保留意见的事项就其性质而言属于关键审计事项，但是这些事项只在导致非无保留意见的事项段进行描述，而不得在审计报告的关键审计事项部分进行描述。

在某些情况下，导致否定意见的事项可能被认为是唯一的关键审计事项，即注册会计师可能确定不存在其他关键审计事项，此时，审计报告可能不包含关键审计事项部分。如果除导致否定意见的事项外，还存在一项或多项其他事项被确定为关键审计事项，则鉴于已发表否定意见，对这些其他关键审计事项的描述要避免暗示财务报表整体在这些事项方面比实际情况更为可靠。

如果注册会计师在对财务报表发表无法表示意见，则不得在审计报告中沟通关键审计事项，除非法律法规要求沟通。这是因为，除导致发表无法表示意见的事项外，沟通任何其他关键审计事项，都可能会暗示财务报表整体在这些事项方面比实际情况更为可信，也可能与对财务报表整体发表无法表示意见不一致。

三、审计报告参考格式

（一）由于财务报表存在重大错报而出具保留意见

以下列示了由于财务报表存在重大错报而出具保留意见的审计报告。其背景信息是，被审计单位的存货存在错报，该错报对财务报表影响重大但不具有广泛性。

审 计 报 告

ABC 股份有限公司全体股东：

一．保留意见

我们审计了 ABC 股份有限公司(以下简称 ABC 公司)财务报表，包括 20×7 年 12 月 31 日的资产负债表，20×7 年度的利润表、现金流量表、股东权益变动表以及相关财务报表附注。

我们认为，除"形成保留意见的基础"部分所述事项产生的影响外，后附的财务报表在所有重大方面按照企业会计准则的规定编制，公允反映了 ABC 公司 20×7 年 12 月 31 日的财务状况以及 20×7 年度的经营成果和现金流量。

二、形成保留意见的基础

ABC 公司 20×7 年 12 月 31 日资产负债表中存货的列示金额为×元。ABC 公司管理层（以下简称管理层）根据成本对存货进行计量，而没有根据成本与可变现净值孰低的原则进行计量，这不符合企业会计准则的规定。ABC 公司的会计记录显示，如果管理层以成本与可变现净值孰低来计量存货，存货列示金额将减少×元。相应地，资产减值损失将增加×元，所得税、净利润和股东权益将分别减少×元、×元和×元。

我们按照中国注册会计师审计准则的规定执行了审计工作。审计报告的"注册会计师对财务报表审计的责任"部分进一步阐述了我们在这些准则下的责任。按照中国注册会计师职业道德守则，我们独立于 ABC 公司，并履行了职业道德方面的其他责任。我们相信，我们获取的审计证据是充分、适当的，为发表保留意见提供了基础。

三、关键审计事项

关键审计事项是我们根据职业判断，认为对本期财务报表审计最为重要的事项。这些事项的应对以对财务报表整体进行审计并形成审计意见为背景，我们不对这些事项单独发表意见。除"形成保留意见的基础"部分所述事项外，我们确定下列事项是需要在审计报告中沟通的关键审计事项。

[描述每一关键审计事项，具体参见本章第三节。]

四、管理层和治理层对财务报表的责任

[描述管理层和治理层对财务报表的责任，内容与标准审计报告相同。]

五、注册会计师对财务报表审计的责任

[描述注册会计师对财务报表审计的责任，内容与标准审计报告相同。]

××会计师事务所	中国注册会计师：×××（项目合伙人）
（盖章）	（签名并盖章）
	中国注册会计师：×××
	（签名并盖章）
中国××市	20×8 年×月×日

（二）由于财务报表存在重大错报而出具否定意见

以下列示了由于财务报表存在重大错报而出具否定意见的审计报告。出具否定意见的原因是，被审计单位的持续经营能力存在重大不确定性，而财务报表未对此作出充分披露。

审 计 报 告

ABC 股份有限公司全体股东：

一、否定意见

我们审计了 ABC 股份有限公司（以下简称 ABC 公司）财务报表，包括 20×7 年 12 月 31 日的资产负债表，20×7 年度的利润表、现金流量表、股东权益变动表以及相关财务报表附注。

我们认为，由于"形成否定意见的基础"部分所述事项的重要性，后附的财务报表没有在所有重大方面按照××财务报告编制基础的规定编制，未能公允反映 ABC 公司 20×7 年 12 月 31 日的财务状况以及 20×7 年度的经营成果和现金流量。

二、形成否定意见的基础

ABC 公司已连续三个会计年度发生巨额亏损，主要财务指标显示其财务状况严重恶化，巨额逾期债务无法偿还。该公司融资协议期满，且未偿付余额于 20×7 年 12 月 31 日到期。该公司未能重新商定协议或获取替代性融资，正在考虑申请破产。这些情况表明存在可能导致对该公司持续经营能力产生重大疑虑的重大不确定性，因此，该公司可能无法在正常经营过程中变现资产、清偿债务。财务报表（及其附注）并未披露这一事实。

我们按照中国注册会计师审计准则的规定执行了审计工作。审计报告的"注册会计师对合并财务报表审计的责任"部分进一步阐述了我们在这些准则下的责任。按照中国注册会计师职业道德守则，我们独立于 ABC 集团，并履行了职业道德方面的其他责任。我们相信，我们获取的审计证据是充分、适当的，为发表否定意见提供了基础。

三、关键审计事项

除"形成否定意见的基础"部分所述事项外，我们认为，没有其他需要在我们的报告中沟通的关键审计事项。

四、管理层和治理层对财务报表的责任

［描述管理层和治理层对财务报表的责任，内容与标准审计报告相同。］

五、注册会计师对财务报表审计的责任

［描述注册会计师对财务报表审计的责任，内容与标准审计报告相同。］

××会计师事务所   中国注册会计师：×××（项目合伙人）

（盖章）   （签名并盖章）

                中国注册会计师：×××

                  （签名并盖章）

中国××市   20×8 年×月×日

（三）由于无法获取充分、适当的审计证据而出具保留意见

以下列示了由于注册会计师无法获取充分、适当的审计证据而出具保留意见的审计报告。出具保留意见的原因是，对于被审计单位在境外分支机构的投资，注册会计师无法获取充分、适当的审计证据，这一事项对财务报表影响重大但不具有广泛性。

审 计 报 告

ABC 股份有限公司全体股东：

一、保留意见

我们审计了 ABC 股份有限公司（以下简称 ABC 公司）财务报表，包括 20×7 年 12 月

31 日的资产负债表，20×7 年度的利润表、现金流量表、股东权益变动表以及相关财务报表附注。

我们认为，除"形成保留意见的基础"部分所述事项产生的影响外，后附的财务报表在所有重大方面按照企业会计准则的规定编制，公允反映了 ABC 公司 20×7 年 12 月 31 日的财务状况以及 20×7 年度的经营成果和现金流量。

二、形成保留意见的基础

如财务报表附注×所述，ABC 公司于 20×7 年取得了 XYZ 公司 30％的股权，因能够对 XYZ 公司施加重大影响，故采用权益法核算该项股权投资，于 20×7 年度确认对 XYZ 公司的投资收益××元，截至 20×7 年 12 月 31 日该项股权投资的账面价值为××元。由于我们未被允许接触 XYZ 公司的财务信息、管理层和执行 XYZ 公司审计的注册会计师，我们无法就该项股权投资的账面价值以及 ABC 公司确认的 20×7 年度对 XYZ 公司的投资收益获取充分、适当的审计证据，也无法确定是否有必要对这些金额进行调整。

我们按照中国注册会计师审计准则的规定执行了审计工作。审计报告的"注册会计师对财务报表审计的责任"部分进一步阐述了我们在这些准则下的责任。按照中国注册会计师职业道德守则，我们独立于 ABC 公司，并履行了职业道德方面的其他责任。我们相信，我们获取的审计证据是充分、适当的，为发表保留意见提供了基础。

三、关键审计事项

关键审计事项是我们根据职业判断，认为对本期财务报表审计最为重要的事项。这些事项的应对以对财务报表整体进行审计并形成审计意见为背景，我们不对这些事项单独发表意见。除"形成保留意见的基础"部分所述事项外，我们确定下列事项是需要在审计报告中沟通的关键审计事项。

[描述每一关键审计事项，具体参见本章第三节。]

四、管理层和治理层对财务报表的责任

[描述管理层和治理层对财务报表的责任，内容与标准审计报告相同。]

五、注册会计师对财务报表审计的责任

[描述注册会计师对财务报表审计的责任，内容与标准审计报告相同。]

××会计师事务所　　　　　　　　　　　中国注册会计师：×××（项目合伙人）

　　（盖章）　　　　　　　　　　　　　　　（签名并盖章）

　　　　　　　　　　　　　　　　　　　中国注册会计师：×××

　　　　　　　　　　　　　　　　　　　　（签名并盖章）

中国××市　　　　　　　　　　　　　　20×8 年×月×日

（四）由于无法获取充分、适当的审计证据而出具无法表示意见

以下列示了由于注册会计师无法获取充分、适当的审计证据而出具无法表示意见的审计报告。出具无法表示意见的原因是，对被审计单位的存货和应收账款，注册会计师无法获取充分、适当的审计证据。这一事项对财务报表可能产生的影响重大且具有广泛性。

审计报告

ABC 股份有限公司全体股东：

一、无法表示意见

我们接受委托，审计 ABC 股份有限公司（以下简称 ABC 公司）财务报表，包括 20×7 年 12 月 31 日的资产负债表，20×7 年度的利润表、现金流量表、股东权益变动表以及相关财务报表附注。

我们不对后附的 ABC 公司财务报表发表审计意见。由于"形成无法表示意见的基础"部分所述事项的重要性，我们无法获取充分、适当的审计证据以作为对财务报表发表审计意见的基础。

二、形成无法表示意见的基础

我们于 20×8 年 1 月接受委托审计 ABC 公司财务报表，因而未能对 ABC 公司 20×7 年初金额为×元的存货和年末金额为×元的存货实施监盘程序。此外，我们也无法实施替代审计程序获取充分、适当的审计证据。并且，ABC 公司于 20×7 年 9 月采用新的应收账款电算化系统，由于存在系统缺陷导致应收账款出现大量错误。截至报告日，ABC 公司管理层（以下简称管理层）仍在纠正系统缺陷并更正错误，我们也无法实施替代审计程序，以对截至 20×7 年 12 月 31 日的应收账款总额×元获取充分、适当的审计证据。因此，我们无法确定是否有必要对存货、应收账款以及财务报表其他项目作出调整，也无法确定应调整的金额。

三、管理层和治理层对财务报表的责任

[描述管理层和治理层对财务报表的责任，内容与标准审计报告相同。]

四、注册会计师对财务报表审计的责任

我们的责任是按照中国注册会计师审计准则的规定，对 ABC 公司的财务报表执行审计工作，以出具审计报告。但由于"形成无法表示意见的基础"部分所述的事项，我们无法获取充分、适当的审计证据以作为发表审计意见的基础。

按照中国注册会计师职业道德守则，我们独立于 ABC 公司，并履行了职业道德方面的其他责任。

××会计师事务所	中国注册会计师：×××（项目合伙人）
（盖章）	（签名并盖章）
	中国注册会计师：×××
	（签名并盖章）
中国××市	20×9 年×月×日

第 五 节　审计报告的其他段落

一、审计报告的强调事项段

(一) 强调事项段的含义

审计报告的强调事项段是指审计报告中含有的一个段落,该段落提及已在财务报表中恰当列报或披露的事项,根据注册会计师的职业判断,该事项对财务报表使用者理解财务报表至关重要。

审计报告的强调事项段为注册会计师建立了在审计报告中进行进一步沟通的机制。但是,强调事项段或其他事项段需要与关键审计事项部分分开列示,而且如果某事项被确定为关键审计事项,则不能以强调事项段或其他事项段代替对该关键审计事项的描述。

(二) 增加强调事项段的情形

▶ 1. 被强调的事项应同时具备以下两个条件

(1) 该事项已在财务报表中恰当列报或披露,已获取充分、适当的审计证据证明该事项在财务报表中不存在重大错报。如果事项未被恰当列报或披露,或者存在重大错报,则应该出具非无保留意见审计报告,而不是仅在审计报告中增加强调事项段。

具体而言,增加强调事项段不能代替下列情形。

① 根据审计业务的具体情况,注册会计师需要发表非无保留意见。

② 适用的财务报告编制基础要求管理层在财务报表中作出的披露,或为实现公允列报所需的其他披露。

(2) 该事项未被确定为在审计报告中沟通的关键审计事项。

(3) 注册会计师认为该事项对使用者理解财务报表至关重要,有必要提醒财务报表使用者关注。

▶ 2. 需要增加强调事项段的情形

(1) 在以下情况下,应当在审计报告中增加强调事项段。

① 法律法规规定的财务报告编制基础不可接受,但依据法律法规的规定不得不采用。

② 提醒财务报表使用者注意财务报表按照特殊目的编制基础编制。

③ 注册会计师在审计报告日后知悉了某些事实(即期后事项),并且也出具了新的审计报告或修改了审计报告。

(2) 除上述情形外,注册会计师也可能根据职业判断认为需要增加强调事项段,常见情形举例如下。

① 异常诉讼或监管行动的未来结果存在不确定性。

② 允许的情况下提前应用对财务报表有广泛影响的新会计准则。

③ 持续经营假设适当,但个别事项存在重大不确定性,如存在已经或持续对被审计单位财务状况产生重大影响的特大灾难。

④ 上期财务报表错报尚未更正（也没有重新出具审计报告），但是对应数据在本期财务报表中得到适当重述或披露。

▶ **3. 使用强调事项段的注意事项**

强调事项段应当仅提及已在财务报表中列报或披露的信息。这主要是因为强调事项段的过多使用会降低注册会计师沟通所强调事项的有效性。此外，在强调事项段中包括未在财务报表中列报或披露的信息，可能让报表使用者认为强调事项段隐含着这些事项未被恰当列报或披露的含义。

（三）强调事项段的撰写要求

如果在审计报告中增加强调事项段，注册会计师应当遵循以下要求。

（1）将强调事项段作为审计报告的单独部分，放在"形成审计意见的基础"和"关键审计事项"（如有）之后。

（2）使用"强调事项"或其他适当标题。

（3）明确提及被强调事项以及相关披露的位置，以便能够在财务报表中找到对该事项的详细描述。

（4）指出审计意见没有因该强调事项而改变。增加强调事项段是为了提醒财务报表使用者关注某些事项，并不影响注册会计师的审计意见。为了使财务报表使用者明确这一点，注册会计师应当在强调事项段中指明，该段内容仅用于提醒财务报表使用者关注，并不影响已发表的审计意见。

（四）举例：强调事项段

以下列示了由于被审计单位存在异常诉讼且未来结果存在不确定性的情况下出具的带强调事项段的无保留意见审计报告。

......

三、强调事项

我们提醒财务报表使用者关注，如财务报表附注×所述，截至财务报表批准日，XYZ公司对 ABC 公司提出的诉讼尚在审理当中，其结果具有不确定性。本段内容不影响已发表的审计意见。

......

二、审计报告的其他事项段

（一）其他事项段的含义

其他事项段是指审计报告中含有的一个段落，该段落提及未在财务报表中列报或披露的事项，根据注册会计师的职业判断，该事项与财务报表使用者理解审计工作、注册会计师的责任或审计报告相关。

（二）需要增加其他事项段的条件

在其他事项段中被提及的事项应同时具备以下三个条件。

（1）该事项未在财务报表中列报或披露，也无须在财务报表中列报或披露。

（2）注册会计师认为该事项与财务报表使用者理解审计工作、注册会计师的责任或审计报告相关，有必要与报表使用者沟通，且这种沟通未被法律法规禁止。

（3）该事项未被确定为关键审计事项。

（三）需要增加其他事项段的例子

需要在审计报告中增加其他事项段的情形包括但不限于：

▶ 1. 审计范围受限的说明

例如，在极其特殊的情况下，由于管理层对审计范围施加的限制导致无法获取充分、适当的审计证据，并且这一情况可能产生的影响具有广泛性，但是注册会计师由于法律法规的限制不能解除业务约定。在这种情况下，注册会计师可能认为有必要在审计报告中增加其他事项段，解释为何不能解除业务约定。

▶ 2. 对注册会计师的责任或审计报告的进一步说明

法律法规或得到广泛认可的惯例可能要求或允许注册会计师详细说明某些事项，以进一步解释注册会计师在财务报表审计中的责任或审计报告。在这种情况下，注册会计师可以使用一个或多个子标题来描述其他事项段的内容。

但是，增加其他事项段不涉及以下两种情形：①除根据审计准则的规定有责任对财务报表出具审计报告外，注册会计师还有其他报告责任；②注册会计师可能被要求实施额外的规定的程序并予以报告，或对特定事项发表意见。

▶ 3. 对两套以上财务报表出具审计报告的情形

被审计单位可能按照通用目的编制基础（如×国财务报告编制基础）编制一套财务报表，且按照另一个通用目的编制基础（如国际财务报告准则）编制另一套财务报表，并委托注册会计师同时对两套财务报表出具审计报告。如果注册会计师已确定两个财务报告编制基础在各自情形下是可接受的，可以在审计报告中增加其他事项段，说明该被审计单位根据另一个通用目的编制基础（如国际财务报告准则）编制了另一套财务报表以及注册会计师对这些财务报表出具了审计报告。

▶ 4. 限制审计报告分发和使用的情形

为特定目的编制的财务报表可能按照通用目的编制基础编制，因为财务报表预期使用者已确定这种通用目的财务报表能够满足他们对财务信息的需求。由于审计报告旨在提供给特定使用者，注册会计师可能认为在这种情况下需要增加其他事项段，说明审计报告只是提供给财务报表预期使用者，不应被分发给其他机构或人员使用。

（四）其他事项段的撰写要求

如果在审计报告中增加其他事项段，注册会计师应当遵循以下要求。

（1）使用"其他事项"或其他适当标题。

（2）将其他事项段放在"形成审计意见的基础""关键审计事项"（如有）和强调事项段（如有）之后。如果其他事项段的内容与其他报告责任部分相关，这一段落也可以置于"按照相关法律法规的要求报告的事项"部分内。

（五）举例：其他事项段

以下列示了出具的带有其他事项段的无保留意见审计报告，其背景是法律法规不禁止注册会计师提及前任注册会计师，前任注册会计师对对应数据出具了相应的审计报告并且注册会计师在审计报告中决定提及前任注册会计师审计报告的示例。

......

四、其他事项

20×6 年 12 月 31 日的资产负债表，20×6 年度的利润表、现金流量表和股东权益变动表以及财务报表附注由其他会计师事务所审计，并于 20×7 年 3 月 31 日发表了无保留意见。

......

三、按照相关法律法规的要求报告的事项

除审计准则规定的注册会计师对财务报表出具审计报告的责任外，相关法律法规可能对注册会计师设定了其他报告责任。例如，如果注册会计师在财务报表审计中注意到某些事项，可能被要求对这些事项予以报告。此外，注册会计师可能被要求实施额外的规定的程序并予以报告，或对特定事项（如会计账簿和记录的适当性）发表意见。

在某些情况下，相关法律法规可能要求或允许注册会计师将对这些其他责任的报告作为对财务报表出具的审计报告的一部分。在这种情况下，注册会计师一般应当在审计报告中将所履行的其他责任单独作为一部分，以"按照相关法律法规的要求报告的事项"或其他合适于该部分内容的表述作为标题，并置于"对财务报表出具的审计报告"部分之后。此时，审计报告应当区分为"对财务报表出具的审计报告"和"按照相关法律法规的要求报告的事项"两部分，以便将其同注册会计师的财务报表报告责任明确区分。

如果其他报告责任涉及的事项与审计准则规定的报告责任涉及的事项相同，那么其他报告责任可以在审计准则规定的同一报告要素部分列示。但是，审计报告应当清楚区分其他报告责任和审计准则要求的报告责任。

在另外一些情况下，相关法律法规可能要求或允许注册会计师在单独出具的报告中进行报告。

四、针对财务报表中的比较信息出具审计报告

（一）比较信息的含义与一般审计要求

比较信息，是指包含于财务报表中的、符合适用的财务报告编制基础的、与一个或多个以前期间相关的金额和披露。比较信息是当期财务报表的不可缺少的组成部分。并且，当存在重大会计政策变更、重大会计差错，或者企业执行的会计制度发生变化而引起财务报表格式变化，或者发生共同控制下的企业合并等情形，均要求对比较信息作出相应调整。相应地，注册会计师在对财务报表发表审计意见时，应当考虑比较信息对审计意见的

影响。

对于比较信息，注册会计师在审计时应当获取充分、适当的审计证据，确定：

（1）财务报表中是否包括适用的财务报告编制基础要求的比较信息。

（2）在财务报表中包含的比较信息是否在所有重大方面按照适用的财务报告编制基础对有关比较信息的要求进行列报。

比较信息包括对应数据和比较财务报表。注册会计师对两种比较信息履行报告责任的方法有所不同。

（二）对应数据

对应数据是指作为本期财务报表组成部分的上期金额和相关披露，这些金额和披露只能和与本期相关的金额和披露（称为"本期数据"）联系起来阅读。对应数据列报的详细程度主要取决于其与本期数据的相关程度。

当财务报表中列报对应数据时，由于审计意见是针对包括对应数据的本期财务报表整体的，审计意见通常不单独提及对应数据。只有在特定情形下，注册会计师才应当在审计报告中提及对应数据，这些情况包括：

▶ 1. 上期导致非无保留意见的事项仍未解决

如果以前针对上期财务报表发表了非无保留意见，并且导致非无保留意见的事项仍未解决，则注册会计师应当对本期财务报表发表非无保留意见，同时分下列两种情况以不同的形式提及对应数据。

① 如果未解决事项对本期数据的影响或可能的影响是重大的，注册会计师应当在导致非无保留意见事项段中同时提及本期数据和对应数据。

② 如果未解决事项对本期数据的影响或可能的影响不重大甚至无影响，注册会计师应当说明，发表非无保留意见的原因是由于未解决事项对本期数据和对应数据之间可比性的影响或可能的影响。

如果导致上期发表非无保留意见的事项已经解决，并已进行恰当会计处理或适当披露，则针对本期财务报表发表的审计意见无须提及上期发表的非无保留意见。

▶ 2. 上期财务报表存在重大错报

如果注册会计师已经获取上期财务报表存在重大错报的审计证据，而以前对该财务报表发表了无保留意见，且对应数据未经适当重述或恰当披露，注册会计师应当就包括在本期财务报表中的对应数据，在审计报告中发表保留意见或否定意见。

如果存在错报的上期财务报表尚未更正，并且没有重新出具审计报告，但对应数据已在本期财务报表中得到适当重述或恰当披露。此时，注册会计师可以在审计报告中增加强调事项段，以描述这一情况，并提及详细描述该事项的相关披露在财务报表中的位置。

▶ 3. 上期财务报表已由前任注册会计师审计

如果上期财务报表已由前任注册会计师审计，注册会计师在审计报告中可以提及前任注册会计师对对应数据出具的审计报告。当注册会计师决定提及时，应当在审计报告的其他事项段中说明：①上期财务报表已由前任注册会计师审计。②前任注册会计师发表的意见的类型(如果是非无保留意见,还应当说明发表非无保留意见的理由)。③前任注册会计师出具的审计报告的日期。

▶ **4. 上期财务报表未经审计**

如果上期财务报表未经审计,注册会计师应当在审计报告的其他事项段中说明对应数据未经审计。这种说明并不减轻注册会计师获取充分、适当的审计证据,以确定期初余额不含有对本期财务报表产生重大影响的错报的责任。注册会计师应当对本期期初余额实施恰当的审计程序,获取充分、适当的审计证据,以确定期初余额不存在重大错报。

一般而言,针对期初余额实施的审计程序的范围往往要小于针对当期余额和发生额实施的审计程序的范围,并且针对期初余额实施某些审计程序的难度更大,效果更差。为使财务报表使用者以谨慎的态度利用对应数据作出决策,避免加重注册会计师的责任,如果上期财务报表未经审计,注册会计师应当在审计报告的其他事项段中予以说明。

(三)比较财务报表

比较财务报表是指为了与本期财务报表相比较而包含的上期财务报表。比较财务报表包含信息的详细程度与本期财务报表包含信息的详细程度相似。

对于比较财务报表,审计意见应当提及列报的财务报表所属的各期。针对比较财务报表,注册会计师可以对不同期间的财务报表发表不同的审计意见,或者在审计报告中增加强调事项段。

在不同的情况下,注册会计师提及比较财务报表的方式有所不同。

(1)当因本期审计而对上期财务报表发表审计意见,并且发表的意见与以前发表的意见不同,注册会计师应当在其他事项段中披露导致不同意见的实质性原因。

(2)如果上期财务报表已由前任注册会计师审计,但前任注册会计师对上期财务报表出具的审计报告未与财务报表一同对外提供,注册会计师除对本期财务报表发表意见外,还应当在其他事项段中说明:①上期财务报表已由前任注册会计师审计;②前任注册会计师发表的意见的类型(如果是非无保留意见,还应当说明发表非无保留意见的理由);③前任注册会计师出具的审计报告的日期。

(3)如果认为存在影响上期财务报表的重大错报,而前任注册会计师以前出具了无保留意见的审计报告,注册会计师应当就此与适当层级的管理层(以及治理层)沟通,并要求其告知前任注册会计师。如果上期财务报表已经更正,且前任注册会计师同意对更正后的上期财务报表出具新的审计报告,注册会计师应当仅对本期财务报表出具审计报告。如果前任注册会计师无法或不愿对上期财务报表重新出具审计报告,注册会计师可以在审计报告中增加其他事项段,指出前任注册会计师对更正前的上期财务报表出具了报告。

(4)如果上期财务报表未经审计,注册会计师应当在其他事项段中说明比较财务报表未经审计。但这种说明并不减轻注册会计师获取充分、适当的审计证据,以确定期初余额不含有对本期财务报表产生重大影响的错报的责任。

练习题

第十三章
审计业务质量控制

本章重点

1. 审计质量控制制度的内容。
2. 审计职业道德的分析框架。
3. 独立性的分析框架以及不同业务环境下独立性的判断。

第 一 节 质量控制制度

一、质量控制概述

（一）质量控制的目标

会计师事务所应当根据会计师事务所质量控制准则，制定质量控制制度和培养员工职业道德，以保证业务质量。质量控制制度的目标主要在以下两个方面提出合理保证。

（1）会计师事务所及其人员遵守职业准则和适用的法律法规的规定。

（2）会计师事务所和项目合伙人出具适合具体情况的报告。

项目合伙人，是指会计师事务所中负责某项业务及其执行，并代表会计师事务所在出具的报告上签字的合伙人。

（二）质量控制的基本框架

独立性和专业性是审计质量的基本保证，审计应当由具备独立性和专业性的审计者来执行。

独立性意味着审计者应当独立于被审计单位和预期使用者。如果审计者与被审计单位之间不独立，则可能倾向于掩盖问题以维护被审计单位的利益。如果审计者与某些预期使用者不独立（审计者不大可能与所有预期使用者都不独立），则可能为这些预期使用者提供关于被审计单位的内部信息，影响预期使用者之间的公平。

专业性意味着审计者应当具备专业胜任能力。如果审计者不具有专业胜任能力，则任何工作都难以有效展开。

为保障独立性和专业性，被审计单位需要从制定质量控制制度和培养员工职业道德两方面努力。

总体而言，审计质量控制的基本框架，如图 13-1 所示。

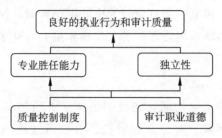

图 13-1 审计质量控制的基本框架

二、质量控制制度的要素

会计师事务所的质量控制制度应当包括针对下列要素而制定的政策和程序。

（1）对业务质量承担的领导责任。

（2）客户关系和具体业务的接受与保持。

（3）人力资源。

（4）业务执行。

（5）监控。

会计师事务所应当将质量控制政策和程序形成书面文件，并传达到全体人员。在记录和传达时，应清楚地描述质量控制政策和程序及其拟实现的目标，包括用适当信息指明每个人都负有各自的质量责任，并被期望遵守这些政策和程序。

三、对业务质量承担的领导责任

（一）对主任会计师的总体要求

会计师事务所主任会计师（合伙人）对质量控制制度承担最终责任。会计师事务所内部重视质量的文化氛围，为会计师事务所质量控制设定较好的基调，将对制定和实施质量控制制度产生广泛和积极的影响。因此，会计师事务所应当制定政策和程序，培育以质量为导向的内部文化，并要求会计师事务所主任会计师对质量控制制度承担最终责任。

（二）主任会计师承担领导责任的方式

▶ 1. 树立质量至上的意识，建立健康的高层基调

会计师事务所的领导层应当树立质量至上的意识，避免重利益轻质量。会计师事务所的领导层必须首先认识到，其经营策略应当满足会计师事务所执行所有业务都要保证质量

这一前提条件。

为了建立健康的高层基调，会计师事务所应当定期更新质量控制政策和程序，以应对制度缺陷和新要求。当识别出质量缺陷时(如通过对事务所的项目档案进行监控，包括定期检查已完成的项目档案)，应当立即采取措施予以纠正。

▶ 2. 行动示范

会计师事务所的领导层及其做出的示范对会计师事务所的内部文化有重大影响。会计师事务所各级管理层应当通过清晰、一致及经常的行动示范和信息传达，强调质量控制政策和程序的重要性，为员工树立一个日常行为中的正面典型。例如，如果员工为了保证审计质量而超过时间预算，则不应当批评该员工。领导层的行动示范，在某种程度上比控制制度更有影响力。

▶ 3. 定期沟通和信息传达

通过定期与员工口头和书面沟通，向他们强调事务所的价值观和承诺，强调保持诚信、客观、独立性、职业怀疑、对公众的责任。可以通过培训、研讨会、谈话、电子邮件、会议纪要和内部新闻简报等方式进行沟通。

▶ 4. 委派质量控制制度运作人员

由于质量控制制度的实施需要大量的工作作为支撑，主任会计师必须委派适当的人员并授予其必要的权限，以帮助主任会计师正确履行其职责。受会计师事务所主任会计师委派承担质量控制制度运作责任的人员，应当具有足够、适当的经验和能力以及必要的权限以履行其责任。

在审计实务中，会计师事务所需要建立与业务规模相匹配的质量控制部门，以具体落实各项质量控制措施。会计师事务所应当对质量控制部门明确分配工作职责(例如独立性问题、咨询、底稿复核等)，使员工承担责任。

通常情况下，质量控制措施的实施，一部分可能由专职的质量控制人员执行，一部分可能是由业务人员或职能部门的人员执行。

四、客户关系和具体业务的接受与保持

(一) 发展客户与承接业务

发展客户与承接业务是开展业务活动的第一个环节，也是防范业务风险的重要环节。会计师事务所要加强在客户承接和保持方面的管理，不轻易接受不符合条件的客户。只有在合理保证满足下列条件的情况下，会计师事务所才能发展客户或接受与保持业务。

(1) 客户诚信：已考虑客户诚信，没有信息表明客户缺乏诚信。

(2) 自身条件：会计师事务所具备执行业务所需的独立性和能力，包括必要的素质、专业胜任能力、时间和资源，并且能够遵守相关职业道德要求。

(3) 双方对审计业务的共识：与被审计单位之间不存在对业务约定条款的误解。

在接受新客户的业务前，或决定是否保持现有业务或考虑接受现有客户的新业务时，会计师事务所应当根据具体情况获取上述信息，以判断接受该业务是否适当；当识别出问

题而又决定接受或保持客户关系或具体业务时，会计师事务所应当记录这些问题是如何得到解决。

（二）解除业务约定或客户关系

如果由于客观原因导致与客户解除业务约定或客户关系时，会计师事务所制定的政策和程序应当包括下列要求。

（1）与客户适当级别的管理层和治理层讨论会计师事务所根据有关事实和情况可能采取的适当行动。

（2）如果确定解除业务约定或同时解除业务约定及其客户关系是适当的，会计师事务所应当就解除的情况及原因，与客户适当级别的管理层和治理层讨论。

（3）考虑是否存在职业准则或法律法规的规定，要求会计师事务所保持现有的客户关系，或向监管机构报告解除的情况及原因。

（4）记录重大事项及其咨询情况、咨询结论和得出结论的依据。

有关客户关系和具体业务的接受与保持的具体考虑，参见第七章第一节。

五、人力资源

（一）总体要求

会计师事务所应当制定政策和程序，合理保证拥有足够的具有胜任能力和必要素质并承诺遵守相关职业道德要求的人员，使会计师事务所和项目合伙人能够按照职业准则和适用的法律法规的规定执行业务，并能够出具适合具体情况的报告。会计师事务所不能以是否为事务所带来客户、是否有社会关系或是否能为事务所创收作为人力资源管理的目标。

（二）人力资源管理的要素

会计师事务所制定的人力资源政策和程序应当解决下列人事问题。

▶ 1. 人员需求预测

解决人员需求预测问题有助于会计师事务所确定完成其业务所需要人员的数量和素质。在实务中，会计师事务所通常指定人事管理部门或其他有资格的人员，负责定期或不定期地评价总体人员需求，并根据现有人员的数量及层次结构、现有客户数、业务量、业务结构、预期业务增长率、人员流动率和晋升变化等因素确定雇用目标和方案。

▶ 2. 招聘

会计师事务所应当制定雇用程序，以选择正直的、通过发展能够具备执行业务所需的必要素质和胜任能力，并且有胜任工作的需要的适当特征的人员。

为了保证整个招聘过程高效规范和被招募人员符合标准，会计师事务所应当指定人事管理部门负责招聘活动，招聘过程严格按照规定进行。如果工作人员和被招聘人员存在亲属关系，工作人员应当自行回避。在招聘有经验的从业人员尤其是高级业务人员时，会计师事务所可执行额外的程序，如进行背景调查、询问是否存在未决的法律问题等。

▶ 3. 人员素质、胜任能力和职业发展

由于执业环境和工作要求在不断发生变化，会计师事务所应当采取措施确保人员持续

保持必要的素质和胜任能力。

会计师事务所应当在人力资源政策和程序中强调对各级别人员进行继续培训的重要性，并提供必要的培训资源和帮助，合理制订员工职业教育计划，提供相关的学习资料，结合执业中遇到的问题进行培训和提供辅导，并鼓励员工参加行业协会和有关机构组织的培训。

▶ 4. 业绩评价、工薪和晋升

业绩评价是决定奖励(包括工薪和晋升)的基础，事关每个员工切身利益。业绩评价应强调公平和公正，对表现良好的人员给予应有的肯定和奖励。

工薪制度中，每年的薪金调整应当与对人员当年评估结果直接相关。表现良好的员工在同级别薪金中处于高端，而表现不足的员工处于同级别的低端。

晋升制度中，会计师事务所应当明确定义各部门不同级别职位对应的工作内容、职责范围和技能要求，并在业绩评价过程中使员工充分了解提高业务质量和遵守相关职业道德要求是晋升的主要途径。

六、业务执行

业务执行是编制和实施业务计划，形成和报告业务结果的总称，对业务质量有直接的重大影响，是业务质量控制的关键环节。

(一) 指导、监督与复核

▶ 1. 指导、监督与复核的总体要求

注册会计师应当制订计划，确定对项目组成员的指导、监督以及对其工作进行复核的性质、时间安排和范围。项目组成员的指导、监督以及对其工作进行复核的性质、时间安排和范围主要取决于下列因素。

(1) 被审计单位的规模和复杂程度，越复杂的业务越应加强指导、监督和复核。

(2) 审计领域，不同的领域，所需的性质、时间、范围不同。

(3) 评估的重大错报风险，风险越高，越应加强指导、监督和复核。

(4) 执行审计工作的项目组成员的专业素质和胜任能力，素质、能力越低，越应加强指导、监督和复核。

▶ 2. 指导的具体要求

(1) 使项目组了解工作目标。

(2) 提供适当的团队工作和培训，使经验较少的项目组成员清楚地了解所分派的工作。

▶ 3. 监督的具体要求

对业务的监督包括下列方面。

(1) 跟进审计业务的进程。要求项目合伙人在业务进行中适时实施必要的监督，以检查各成员是否能够顺利完成业务工作。

(2) 考虑项目组各成员的胜任能力和素质，包括是否有足够的时间执行审计工作，是否理解工作指令，是否按照计划的方案执行工作。项目合伙人在考虑这些事项后，可能决定提供进一步的指导，或在各成员之间做适当的工作调整，或要求成员采取补救措施使其执行的工作达到计划方案的要求。

（3）解决在执行业务过程中出现的重大问题，考虑其重要程度并适当修改原计划的方案。项目合伙人在了解各成员在执行业务过程中遇到的各种难以解决的重大问题后，可能决定提供进一步的指导，或在各成员之间做适当的工作调整，或要求成员采取补救措施使其执行的工作达到计划方案的要求。项目合伙人也可能根据具体情况，运用职业判断，确定是否需要调整工作程序以及如何调整。

（4）识别在执行业务过程中需要咨询的事项，或需要由经验较丰富的项目组成员考虑的事项。

▶ 4. 复核的具体要求

复核人员应当拥有适当的经验、专业胜任能力和责任感。确定复核人员的原则是，由项目组内经验较多的人员复核经验较少的人员执行的工作。复核范围可能随业务的不同而不同。例如，执行高风险的业务和为重要客户执行的业务可能需要进行更详细的复核。

（二）咨询

▶ 1. 咨询的总体要求

项目组在业务执行中时常会遇到各种各样的疑难问题或者争议事项。咨询包括与会计师事务所内部或外部具有专门知识的人员，在适当专业层次上进行的讨论。

▶ 2. 咨询的具体要求

1）形成良好咨询文化

会计师事务所应当形成一种良好的咨询氛围，鼓励会计师事务所人员就疑难问题或争议事项进行咨询。会计师事务所可根据具体情况，通过制定咨询制度和相关的培训、奖惩制度，以及各级管理层的行动示范和信息传达，来逐步形成内部咨询文化，以妥当解决业务执行中的疑难问题或争议事项。

2）合理确定咨询事项

咨询事项主要是项目组在业务执行中遇到的各种疑难问题或者争议事项。当疑难问题或者争议事项重大且在项目组内不能得到解决时，有必要向项目组之外的适当人员咨询。如果项目组认为在业务执行中遇到的在技术、职业道德及其他等方面的疑难问题或争议事项不重大，或在项目组内部通过咨询和研讨等方式能够得到解决，可以不向其他专业人士咨询。

3）适当确定被咨询者

被咨询者既可以是会计师事务所内部的其他专业人士，也可以是会计师事务所外部的其他专业人士。会计师事务所在因缺乏适当的内部资源等而需要向外部咨询时，可以利用其他会计师事务所、职业团体、监管机构或提供相关质量控制服务的商业机构提供的咨询服务。无论被咨询者的身份如何，都应当具备适当的知识、资历和经验。

4）充分提供相关事实

项目组在向会计师事务所内部或外部的其他专业人士咨询时，应当提供所有相关事实，以使其能够对咨询的事项提出有见地的意见。

5）完整记录咨询情况

注册会计师应当完整详细地记录咨询情况，包括记录寻求咨询的事项，以及咨询的结果，包括做出的决策、决策依据以及决策的执行情况。项目组就咨询所形成的记录，应当经被咨询者认可。

（三）意见分歧

在业务执行中，可能会出现项目组内部、项目组与被咨询者之间以及项目合伙人与项目质量控制复核人员之间的意见分歧。事务所应制定政策和程序，处理和解决意见分歧。处理和解决后所形成的结论应当被记录和执行。

出现意见分歧是执业过程中的正常现象。应当鼓励在业务执行过程的较早阶段识别意见分歧，以便早处理、早解决。会计师事务所应当制定切实可行的政策和程序，例如，向适当的其他执业者、会计师事务所、职业团体或监管机构进行咨询，以解决这些分歧。

只有意见分歧问题得到解决，项目合伙人才能出具报告。

七、监控

（一）监控的总体要求

会计师事务所应当制定监控政策和程序，以合理保证质量控制制度中的政策和程序是相关、适当的，并正在有效运行。这些监控政策和程序应当包括持续考虑和评价会计师事务所的质量控制制度，如定期选取已完成的业务进行检查。

对质量控制政策和程序遵守情况实施监控的目的，是为了评价。

（1）遵守职业准则和法律法规的情况。

（2）质量控制制度设计是否适当，运行是否有效。

（3）质量控制政策和程序应用是否得当，以便会计师事务所和项目合伙人能够根据具体情况出具恰当的业务报告。

（二）监控人员

对会计师事务所质量控制制度的监控应当由具有专业胜任能力的人员实施。会计师事务所可以委派主任会计师、副主任会计师或具有足够、适当经验和权限的其他人员履行监控责任。参与业务执行或项目质量控制复核的人员不应承担本项业务的检查工作。

（三）监控的内容

监控的内容是对质量控制制度进行持续考虑和评价，以监控质量控制制度设计的适当性与运行的有效性。具体内容包括以下几个方面。

（1）确定质量控制制度的完善措施，包括分析职业发展与培训、与接受和保持客户关系及具体业务相关的决策，以及要求对有关教育与培训的政策和程序提供反馈意见。

（2）与会计师事务所适当人员沟通已识别的质量控制制度在设计、理解或执行方而存在的缺陷。

（3）评价质量控制政策和程序如何适当反映职业准则和法律法规的新变化。

（4）分析独立性遵守情况的书面确认函。

（5）由会计师事务所适当人员采取追踪措施，以对质量控制政策和程序及时做出必要的修正。

（四）监控过程

监控过程包括持续监控控制政策和定期检查工作底稿两个层次。

（1）持续监控控制政策。持续监控直接针对每一项质量控制要素，其范围也应当包括每一项质量控制要素。

（2）定期检查工作底稿。定期检查工作底稿落实到每一位项目合伙人。会计师事务所应当周期性地选取已完成的业务进行检查，周期最长不得超过 3 年。在每个周期内，应对每个项目合伙人的业务至少选取一项进行检查。会计师事务所应当根据具体情况确定周期性检查的具体组织方式，包括确定检查周期的长短，每个周期内对每个项目合伙人的业务是选取一项还是一项以上进行检查，对单项业务检查时间的安排等。

在选取单项业务检查时，可以不事先告知相关项目组。

（五）纠正监控中发现的缺陷

▶ 1. 确定所发现缺陷的影响与性质

会计师事务所应当评价实施监控程序发现的缺陷的影响，并确定这些缺陷属于下列哪种情况。

（1）该缺陷并不必然表明质量控制制度不足以合理保证会计师事务所遵守职业准则和适用的法律法规的规定，以及会计师事务所和项目合伙人出具适合具体情况的报告。

（2）该缺陷是系统性的、反复出现的或其他需要及时纠正的重大缺陷。

▶ 2. 定期传达监控结果

会计师事务所应当每年至少一次地将监控的结果，包括监控过程中发现的控制缺陷及建议的补救措施，传达给项目合伙人及会计师事务所内部的其他适当人员，以使会计师事务所及其相关人员能够在其职责范围内及时采取适当的行动。

向相关项目合伙人以外的人员传达已发现的缺陷，通常不指明涉及的具体业务，除非指明具体业务对这些人员适当履行职责是必要的。

▶ 3. 提出适当的补救措施

（1）监控人员应根据发现的控制缺陷，提出相应的补救措施。

① 采取与某项业务或某个成员相关的适当补救措施。

② 将监控发现的缺陷告知负责培训和职业发展的人员。

③ 改进质量控制政策和程序。

④ 对违反会计师事务所政策和程序的人员，尤其是对反复违规的人员实施惩戒。

（2）如果实施监控程序的结果表明出具的报告可能不适当，或在执行业务过程中遗漏了应有的程序，会计师事务所应当确定采取适当的进一步行动，以遵守职业准则和适用的法律法规的规定。同时，会计师事务所应当考虑征询法律意见。

（六）监控的记录

▶ 1. 监控事项的记录

会计师事务所应当适当记录下列监控事项。

（1）制定的监控程序，包括选取已完成的业务进行检查的程序。

（2）对监控程序实施情况的评价。

（3）识别出的缺陷，对其影响的评价，是否采取行动及采取何种行动的依据。

▶ 2. 对监控结果的记录

对监控结果（即对所监控程序实施情况的评价）的记录包括下列方面。

（1）对职业准则和适用的法律法规的遵守情况。

（2）质量控制制度的设计是否适当，运行是否有效。

（3）会计师事务所质量控制政策和程序是否已得到恰当运用，以使会计师事务所和项目合伙人能够出具适合具体情况的报告。

（七）处理投诉和指控

▶ 1. 总体要求

事务所应合理保证能适当处理针对下列内容的投诉和指控。

（1）未能遵守职业准则和适用的法律法规的规定。

（2）未能遵守会计师事务所质量控制制度。

▶ 2. 设立投诉和指控渠道

会计师事务所应当设立投诉和指控渠道，以使会计师事务所人员能够没有顾虑地提出关心的问题。设立的渠道应指明向谁投诉并保护信息提供者的正当权益。

来自事务所外部的投诉与指控，由于不涉及明显的个人利益或动机，因此通常具有较高程度的真实性。而来自事务所内部的投诉和指控，情况要复杂得多。有善意、真实的投诉和指控，也有恶意、虚假的投诉和指控，并且可能涉及明显的个人利益或动机。

如果投诉和指控人要求对其身份保密，会计师事务所应当予以保密，未经本人许可，不得披露其姓名。匿名方式难以调查和反馈，应鼓励采用实名方式投诉和指控。

▶ 3. 调查、记录投诉和指控事项

会计师事务所应当按照既定的政策和程序调查投诉和指控事项，并对投诉和指控及其处理情况予以记录。会计师事务所应当委派本所内部不参与该项业务的具有足够、适当经验和权限的人员负责对调查的监督。必要时，聘请法律专家参与调查工作。

▶ 4. 采取行动

如调查表明质量控制政策和程序的设计或运行存在缺陷，或者存在违反质量控制制度的情况，应采取适当行动。

第二节 审计业务对职业道德的要求

一、职业道德基本原则

道德属于一种社会意识形态，是调整人与人之间、个人与社会之间的关系行为规范的总和，它以真诚与虚伪、善与恶、正义与非正义、公正与偏私等观念来衡量和评价人们的思想、行动。会计师事务所及其人员执行任何类型的业务，都应当遵守相关职业道德所要求的基本原则，包括诚信、独立性、客观和公正、专业胜任能力、应有的关注、保密、良好的职业行为。

（一）诚信

诚信，是指诚实、守信，能够履行与别人的约定而取得对方的信任。诚信原则要求注册会计师在所有的职业关系和商业关系中保持正直和诚实，秉公处事、实事求是。

为履行诚信原则，注册会计师不得与下列有问题的信息发生牵连。

① 含有严重虚假或误导性的陈述。

② 含有缺乏充分根据的陈述或信息。

③ 存在遗漏或含糊其辞的信息。

如果已与有问题的信息发生牵连，应当采取措施消除牵连：依据执业准则出具恰当的非标准业务报告。

（二）独立性

独立性，是指不受外来力量控制、支配，按照一定之规行事。

注册会计师的独立性包括实质上的独立和形式上的独立两个方面。注册会计师在执行审计和审阅业务以及其他鉴证业务时，应当从实质上和形式上保持独立性，不得因任何利害关系影响其客观性。

（三）客观和公正

客观，是指按照事物的本来面目去考察，不添加个人的偏见。公正，是指公平，正直，不偏袒。客观和公正原则要求注册会计师应当公正处事、实事求是，不得由于偏见、利益冲突或他人的不当影响而损害自己的职业判断。

（四）专业胜任能力

专业胜任能力是指具有专业知识、技能和经验，能够经济、有效地完成业务。专业胜任能力可分为两个独立阶段，即专业胜任能力的获取和专业胜任能力的保持。注册会计师应当持续了解和掌握相关的专业技术和业务的发展，将专业知识和技能始终保持在应有的水平，确保为客户提供具有专业水准的服务。持续职业发展能够使注册会计师发展和保持专业胜任能力，使其能够胜任特定业务环境中的工作。

（五）应有的关注

应有的关注要求注册会计师遵守执业准则和职业道德规范的要求，勤勉尽责，认真、全面、及时地完成工作任务。在审计过程中，注册会计师应当保持职业怀疑态度，运用专业知识、技能和经验，获取和评价审计证据。同时，注册会计师应当采取措施以确保在其授权下工作的人员得到适当的培训和督导。在适当情况下，注册会计师应当使客户、工作单位和专业服务的其他使用者了解专业服务的固有局限性。

（六）保密

注册会计师与客户的有效沟通，必须建立在为客户信息保密的基础上。如果客户担心起机密信息被泄露，则不会积极将这些信息透露给注册会计师。

保密原则要求注册会计师应当对在职业活动中获知的涉密信息予以保密，不得有下列行为。

（1）未经客户授权或法律法规允许，向会计师事务所以外的第三方披露其所获知的涉密信息。

（2）利用所获知的涉密信息为自己或第三方谋取利益。

注册会计师在社会交往中应当履行保密义务。注册会计师应当警惕无意泄密的可能性，特别是警惕无意中向近亲属或关系密切的人员泄密的可能性。近亲属是指配偶、父母、子女、兄弟姐妹、祖父母、外祖父母、孙子女、外孙子女。

另外，在终止与客户或工作单位的关系之后，注册会计师仍然应当对在职业关系和商业关系中获知的信息保密。如果变更工作单位或获得新客户，注册会计师可以利用以前的经验，但不应利用或披露任何由于职业关系和商业关系获得的涉密信息。注册会计师应当明确在会计师事务所内部保密的必要性，采取有效措施，确保其下级员工以及为其提供建议和帮助的人员遵循保密义务。

只有在下列情况下，注册会计师可以披露客户的涉密信息。

（1）法律法规允许披露，并且取得客户或工作单位的授权。

（2）根据法律法规要求，为法律诉讼、仲裁准备文件或提供证据，向有关监管机构报告违法行为。

（3）法律法规允许的情况下，在法律诉讼、仲裁中维护自己的合法权益。

（4）接受注册会计师协会或监管机构的执业质量检查，答复其询问和调查。

（5）法律法规、执业准则和职业道德规范规定的其他情形。

（七）良好职业行为

注册会计师应遵守相关法律法规，避免发生损害职业声誉的行为。

注册会计师在向公众传递信息以及推介自己和工作时，应客观、真实、得体，不得损害职业形象，不得有下列行为。

（1）夸大宣传提供的服务、拥有的资质或获得的经验。

（2）贬低或无根据地比较其他注册会计师的工作。

（3）暗示有能力影响有关主管部门、监管机构或类似机构。

（4）作出其他欺骗性的或可能导致误解的声明。

二、职业道德问题的分析框架

（一）职业道德的概念框架内涵

与质量控制制度不同，职业道德方面的问题并不能完全依赖于准则的规定。尽管职业道德守则最大可能地提出了相关的要求，但不可能包罗万象，职业道德守则没有明确禁止的某些行为依然会对职业道德产生不利影响。这就需要注册会计师面对实际问题，运用职业判断，按照识别、评价和防范的思路和方法处理对职业道德的不利影响。不能认为只要守则未明确禁止的情形就是允许的。

为了充分考虑职业道德问题，应当运用一定的分析框架来分析具体问题。这包括以下内容。

（1）识别对职业道德基本原则的不利影响。

（2）评价不利影响的严重程度，包括从性质和数量两个方面予以考虑。

（3）必要时采取防范措施消除不利影响或将其降低至可接受的水平。如无法采取适当的防范措施，应拒绝或终止从事的特定专业服务。

（二）产生不利影响的因素

注册会计师对职业道德基本原则的遵循可能受到多种因素的不利影响。常见的不利影响因素包括自身利益、自我评价、过度推介、密切关系和外在压力。

▶ **1. 自身利益导致的不利影响**

如果经济利益或其他利益对注册会计师的职业判断或行为产生不当影响，将产生自身利益导致的不利影响。自身利益导致不利影响的情形主要包括：

（1）鉴证业务项目组成员在鉴证客户中拥有直接经济利益。

（2）会计师事务所的收入过分依赖某一客户。

（3）鉴证业务项目组成员与鉴证客户存在重要且密切的商业关系。

（4）会计师事务所担心可能失去某一重要客户。

（5）鉴证业务项目组成员正在与鉴证客户协商受雇于该客户。

（6）会计师事务所与客户就鉴证业务达成或有收费的协议。

（7）注册会计师在评价所在会计师事务所以往提供的专业服务时，发现了重大错误。

▶ **2. 自我评价导致的不利影响**

如果注册会计师对其（或者其所在会计师事务所或工作单位的其他人员）以前的判断或服务结果做出不恰当的评价，并且将据此形成的判断作为当前服务的组成部分，将产生自我评价导致的不利影响。自我评价导致不利影响的情形主要包括：

（1）会计师事务所在对客户提供财务系统的设计或操作服务后，又对系统的运行有效性出具鉴证报告。

（2）会计师事务所为客户编制原始数据，这些数据构成鉴证业务的对象。

（3）鉴证业务项目组成员担任或最近曾经担任客户的董事或高级管理人员。

（4）鉴证业务项目组成员目前或最近曾受雇于客户，并且所处职位能够对鉴证对象施加重大影响。

（5）会计师事务所为鉴证客户提供直接影响鉴证对象信息的其他服务。

▶ **3. 过度推介导致的不利影响**

如果注册会计师过度推介客户或工作单位的某种立场或意见，使其客观性受到损害，将产生过度推介导致的不利影响。过度推介导致不利影响的情形主要包括：

（1）会计师事务所推介审计客户的股份。

（2）在审计客户与第三方发生诉讼或纠纷时，注册会计师担任该客户的辩护人。

▶ **4. 密切关系导致的不利影响**

如果注册会计师与客户或工作单位存在长期或亲密的关系，而过于倾向他们的利益，或认可他们的工作，将产生密切关系导致的不利影响。密切关系导致不利影响的情形主要包括：

（1）项目组成员的近亲属担任客户的董事或高级管理人员。

（2）项目组成员的近亲属是客户的员工，其所处职位能够对业务对象施加重大影响。

（3）客户的董事、高级管理人员或所处职位能够对业务对象施加重大影响的员工，最近曾担任会计师事务所的项目合伙人。

（4）注册会计师接受客户的礼品或款待。

（5）会计师事务所的合伙人或高级员工与鉴证客户存在长期业务关系。

▶ 5. 外在压力导致的不利影响

如果注册会计师受到实际的压力或感受到压力（包括对注册会计师实施不当影响的意图）而无法客观行事，将产生外在压力导致的不利影响。外在压力导致不利影响的情形主要包括：

（1）会计师事务所受到客户解除业务关系的威胁。

（2）审计客户表示，如果会计师事务所不同意对某项交易的会计处理，则不再委托其承办协议中的非鉴证业务。

（3）客户威胁将起诉会计师事务所。

（4）会计师事务所受到降低收费的影响而不恰当地缩小工作范围。

（5）由于客户员工对所讨论的事项更具有专长，注册会计师面临服从其判断的压力。

（6）会计师事务所合伙人告知注册会计师，除非同意审计客户不恰当的会计处理，否则将影响其晋升。

（三）防范措施

防范措施是指可以消除不利影响或将其降至可接受水平的行动或其他措施。应对不利影响的防范措施包括下列两类：一是法律法规和职业规范规定的防范措施；二是在具体工作中采取的防范措施。

▶ 1. 法律法规和职业规范规定的防范措施

（1）取得注册会计师资格必需的教育、培训和经验要求。

（2）持续的职业发展要求。

（3）公司治理方面的规定。

（4）执业准则和职业道德规范的规定。

（5）监管机构或注册会计师协会的监控和惩戒程序。

（6）由依法授权的第三方对注册会计师编制的业务报告、申报资料或其他信息进行外部复核。

▶ 2. 工作环境中的防范措施

在具体工作中，应对不利影响的防范措施包括会计师事务所层面的防范措施和具体业务层面的防范措施。

1）会计师事务所层面的防范措施

会计师事务所制定的政策和程序应当强调遵守相关职业道德要求的重要性，并通过必要的途径予以强化。这些政策和程序包括以下几个方面。

① 领导层强调遵循职业道德基本原则的重要性。

② 领导层强调鉴证业务项目组成员应当维护公众利益。

③ 制定有关政策和程序，识别对职业道德基本原则的不利影响（包括识别会计师事务所或项目组成员与客户之间的利益或关系、监控对客户收费依赖程度等），评价不利影响的严重程度，采取防范措施消除不利影响或将其降低至可接受的水平。

④ 制定有关政策和程序，防止项目组以外的人员对业务结果施加不当影响。

⑤ 向鉴证客户提供非鉴证服务时，指派鉴证业务项目组以外的其他合伙人和项目组，并确保鉴证业务项目组和非鉴证业务项目组分别向各自的业务主管报告工作。

⑥ 制定有关政策和程序，鼓励员工就遵循职业道德基本原则方面的问题与领导层沟通。

⑦ 向合伙人和专业人员提供鉴证客户及其关联实体的名单，并要求合伙人和专业人员与之保持独立。

⑧ 及时向所有合伙人和专业人员传达会计师事务所的政策和程序及其变化情况，并就这些政策和程序进行适当的培训。

⑨ 指定高级管理人员负责监督质量控制系统是否有效运行。

⑩ 建立惩戒机制，保障相关政策和程序得到遵守。

2）具体业务层面的防范措施

① 对已执行的鉴证业务与非鉴证业务，由组外注册会计师进行复核或提供建议。

② 向客户审计委员会、监管机构或注册会计师协会咨询相关问题。

③ 与客户治理层讨论有关的职业道德问题。

④ 向客户治理层说明提供服务的性质和收费的范围。

⑤ 由其他会计师事务所执行或重新执行部分业务。

⑥ 轮换鉴证业务项目组合伙人和高级员工。

第 三 节 ｜ 审计业务对独立性的要求

一、独立性概念框架

（一）独立性的内涵

独立性，是指不受外来力量控制、支配，按照一定之规行事。

独立性包括实质上独立和形式上独立。

实质上的独立性是一种内心状态，它要求注册会计师提出结论时不受损害职业判断的因素影响，诚信行事，遵循客观和公正原则，保持职业怀疑态度。

形式上的独立性是一种外在表现，它使得一个理性且掌握充分信息的第三方，在权衡所有相关事实和情况后，认为会计师事务所或审计项目组成员没有损害诚信原则、客观和公正原则或职业怀疑态度。

（二）独立性概念框架

与职业道德方面的问题类似，审计准则没有明确禁止的某些行为依然会对独立性产生不利影响。因此，需要运用独立性概念框架来分析具体问题。

（1）识别对独立性的不利影响。

（2）评价不利影响的严重程度。

（3）应对不利影响。可用的措施包括以下三个方面。

① 采取防范措施消除不利影响或将其降低至可接受的水平。如果不利影响超出可接受的水平，在确定是否接受某项业务或某一特定人员能否作为审计项目组成员时，会计师事务所应当确定能否采取防范措施以消除不利影响或将其降低至可接受的水平。

② 消除产生不利影响的情形。如果无法采取适当的防范措施消除不利影响或将其降低至可接受的水平，注册会计师应当消除产生不利影响的情形。

③ 拒绝接受审计业务委托或终止审计业务。如果事项对独立性会产生非常严重的不利影响，导致没有防范措施能够将其降低至可接受水平，则应当采取这种防范措施。

（三）影响独立性的事项

常见的影响独立性的事项包括以下几个方面。

（1）经济利益。

（2）贷款、担保和商业关系。

（3）家庭和私人关系。

（4）与审计客户发生人员交流。

（5）与审计客户长期存在业务关系。

（6）审计客户提供非鉴证服务。

（7）收费。

（8）其他事项。

二、经济利益

▶ 1. 经济利益的种类

经济利益是指因持有某一实体的股权、债券和其他证券以及其他债务性的工具而拥有的利益。经济利益包括直接经济利益和间接经济利益两种。

（1）直接经济利益是指个人或实体直接拥有并控制（包括授权他人管理）的经济利益，或通过投资工具拥有的经济利益，并且有能力控制这些投资工具，或影响其投资决策。

（2）间接经济利益是指个人或实体通过投资工具拥有的经济利益，但没有能力控制这些投资工具，或影响其投资决策。

两种经济利益的区别在于受益人能否控制投资工具或具有影响投资决策的能力。

经济利益是否导致不利影响及影响严重程度取决于受益人的角色、经济利益的种类和经济利益的重要性。通常，直接经济利益和重大的间接经济利益都称为重要经济利益。

▶ 2. 不得在审计客户中拥有的经济利益

会计师事务所、审计项目组成员或其主要近亲属不得在审计客户以及审计客户的空中实体中拥有直接经济利益或重大间接经济利益，而无论该经济利益是通过购买股票、债券等投资行为获得，还是通过继承、馈赠、合并等方式获得。

（1）审计项目组成员包括项目合伙人，项目组其他成员，还包括会计师事务所中能够直接影响审计业务结果的其他人员。例如，能对项目合伙人提出薪酬建议，进行直接指导、管理或监督的人员，为执行审计业务提供技术或行业具体问题、交易或事项的咨询的人员，或对审计业务实施项目质量控制复核的人员等。

（2）主要近亲属是指配偶、父母和子女。

（3）空中实体，是指在审计客户中拥有控制性权益，并且审计客户对其也重要的实体。例如，审计客户由于财务原因是该实体的重要的组成部分。

▶ 3. 其他相关人员经济利益的影响

（1）可能因经济利益对独立性产生不利影响的人员。

① 审计项目组某一成员的其他近亲属。

② 会计师事务所的专业人员以及与审计项目组成员存在密切私人关系的人员。

（2）影响的严重程度取决于：

① 审计项目组成员与相关人员之间的关系。

② 经济利益对相关人员的重要性。

③ 事务所的组织结构、经营模式和沟通机制。

（3）防范措施主要包括：

① 相关人员尽快处置全部经济利益，或处置全部直接经济利益并处置足够数量的间接经济利益，以使剩余经济利益不再重大。

② 由审计项目组以外的注册会计师复核该成员已执行的工作。

③ 不允许该成员参与审计业务的任何重大决策。

④ 将存在密切私人关系的项目组成员调离项目组。

▶ 4. 在非审计客户中拥有经济利益

会计师事务所、审计项目组成员或其主要近亲属在某一实体拥有经济利益，并且审计客户、审计客户的董事、高级管理人员或具有控制权的所有者也在该实体拥有经济利益，可能因自身利益、密切关系或外在压力产生不利影响。不利影响存在与否及其严重程度主要取决于下列因素。

（1）该项目组成员在审计项目组中的角色，例如，项目合伙人、负责执行项目或对项目进度及质量进行汇报或能直接影响审计业务结果的其他人员，都被视为重要的角色。

（2）实体的所有权是由少数人持有还是多数人持有。

（3）经济利益是否使得投资者能够控制该实体，或对其施加重大影响。

（4）经济利益的重要性。

如果经济利益并不重大，并且审计客户不能对该实体施加重大影响，则不被视为损害独立性。如果经济利益重大，并且审计客户能够对该实体施加重大影响，则没有防范措施能够将不利影响降低至可接受的水平。会计师事务所不得拥有此类经济利益。拥有此类经济利益的人员，在成为审计项目组成员之前，应当处置全部经济利益，或处置足够数量的经济利益，使剩余经济利益不再重大。

三、贷款、担保和商业关系

（一）贷款和担保关系

▶ 1. 不允许发生的贷款和担保关系

（1）会计师事务所、审计项目组成员或其主要近亲属从银行或类似金融机构等审计客户取得贷款，或获得贷款担保，并且审计客户不按正常程序、条款和条件办理。

（2）会计师事务所、审计项目组成员或其主要近亲属从不属于银行或类似金融机构的审计客户取得贷款，或由审计客户提供贷款担保。

（3）会计师事务所、审计项目组成员或其主要近亲属向审计客户提供贷款或为其提供担保。

▶ 2. 允许发生的贷款和担保关系

（1）会计师事务所、审计项目组成员或其主要近亲属从银行或类似金融机构等审计客户取得贷款，或获得贷款担保，审计客户按正常程序、条款和条件办理。这种情况下。即使贷款对审计客户或事务所影响重大，也可能通过采取防范措施将因自身利益产生的不利影响降低至可接受的水平，采取的防范措施包括由未参与执行审计业务并且未接受该贷款的会计师事务所复核已执行的工作等。

（2）会计师事务所、审计项目组成员或其主要近亲属在银行或类似金融机构等审计客户按照正常的商业条件开立存款或交易账户。

（二）商业关系

▶ 1. 应当禁止的商业关系

如果会计师事务所、审计项目组成员或其主要近亲属与审计客户或其高级管理人员之间，存在以下两类商业关系，则会产生非常严重的不利影响，导致没有防范措施能够将其降低至可接受水平。

（1）按照协议，将会计师事务所的产品或服务与客户的产品或服务结合在一起，并以双方名义捆绑销售。

（2）按照协议，事务所销售或推广客户的产品或服务，或者客户销售或推广会计师事务所的产品或服务。

▶ 2. 从审计客户购买商品或服务

（1）如按正常的商业程序公平交易，通常不会产生不利影响。

（2）如交易性质特殊或金额较大，可能因自身利益产生不利影响。会计师事务所应评价不利影响的严重程度，并在必要时采取防范措施消除不利影响或将其降低至可接受的水平。防范措施主要包括取消交易或降低交易规模或者将相关审计项目组成员调离审计项目组。

四、家庭和私人关系

如果审计项目组成员与审计客户的董事、高级管理人员（总经理、副总经理），或所处职位能够对客户会计记录或被审计财务报表的编制施加重大影响的员工（如财务经理、财务总监等，以下简称特定员工）存在家庭和私人关系，可能因自身利益、密切关系或外在压力产生不利影响。不利影响存在与否及其严重程度取决于多种因素，包括该成员在审计项目组的角色、其家庭成员或相关人员在客户中的职位以及关系的密切程度等。

（一）审计项目组成员的主要近亲属处在重要职位

如果审计项目组成员的主要近亲属是审计客户的董事、高级管理人员或特定员工，或者在业务期间或财务报表涵盖的期间曾担任上述职务，只有把该成员调离审计项目组，才能将对独立性的不利影响降低至可接受的水平。

（二）其他家庭与私人关系

▶ 1. 可能对独立性产生不利影响的其他家庭与私人关系

（1）审计项目组成员的主要近亲属在审计客户中所处职位能够对客户的财务状况、经营成果和现金流量施加重大影响（这种影响是间接的、局部的，如销售经理、采购经理）。

（2）审计项目组成员的其他近亲属是审计客户的董事、高级管理人员或特定员工。

（3）审计项目组成员与审计客户的员工存在密切关系，并且该员工是审计客户的董事、高级管理人员或特定员工。

（4）非审计项目组成员的合伙人或员工与审计客户重要职位的人员存在家庭或个人关系。

▶ 2. 防范措施

会计师事务所应当评价不利影响的严重程度，并在必要时采取防范措施消除不利影响或将其降低至可接受的水平。防范措施主要包括将该成员调离审计项目组，或者合理安排审计项目组成员的职责，使该成员的工作不涉及该关系人的职责范围。

五、与审计客户发生人员交流

（一）事务所前成员受雇于审计客户

如果审计客户的董事、高级管理人员或特定员工，曾经是审计项目组的成员或会计师事务所的合伙人，可能因密切关系或外在压力而对审计产生不利影响。

▶ 1. 与事务所保持重要联系

如果审计项目组前任成员或会计师事务所前任合伙人加入审计客户，担任董事、高级管理人员或特定员工，并且与会计师事务所仍保持重要联系，将产生非常严重的不利影响，导致没有防范措施能够将其降低至可接受的水平。所谓保持重要联系，是指不同时满足下列两个条件。

（1）前任成员或前任合伙人无权从会计师事务所获取报酬或福利（除非报酬或福利是按照预先确定的固定金额支付的，并且未付金额对会计师事务所不重要）。

（2）前任成员或前任合伙人未继续参与，并且在外界看来未参与会计师事务所的经营活动或专业活动。

▶ **2. 未与事务所保持重要联系**

如果审计项目组前任成员或会计师事务所前任合伙人加入审计客户，担任董事、高级管理人员或特定员工，但前任成员或前任合伙人与会计师事务所已经没有重要交往，因密切关系或外在压力产生的不利影响存在与否及其严重程度主要取决于下列因素。

（1）前任成员或前任合伙人在审计客户中的职位。

（2）前任成员或前任合伙人在其工作中与审计项目组交往的程度。

（3）前任成员或前任合伙人离开会计师事务所的时间长短。

（4）前任成员或前任合伙人以前在审计项目组或会计师事务所中的角色。

会计师事务所应当评价不利影响的严重程度，并在必要时采取防范措施消除不利影响或将其降低至可接受的水平。防范措施主要包括：

（1）将该成员调离审计项目组。

（2）由审计项目组以外的注册会计师复核前任审计项目组成员已执行的工作。

▶ **3. 属于公众利益实体的审计客户**

如果某一关键审计合伙人加入属于公众利益实体的审计客户，担任董事、高级管理人员或特定员工，将因密切关系或外在压力产生不利影响。除非该合伙人不再担任关键审计合伙人后，该公众利益实体发布了已审计财务报表，其涵盖期间不少于 12 个月，并且该合伙人不是该财务报表的审计项目组成员，否则独立性将视为受到损害。从不再担任关键审计合伙人至最早可以加入客户的这一期间，称为"冷却期"。

其中，关键审计合伙人是指项目合伙人、实施项目质量控制复核的负责人，以及审计项目组中负责对财务报表审计所涉及的重大事项作出关键决策或判断的其他审计合伙人。其他审计合伙人还可能包括负责审计重要子公司或分支机构的项目合伙人。

（二）项目组现任成员拟加入审计客户

如果审计项目组某一成员参与审计业务，当知道自己在未来某一时间将要或有可能加入审计客户时，将因自身利益产生不利影响。会计师事务所应当制定政策和程序，要求审计项目组成员在与审计客户协商受雇于该客户时，向会计师事务所报告。

在接到报告后，会计师事务所应当评价不利影响的严重程度，并在必要时采取防范措施消除不利影响或将其降低至可接受的水平。

（三）最近曾任审计客户的董事、高级管理人员或特定员工加入事务所的项目组

▶ **1. 在财务报表涵盖的期间之内担任董事、高级管理人员或特定员工**

如果在被审计财务报表涵盖的期间，审计项目组成员曾担任审计客户的董事、高级管理人员或特定员工，将产生非常严重的不利影响，导致没有防范措施能够将其降低至可接受的水平。会计师事务所不得将此类人员分派到审计项目组。

▶ 2. 在财务报表涵盖的期间之前担任董事、高级管理人员或特定员工

如果在被审计财务报表涵盖的期间之前，审计项目组成员曾担任审计客户的董事、高级管理人员或特定员工，可能因自身利益、自我评价或密切关系产生不利影响。不利影响存在与否及其严重程度主要取决于该成员在客户中曾担任的职务、离开客户的时间长短及其在审计项目组中的角色。

（四）兼任审计客户的董事、高级管理人员或公司秘书

如果会计师事务所的合伙人或员工兼任审计客户的董事、高级管理人员或公司秘书，将因自我评价和自身利益产生非常严重的不利影响，导致没有防范措施能够将其降低至可接受的水平。会计师事务所的合伙人或员工不得兼任审计客户的董事、高级管理人员或公司秘书。

会计师事务所提供日常和行政事务性的服务以支持公司秘书职能，或提供与公司秘书行政事项有关的建议，只要所有相关决策均由审计客户管理层做出，通常不会损害独立性。

（五）审计客户从事务所临时借调员工

事务所向审计客户借出员工，可能因自我评价产生不利影响。为防止对会计师事务所独立性的影响，事务所只能短期向客户借出员工，并且借出的员工不得提供禁止非鉴证服务，也不得承担客户的管理层职责。审计客户还应对借调员工的活动进行指导和监督。

六、与审计客户长期存在业务关系

（一）影响因素

同一名合伙人或高级员工长期执行某客户的审计业务，将因密切关系和自身利益产生不利影响。影响的严重程度取决于下列因素。

（1）加入项目组的时间长短。

（2）在项目组的角色。

（3）事务所的组织结构。

（4）审计业务的性质。

（5）客户管理团队是否变动。

（6）客户的会计和报告问题的性质或复杂程度是否发生变化。

（二）防范措施

（1）将该人员轮换出审计项目组。

（2）由项目组外注册会计师复核该人员已执行的工作。

（3）定期实施独立的质量复核。

（三）公众利益实体的审计客户轮换特定关键审计合伙人

如果审计客户属于公众利益实体，执行其审计业务的关键审计合伙人任职时间不得超过五年。这里要求的轮换只针对特定的关键审计合伙人，包括项目合伙人、实施项目质量控制复核的负责人和审计项目组中负责对财务报表审计所涉及的重大事项做出关键决策或

判断的其他审计合伙人。对于其他合伙人（包括项目负责人和负责审计重要组成部分的项目合伙人），会计师事务所应当评价不利影响的严重程度，并在必要时采取防范措施消除不利影响或将其降低至可接受的水平，必要时也可以将该合伙人轮换出审计项目组。

在五年任期结束后的两年内，特定关键审计合伙人不得再次成为该客户的审计项目组成员。在此期间内，该关键审计合伙人也不得有下列行为。

（1）参与该客户的审计业务。

（2）为该客户的审计业务实施质量控制复核。

（3）就有关技术或行业特定问题、交易或事项向项目组或客户提供咨询。

（4）以其他方式直接影响业务结果。

在极其特殊的情况下，事务所可能因无法预见和控制的情形而不能按时轮换关键审计合伙人。如果关键审计合伙人的连任对审计质量特别重要，并且通过采取适当措施防范不利影响，则在法律法规允许的情况下，可以延长一年。

七、为审计客户提供非鉴证服务

（一）一般规定

会计师事务所向审计客户提供非鉴证服务，可能对独立性产生不利影响，包括自我评价、自身利益和过度推介等产生的不利影响。在接受委托向审计客户提供非鉴证服务之前，会计师事务所应当确定提供该服务是否将对独立性产生不利影响。

在评价某一特定非鉴证服务产生不利影响的严重程度时，会计师事务所应当考虑审计项目组认为提供其他相关非鉴证服务将产生的不利影响。如果没有防范措施能够将不利影响降低至可接受的水平，会计师事务所不得向审计客户提供该非鉴证服务。

（二）承担管理层职责

会计师事务所承担审计客户的管理层职责，如针对人力资源、财务资源、有形或无形资源的取得、配置和控制作出重大决策，将对独立性产生非常严重的不利影响，导致没有防范措施能够将其降低至可接受的水平。这些不利影响包括因自我评价、自身利益和密切关系产生的不利影响。会计师事务所不得承担审计客户的管理层职责。

（三）编制会计记录和财务报表

编制会计记录和财务报表将因自我评价对审计独立性产生非常严重的不利影响，没有防范措施能将不利影响降低至可接受的水平。会计师事务所不得向审计客户提供此项服务。

但是，以下服务是允许的。

（1）与被审计单位沟通与审计相关的事项，包括发现的重大错报及其调整分录，值得关注的控制缺陷，资产、负债等计量方法的适当性。

（2）提供不承担管理层职责的技术性支持和日常性、机械性财务服务，包括：

① 解决账户调节问题。

② 分析和积累监管机构要求提供的信息。

③ 将一种编制基础的报表转换为按另一种编制基础的报表。

（3）向非公众利益实体的审计客户提供日常性、机械性财务服务。这类服务具体包括：

① 根据来源于客户的数据提供工资服务。

② 在客户确定或批准账户分类的基础上记录交易。

③ 将已记录的交易和客户批准的分录过入总分类账、试算平衡表，并据此编制财务报表。

（四）评估服务

向审计客户提供评估服务可能因自我评价产生不利影响。会计师事务所应当评价不利影响的严重程度，并在必要时采取防范措施消除不利影响或将其降低至可接受的水平。

如果评估服务对被审计财务报表具有重大影响，并且评估结果涉及高度的主观性，则没有防范措施能够将因自我评价产生的不利影响降低至可接受的水平。会计师事务所不得向审计客户提供这种评估服务。

如果审计客户要求会计师事务所提供评估服务，以帮助其履行纳税申报义务或满足税务筹划目的，并且评估的结果不对财务报表产生直接影响，则通常不对独立性产生不利影响。

（五）税务服务

（1）代编纳税申报表

由于纳税申报表须经税务机关审查或批准，如果管理层对纳税申报表承担责任，会计师事务所提供此类服务通常不对独立性产生不利影响。

（2）基于编制会计分录目的计算当期所得税等

事务所不得为公众利益实体的审计客户计算当期所得税或递延所得税负债（或资产），以用于编制对报表具有重大影响的会计分录。对于非公众利益实体，会计师事务所应当评价不利影响的严重程度，包括考虑计算的复杂程度和税额对于财务报表的重要性等，并在必要时采取防范措施消除不利影响或将其降低至可接受的水平。

（3）税务筹划或税务咨询服务

服务包括向客户提供如何节税或运用新的税收法规的建议。如果所提供的服务具有法律依据，或得到税务机关的明确认可，通常不对独立性产生不利影响。

如果所提供的服务影响财务报表所反映的事项，可能因自我评价产生不利影响。

如税务建议的有效性取决于某项特定会计处理或报表列报，而项目组怀疑处理或列报的适当性，且税务建议结果对报表影响重大，将产生非常严重的不利影响。事务所不得为审计客户提供此类服务。

（4）帮助审计客户解决税务纠纷

如事务所人员在公开审理或仲裁的税务纠纷中担任审计客户的辩护人，并且所涉金额重大，将因过度推介产生非常严重的不利影响，没有防范措施。事务所不得为审计客户的税务纠纷担任辩护人。

如事务所代表审计客户解决税务纠纷，而税务机关通知审计客户已经拒绝接受其对某项具体问题的主张，且税务机关或审计客户已将该问题纳入正式的法律程序，可能因过度推介和自我评价产生不利影响，事务所需要评价影响的严重程度。

在公开审理或仲裁期间，事务所可以为审计客户提供有关法庭裁决事项的咨询，包括协助客户对具体问题做出答复，提供背景材料或证词，或分析税收问题。

（六）提供内部审计服务

如果会计师事务所人员在为审计客户提供内部审计服务时承担管理层职责，将产生非常严重的不利影响，导致没有防范措施能够将其降低至可接受的水平。会计师事务所人员在向审计客户提供内部审计服务时不得承担管理层职责。

如果会计师事务所向审计客户提供内部审计服务，并在执行财务报表审计时利用内部审计的工作，将因自我评价对独立性产生不利影响。

只有在同时满足下列条件时，会计师事务所才能为审计客户提供内部审计服务。

（1）审计客户承担与内部控制相关的管理层责任，包括：设计、执行和维护内部控制；复核、评估并批准内部审计服务的工作范围、风险、频率和适当性；确定应当实施的、内部审计服务提出的建议；对内部控制实施过程进行管理。

（2）客户管理层向治理层报告注册会计师在内部审计服务中发现的重大问题和提出的建议。

（3）审计客户属于非公众利益实体。

（七）诉讼支持服务和其他法律服务

1）法律服务的类型

会计师事务所向审计客户提供的法律服务可能包括下列活动。

① 担任专家证人。

② 协助管理和检索文件。

③ 计算诉讼或其他法律纠纷涉及的估计损失或其他应收、应付的金额。

④ 起草合同、诉讼、并购提供法律意见和支持。

2）提供法律服务的对独立性的影响

① 担任审计客户的首席法律顾问。首席法律顾问是高级管理职位，对公司法律事务承担广泛责任。事务所人员担任审计客户的首席法律顾问，产生的不利影响非常严重，没有防范措施。事务所人员不得担任审计客户首席法律顾问。

② 在纠纷或诉讼中担任审计客户的辩护人。事务所人员担任辩护人，对独立性产生不利影响的程度主要取决于纠纷或诉讼的金额。如果纠纷或法律诉讼所涉金额对被审计财务报表有重大影响，将因过度推介和自我评价产生非常严重的不利影响，导致没有防范措施能够将其降低至可接受的水平。如果所涉金额对审计财务报表无重大影响，则应当评价因自我评价和过度推介产生不利影响的严重程度，并在必要时采取防范措施消除不利影响或将其降低至可接受的水平。

（八）公司财务服务

公司财务服务主要包括协助制定公司战略，为并购识别可能的目标，对资产处置交易提供建议，协助实施融资交易，对合理安排资本结构提供建议。

会计师事务所提供财务服务，可能因自我评价产生不利影响。例如，对资本结构或融资的安排提出建议，将直接影响在财务报表中报告的金额。会计师事务所应当评价不利影响的严重程度，并在必要时采取防范措施消除不利影响或将其降低至可接受的水平。

如财务建议的有效性取决于某一特定会计处理，审计项目组对会计处理适当性存有疑问，且财务建议的结果对财务报表影响重大，将因自我评价产生非常严重的不利影响，没有防范措施，事务所不得提供此类财务服务。

八、收费

（一）收费结构

如从某审计客户收取的费用占事务所全部费用的比重很大，或者占事务所某一分部收取的费用总额比重很大，或者占某一合伙人从所有客户收取的费用总额比重很大，对该客户的依赖及对失去该客户的担心将因自身利益或外在压力产生不利影响。会计师事务所应当评价不利影响的严重程度，并在必要时采取防范措施消除不利影响或将其降低至可接受的水平。

（二）逾期收费

如审计客户长期未支付应付的审计费用，尤其是相当部分的审计费用在出具下年度审计报告前仍未支付，可能因自身利益产生不利影响。会计师事务所通常要求审计客户在审计报告出具前付清上一年度的审计费用。如果在审计报告出具后审计客户仍未支付该费用，会计师事务所应当评价不利影响存在与否及其严重程度，并在必要时采取防范措施消除不利影响或将其降低至可接受的水平。

会计师事务所还应当确定逾期收费是否可能被视同向客户提供贷款，并根据逾期收费的重要程度确定是否继续执行审计业务。

（三）或有收费

或有收费是指收费与否或收费多少取决于交易的结果或所执行工作的结果。如果一项收费是由法院或政府有关部门规定的，则该项收费不被视为或有收费。

如果会计师事务所在提供审计服务时，以直接或间接形式取得或有收费，将因自身利益产生非常严重的不利影响，导致没有防范措施能够将其降低至可接受的水平。会计师事务所不得采用这种收费安排。

会计师事务所在向审计客户提供非鉴证服务时，如果非鉴证服务以直接或间接形式取得或有收费，也可能因自身利益产生不利影响。

九、影响独立性的其他事项

（一）薪酬和业绩评价政策

项目组成员的薪酬或业绩评价与其向审计客户推销的非鉴证服务挂钩，将因自身利益产生不利影响。会计师事务所应当评价不利影响的严重程度。如果不利影响超出可接受的水平，会计师事务所应当修改该成员的薪酬计划或业绩评价程序，或者采取其他防范措施消除不利影响或将其降低至可接受的水平。

关键审计合伙人的薪酬或业绩评价不得与其向审计客户推销的非鉴证服务直接挂钩。

（二）礼品和款待

会计师事务所或审计项目组成员接受审计客户的礼品，将产生非常严重的不利影响，没有防范措施。事务所或审计项目组成员不得接受。

会计师事务所或审计项目组成员接受审计客户的款待，可能因自身利益和密切关系产生不利影响。如果款待超出业务活动中的正常往来，会计师事务所或审计项目组成员应当拒绝接受。

（三）诉讼的影响

如果会计师事务所和客户管理层由于诉讼或诉讼的不利影响而处于对立地位，将影响管理层提供信息的意愿，从而因自身利益和外在压力产生不利影响。

 练习题

参 考 文 献

1. 中国注册会计师协会．中国注册会计师执业准则[M]．北京：中国财政经济出版社，2017.
2. 中国注册会计师协会．中国注册会计师执业准则应用指南[M]．北京：中国财政经济出版社，2017.
3. 中国注册会计师协会．审计[M]．北京：中国财政经济出版社，2018.
4. 阿尔文·阿伦斯等．审计：一种整合方法[15版(英文影印版)][M]．北京：中国人民大学出版社，2017.
5. 中华人民共和国财政部．企业会计准则[M]．北京：经济科学出版社，2017.

教师服务

感谢您选用清华大学出版社的教材！为了更好地服务教学，我们为授课教师提供本书的教学辅助资源，以及本学科重点教材信息。请您扫码获取。

》 教辅获取

本书教辅资源，授课教师扫码获取

》 样书赠送

会计学类重点教材，教师扫码获取样书

 清华大学出版社

E-mail: tupfuwu@163.com

电话: 010-83470332 / 83470142

地址: 北京市海淀区双清路学研大厦 B 座 509

网址: http://www.tup.com.cn/

传真: 8610-83470107

邮编: 100084

财务会计（英文版·第 11 版）

本书特色

经典的财务会计教材，配有中文翻译版，课件齐全。

教辅材料

课件、习题库

书号：9787302561934
作者：[美]沃尔特·小哈里森 查尔斯·亨格瑞 威廉·托马斯 温迪·蒂兹
定价：115.00 元
出版日期：2020.9

任课教师免费申请

财务会计（第 11 版）

本书特色

经典的财务会计教材，配有英文影印版，教辅资源丰富，有中文课件。

教辅材料

课件、习题库、习题答案

书号：9787302508038
作者：[美]沃尔特·小哈里森 等 著，赵小鹿 译
定价：109.00 元
出版日期：2018.9

任课教师免费申请

数字财务

本书特色

内容前沿，案例丰富，四色印刷，实操性强。

教辅材料

教学大纲、课件

书号：9787302562931
作者：彭娟 陈虎 王泽霞 胡仁昱
定价：98.00 元
出版日期：2020.10

财务会计学（第二版）

本书特色

体现最新会计准则和会计法规，实用性强，习题丰富，内容全面，课件完备。

教辅材料

教学大纲、课件

书号：9787302520979
作者：王秀芬 李现宗
定价：55.00 元
出版日期：2019.3

任课教师免费申请

中级财务会计（第二版）

本书特色

教材内容丰富，语言通俗易懂。编者均为教学第一线且教学经验丰富的教师，善于用通俗的语言阐述复杂的问题。教材的基本概念源于企业会计准则，比较权威，并根据作者的知识和见解加以诠释。

教辅材料

课件、习题

书号：9787302566793
作者：潘爱玲主编，张健梅 副主编
定价：69.00 元
出版日期：2021.11

任课教师免费申请

中级财务会计

本书特色

"互联网＋"教材，按照新准则编写，结构合理，形式丰富，课件齐全，便于教学。

教辅材料

教学大纲、课件

书号：9787302532378
作者：仲伟冰 赵洪进 张云
定价：59.00 元
出版日期：2019.8

任课教师免费申请

中级财务会计

本书特色
根据最新会计准则编写，应用型高校和高职适用教材，案例丰富，结构合理，课件齐全。

教辅材料
课件、教学大纲、习题答案

书号：9787302505099
作者：曹湘平 陈益云
定价：52.50 元
出版日期：2018.7

任课教师免费申请

中级财务会计实训教程

本书特色
"互联网＋"教材，课件齐全，便于教学。

书号：9787302564089
作者：郑卫茂 郭志英 章雁
定价：55.00 元
出版日期：2020.9

任课教师免费申请

中级财务会计（全两册）

本书特色
国家和北京市一流专业建设点所在团队编写，基于最新会计准则和税收法规，全书包含教材和习题共两册，内容全面，提供丰富的教辅资源，便于教学。

教辅材料
教学大纲、课件

获奖信息
国家级一流专业、国家级一流课程建设成果，北京高等学校优质本科教材课件

书号：9787302543015
作者：毛新述
定价：88.00 元
出版日期：2020.2

任课教师免费申请

高级财务会计

本书特色
应用型本科教材，篇幅适中，课件齐全，销量良好。

教辅材料
教学大纲、课件

书号：9787302525042
作者：田翠香、李宜
定价：49.00 元
出版日期：2019.6

任课教师免费申请

高级财务会计理论与实务（第 2 版）

本书特色
"互联网＋"教材，配套课件及案例完备，结构合理，应用性强，多次重印。

教辅材料
课件

书号：9787302518617
作者：刘颖斐 余国杰 许新霞
定价：45.00 元
出版日期：2019.3

任课教师免费申请

高级财务会计

本书特色
"互联网＋"教材，应用性强，篇幅适中，结构合理，课件完备，便于教学。

教辅材料
课件

书号：9787302525721
作者：游春晖 王菁
定价：45.00 元
出版日期：2019.4

任课教师免费申请

高级财务会计

本书特色

国家级一流专业、国家级一流课程建设成果、北京市优质教材、应用型本科教材，"互联网+"新形态教材，内容丰富，案例新颖，篇幅适中，结构合理，课件完备，便于教学。

教辅材料

课件

获奖信息

国家级一流专业、国家级特色专业建设成果

书号：9787302564621
作者：张宏亮
定价：59.00 元
出版日期：2021.11

任课教师免费申请

会计综合技能实训（第二版）

本书特色

应用性强、篇幅适中、结构合理、课件完备，便于教学。

教辅材料

教学大纲、课件

书号：9787302537885
作者：马智祥 郑鑫 等
定价：28.00 元
出版日期：2019.11

任课教师免费申请

企业会计综合实训（第二版）

本书特色

定位高职，实用性强，案例丰富，课件齐全。

教辅材料

教学大纲、课件

书号：9787302571155
作者：刘燕 等
定价：20.00 元
出版日期：2021.1

任课教师免费申请

成本会计实训教程

本书特色

应用型创新实践实训教材，注重实际操作，有效提升会计操作技能，提供教学课件、数据和参考答案，方便教学和自学。

教辅材料

教学大纲、课件

书号：9787302571490
作者：徐梅鑫 余良宇
定价：45.00 元
出版日期：2021.1

任课教师免费申请

管理会计导论（第 16 版）

本书特色

全球最畅销管理会计教材，原汁原味地反映了最新的会计教育理念，无任何删减，教辅资料配套齐全，便于教学使用。

教辅材料

教学大纲、课件

书号：9787302487111
作者：亨格瑞 著，刘俊勇 译
定价：88.00 元
出版日期：2019.1

任课教师免费申请

管理会计实践教程

本书特色

"互联网+"教材，课件齐全，便于教学。

书号：9787302570394
作者：肖康元
定价：50.00 元
出版日期：2021.1

任课教师免费申请

管理会计

本书特色

"互联网+"教材，配套资源丰富，课程思政特色鲜明，增设在线测试题。

教辅材料

教学大纲、课件

书号：9787302574897
作者：高樱 徐琪霞
定价：49.00 元
出版日期：2021.3

任课教师免费申请

会计信息系统（第二版）

本书特色

应用型本科教材，"互联网+"教材，郭道扬推荐，内容丰富，案例新颖，篇幅适中，结构合理，习题丰富，课件完备，便于教学。

教辅材料

教学大纲、课件、习题答案、试题库、模拟试卷、案例解析

书号：9787302553069
作者：杨定泉
定价：49.80 元
出版日期：2020.6

任课教师免费申请

会计学教程（第二版）

本书特色

浙江大学名师之作，"互联网+"教材，畅销教材，习题丰富，课件完备。

教辅材料

教学大纲、课件、习题答案、试题库、模拟试卷

书号：9787302548881
作者：徐晓燕 车幼梅
定价：49.80 元
出版日期：2020.6

任课教师免费申请

会计学（第三版）

本书特色

畅销教材，按新准则升级，新形态教材，南开大学倾力打造，教辅齐全，形式新颖。

教辅材料

教学大纲、课件、习题答案

获奖信息

国家级精品课配套教材

书号：9787302536574
作者：王志红 周晓苏
定价：59.00 元
出版日期：2019.9

任课教师免费申请

资产评估模拟实训

本书特色

"互联网+"教材，案例丰富新颖，教辅材料齐全，便于教学。

教辅材料

教学大纲、课件、习题答案、试题库、模拟试卷、案例解析、其他素材

书号：9787302558811
作者：闫晓慧 王琳 范雪梅 张莹
定价：52.00 元
出版日期：2020.9

任课教师免费申请

会计学原理

本书特色

"互联网+"教材，应用型本科教材，内容丰富，案例新颖，篇幅适中，结构合理，习题丰富，课件完备，便于教学。

教辅材料

课件

书号：9787302527169
作者：何玉润
定价：59.00 元
出版日期：2019.5

任课教师免费申请

基础会计学（第二版）

本书特色

应用型本科教材，内容丰富，案例新颖，篇幅适中，结构合理，课件完备，便于教学。

教辅材料

教学大纲、课件

书号：9787302545545
作者：李迪等
定价：48.00 元
出版日期：2019.12

任课教师免费申请

基础会计（第二版）

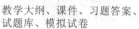

本书特色

刘永泽总主编，畅销教材，云南省精品教材，内容丰富，案例新颖，篇幅适中，结构合理，习题丰富，课件完备，便于教学。

教辅材料

教学大纲、课件、习题答案、试题库、模拟试卷

获奖信息

云南省精品课程配套教材

书号：9787302550846
作者：姚荣辉
定价：49.80 元
出版日期：2020.4

任课教师免费申请

基础会计实训教程

本书特色

应用型本科教材，内容丰富，案例新颖，篇幅适中，结构合理，课件完备，便于教学。

教辅材料

教学大纲、课件

书号：9787302520047
作者：李红萍
定价：45.00 元
出版日期：2019.1

任课教师免费申请

基础会计

本书特色

应用型本科教材，内容丰富，案例新颖，篇幅适中，结构合理，课件完备，便于教学。

教辅材料

教学大纲、课件

书号：9787302520030
作者：李红萍
定价：48.00 元
出版日期：2019.1

任课教师免费申请

审计学原理

本书特色

定位高职，实用性强，案例丰富，课件齐全。

教辅材料

教学大纲、课件

书号：9787302556978
作者：祁红涛 等
定价：49.80 元
出版日期：2020.7

任课教师免费申请

审计学

本书特色

国家级一流专业、国家级一流课程建设成果，应用型本科教材，"互联网＋"教材，内容丰富，案例新颖，篇幅适中，结构合理，课件完备，便于教学。

教辅材料

课件

获奖信息

国家级一流专业、国家级特色专业建设成果。

书号：9787302563396
作者：赵保卿 主编，杨克智 副主编
定价：69.00 元
出版日期：2021.1

任课教师免费申请

°会 计 学 °

审计学（第二版）

本书特色

应用型本科教材，"互联网＋"教材，郭道扬推荐，内容丰富，案例新颖，篇幅适中，结构合理，习题丰富，课件完备，便于教学。

教辅材料

教学大纲、课件、习题答案、试题库、模拟试卷

书号: 9787302553076
作者: 叶忠明
定价: 49.80 元
出版日期: 2020.6

任课教师免费申请

税务会计（第三版）

本书特色

新形态教材，依据最新税收法规制度编写，配有丰富的教学资源。案例丰富，习题丰富，课件齐全。

教辅材料

课件、教学大纲、习题及答案、试题库、模拟试卷、案例解析、其他素材

书号: 9787302556671
作者: 王迪 臧建玲 马云平 华建新
定价: 49.00 元
出版日期: 2020.8

任课教师免费申请

银行会计

本书特色

根据最新会计准则编写，应用型高校和高职适用教材，案例丰富，结构合理，课件齐全。

教辅材料

课件

书号: 9787302501008
作者: 汪运栋
定价: 57.00 元
出版日期: 2018.6

任课教师免费申请

预算会计

本书特色

应用型本科教材，篇幅适中，课件齐全，销量良好。

教辅材料

教学大纲、课件

书号: 9787302529064
作者: 王悦 张南 焦争昌 赵士娇 刘亚芬
隋志纯 赵玉荣
定价: 49.00 元
出版日期: 2019.6

任课教师免费申请

新编政府与非营利组织会计

本书特色

"互联网＋"教材，配套资源丰富，增设在线测试题。

教辅材料

教学大纲、课件

书号: 9787302558729
作者: 董普 王晶
定价: 49.00 元
出版日期: 2020.7

任课教师免费申请

商业伦理与会计职业道德

本书特色

时效性强，名师佳作，配套资源丰富，课程思政特色突出。

教辅材料

教学大纲、课件

书号: 9787302557807
作者: 叶陈刚 叶康涛 干胜道 王爱国 李志强
定价: 49.00 元
出版日期: 2020.7

任课教师免费申请

高新技术企业账务实操

本书特色

搭配用友新道软件,定位高职,实用性强,案例丰富,课件齐全。

教辅材料

教学大纲、课件

书号: 9787302562771
作者: 杨彩华 吴凤霞
定价: 49.00 元
出版日期: 2020.10

任课教师免费申请

现代商贸企业账务实操

本书特色

搭配用友新道软件,定位高职,实用性强,案例丰富,课件齐全。

教辅材料

教学大纲、课件

书号: 9787302553618
作者: 石其彪
定价: 49.00 元
出版日期: 2020.8

任课教师免费申请

会计学（第二版）

本书特色

新形态教材,实操性强,案例丰富,配有大量教学资源。

教辅材料

教学大纲、课件、习题答案、试题库、模拟试卷、案例解析、其他素材

书号: 9787302588375
作者: 闫晓慧、王琳、范雪梅、张莹
定价: 59.80 元
出版日期: 2021.8

任课教师免费申请

成本管理会计（第 2 版）

本书特色

最新改版,应用型本科教材,互联网 + 教材,习题丰富,课件齐全。

教辅材料

教学大纲、课件、习题答案、试题库、模拟试卷、案例解析

书号: 9787302548379
作者: 肖康元
定价: 59.80 元
出版日期: 2020.6

任课教师免费申请

会计学

本书特色

厦门大学名师大作, "互联网＋"教材,权威、畅销教材,内容结构合理,习题配套丰富,课件齐全,非常便于教学。

教辅材料

教学大纲、课件、习题答案、试题库、模拟试卷

书号: 9787302487470
作者: 刘峰
定价: 39.00 元
出版日期: 2019.6

任课教师免费申请

财务会计学（第二版）

本书特色

体现最新会计准则和会计法规,实用性强,习题丰富,内容全面,课件完备。

教辅材料

教学大纲、课件、习题答案、试题库

书号: 9787302520979
作者: 王秀芬 李现宗
定价: 55.00 元
出版日期: 2019.3

任课教师免费申请

会计综合实验教程（第二版）

本书特色

应用型本科教材，内容丰富，案例新颖，篇幅适中，结构合理，习题丰富，课件完备，便于教学。

教辅材料

教学大纲、课件

书号：9787302524335
作者：王秀芬
定价：45.00元
出版日期：2019.4

任课教师免费申请